BARBARA DEPPERT-LIPPITZ

GRIECHISCHER GOLDSCHMUCK

KULTURGESCHICHTE DER ANTIKEN WELT

BAND 27

VERLAG PHILIPP VON ZABERN · MAINZ AM RHEIN

BARBARA DEPPERT-LIPPITZ

GRIECHISCHER GOLDSCHMUCK

VERLAG PHILIPP VON ZABERN · MAINZ AM RHEIN

322 Seiten mit 225 Textabbildungen und 32 Farbtafeln

Umschlagbild: Siehe Farbtafel XXI.

Vorsatz vorn und hinten: Diadem mit Heraklesknoten.
Athen, Benaki Museum. Frühes 2. Jh. v. Chr.

ISBN 3-8053-0479-X

Printed in West Germany by Philipp von Zabern

INHALT

Einleitung 7

1. DIE ANFÄNGE 11

2. DIE SCHACHTGRÄBER VON MYKENAI 15

3. DIE BLÜTEZEIT MYKENISCHER KULTUR
15.–14. Jahrhundert v. Chr. 31

4. DAS ENDE MYKENISCHER GOLDSCHMIEDEKUNST
13.–12. Jahrhundert v. Chr. 48

5. DAS DUNKLE ZEITALTER
11.–10. Jahrhundert v. Chr. 50

6. GEOMETRISCHER SCHMUCK
9.–8. Jahrhundert v. Chr. 54

7. ORIENTALISCHE EINFLÜSSE AUF KRETA, ZYPERN UND RHODOS
Um 800 v. Chr. 66

8. ORIENTALISIERENDER ATTISCHER GOLDSCHMUCK
ca. 825–700 v. Chr. 71

9. SCHMUCKFUNDE AUS GRIECHENLAND, ITALIEN UND SIZILIEN
7. Jahrhundert v. Chr. 80

10. DER BASISFUND VON EPHESOS
7.–frühes 6. Jahrhundert v. Chr. 92

11. ORIENTALISIERENDE SCHMUCKARBEITEN VON DEN GRIECHISCHEN INSELN ca. 650–ca. 600 v. Chr. 98

12. SCHMUCK DER ARCHAISCHEN ZEIT ca. 600–ca. 480 v. Chr. 115

13. DIE FRÜHE KLASSIK UND DIE ANFÄNGE DES REICHEN STILS ca. 480–ca. 400 v. Chr. 136

14. DER REICHE STIL ca. 400–ca. 330 v. Chr. 161

15. DIE ERSTEN ANFÄNGE DES HELLENISMUS 200

16. FRÜHHELLENISTISCHE FUNDE ca. 330–ca. 220 v. Chr. 205

17. HOCHHELLENISTISCHER GOLDSCHMUCK ca. 220–ca. 130 v. Chr. 245

18. DER SPÄTE HELLENISMUS ca. 130–ca. 30 v. Chr. 279

Anmerkungen und Bibliographie 297

Abbildungsnachweis 310

Abkürzungsverzeichnis 311

Verzeichnis der Fundorte 316

Namen- und Sachindex 319

EINLEITUNG

Griechenland selbst ist arm an Goldvorkommen, aber auch hier waren schon von der Frühzeit an Schmuck und Gerät aus Gold und Silber begehrte Symbole von Macht und Reichtum. Die Dichtungen Homers berichten, welcher Wertschätzung sie sich erfreuten, und die Funde bestätigen die schriftliche Überlieferung. Die Beigaben an Goldschmuck und Goldgerät in den Schachtgräbern von Mykenai sind so groß, daß allein die Grabungen von H. Schliemann fast fünfzehn Kilogramm Gold ergaben. Und wenn wir auch nie wieder derartigen Mengen an einem einzigen Fundplatz begegnen, scheint zu keiner Zeit ein wirklicher Mangel an Edelmetall geherrscht zu haben. Gold kam aus Ägypten und dem Orient, aus den Flüssen Kleinasiens, von den skythischen Goldminen im Altai oder den thrakischen im Pangaion-Gebirge, die noch in römischer Zeit ausgebeutet wurden. Ebenfalls reichlich zur Verfügung standen Farbsteine wie etwa Bergkristall, Amethyst, Karneol, Achat, später auch Granat und Smaragd.

Griechischer Goldschmuck ist jedoch weit mehr als die Anhäufung kostbaren Materials, und er bietet wesentlich mehr als den Reiz des leuchtenden Goldes oder die Farbenpracht der Steine. Er ist antikes Kunstgewerbe und oft sogar antike Kunst. Deshalb kann er nach den gleichen Kriterien beurteilt werden wie die Skulptur oder die Malerei. Keine Sparte griechischer Kunst und griechischen Kunstgewerbes entstand isoliert von den anderen. Kein Goldschmied ignorierte die Arbeiten seiner auf anderen Gebieten tätigen Kollegen, und mancher Künstler, zum Beispiel Phidias, glänzte sowohl als Bildhauer, Maler, Architekt und Gemmenschneider – vielleicht auch als Goldschmied. Die gleichen Ideen, die alle Künstler einer Epoche bewegten, beeinflußten auch die Goldschmiede. Und so, wie der Bildhauer sie in Marmor, der Maler sie in Farbe, so setzten sie sie in Gold um. Eines der Ziele dieser Arbeit ist es denn auch, die Entwicklung griechischer

Goldschmiedekunst als einen Teilaspekt griechischer Kunstgeschichte darzustellen.

Antiker Schmuck wird meist isoliert betrachtet und aus diesem Grund oft falsch datiert. Anhaltspunkte für eine zuverlässige Chronologie können nur Schmuckstücke aus gesicherten Fundzusammenhängen bieten. Und auf diese konzentriert sich die vorliegende Untersuchung, ohne zu vergessen, wie kompliziert ihre Datierung ist. Erleichtert wird die Datierungsfrage dadurch, daß griechischer Goldschmuck keinem schnellen Wandel unterworfen ist. Formen und Dekorationen halten sich in der Regel über mehrere Generationen. Um ein chronologisches Gerüst zu gewinnen, ist es wichtig zu erkennen, wann eine bestimmte Form zum ersten Mal auftritt, wann grundlegende Änderungen im Verhältnis zum Material, im Dekor vor sich gehen. Und dies sind Prozesse, die sich meist über einen gewissen Zeitraum hinziehen.

Unsere Kenntnis griechischer Goldschmiedekunst beruht in erster Linie auf dem erhaltenen Schmuck selbst, der sich in recht großer Zahl in allen bedeutenden Museen und einigen wenigen Privatsammlungen befindet. Nur selten ist bekannt, woher er kommt. Wesentlich kleiner ist die Anzahl der Schmuckstücke mit bekannten Fundzusammenhängen, das heißt aus Grabungen.

Goldschmuck wurde in Gräbern gefunden, in Heiligtümern, in die er als Weihgaben gelangte, und gelegentlich auch in Wohnsiedlungen. Der Neigung, ihn zu horten und aus Sicherheitsgründen zu verstecken, verdanken wir sogenannte Hort- oder Schatzfunde. Das früheste Beispiel dafür ist ein in Theben entdeckter Fund von Wertsachen, die ein Grabräuber des zehnten vorchristlichen Jahrhunderts aus älteren Gräbern gestohlen hatte.

Mit Vorsicht heranzuziehen – aber auch nicht zu ignorieren – sind Fundkomplexe, die über den Kunsthandel in Sammlungen gelangten. Die mitgelieferten Herkunftsangaben sind nicht mehr als ein ungefährer Hinweis. Ungewiß ist, ob ein solcher Komplex einen vollständigen Fund darstellt, ob einzelne Stücke anderweitig verkauft, mehrere Einzelfunde zu einem großen vereinigt oder Fälschungen hinzugefügt worden sind.

Das erhaltene Material verteilt sich sehr unterschiedlich über die verschiedenen Epochen. Für manche Perioden steht uns eine

Fülle von Schmuckstücken zur Verfügung, für andere nur wenige Einzelstücke. Es wäre falsch, hieraus Rückschlüsse auf die jeweiligen wirtschaftlichen Verhältnisse zu ziehen. Entscheidend sind neben dem Zufall der Überlieferung die sich ändernden Bestattungssitten, also die Frage, ob Schmuck mit in Gräber gegeben wurde oder nicht.

Unsere Kenntnis antiker Schmuckarbeiten wird abgerundet und, wenn originaler Schmuck fehlt, manchmal auch bestimmt, durch die Darstellung von Schmuckstücken in der bildenden Kunst oder sogar durch deren Beschreibung in Inschriften. Terrakottafiguren, attische Koren, die Vasenmalerei und selbst Münzen zeigen erstaunlich oft Schmuck. In Tempelinventaren ist er manchmal so treffend beschrieben, daß sich existierende Formen erkennen lassen.

Die im Text genannten Datierungen beziehen sich ausschließlich auf die vorchristliche Zeit, so daß sich ein entsprechender Zusatz erübrigte. Verzichtet wurde auch auf die laufende Nummerierung von Anmerkungen. Der Interessierte findet weiterführende Hinweise unter den entsprechenden Stichwörtern in dem nach Kapiteln geordneten bibliographischen Anhang.

Allen Freunden, Kollegen und Institutionen, die mir Photographien zur Verfügung gestellt haben, bin ich zu Dank verpflichtet. In einer gesonderten Zusammenstellung werden sie namentlich aufgeführt. Mein besonderer Dank gebührt H.A. Cahn, F. Falk, R.E. Hecht, W.-D. Heilmeyer, W. Hornbostel, R. Perry, E. Simon und H. Termer.

In allen technischen Fragen konnte ich mich stets auf meine Freunde Edith und Albert Welker verlassen, die jedoch nicht für meine Fehler verantwortlich gemacht werden können. Eine wertvolle Hilfe waren mir bei allen archäologischen Problemen die umfangreichen Kenntnisse und Erfahrungen meines Mannes.

Jede Untersuchung antiken Goldschmucks profitiert von den Arbeiten der Wissenschaftler, die sich ebenfalls mit diesem Gebiet beschäftigt haben. Aus diesem Grund muß ich zwei Publikationen nennen, denen ich viel verdanke und die meine eigene Arbeit wesentlich erleichtert haben. Das sind einmal die vorbildlichen Kataloge der Schmuckbestände der Antikensammlung in Berlin von A. Greifenhagen, zum anderen das Handbuch „Greek and Roman Jewellery“ von R.A. Higgins.

1. Kapitel

DIE ANFÄNGE

Die Ursprünge griechischer Kunst und griechischen Kunstgewerbes reichen bis in das frühe zweite Jahrtausend v. Chr. zurück. Um diese Zeit setzen in der griechischen Welt die Bewegungen ein, die die Wurzeln für die spätere Entwicklung legen. Etwa um 1900 kommen die ersten griechisch sprechenden Einwanderer nach Griechenland und lassen sich vor allem im Osten des Landes, in Böotien, Attika und der Argolis nieder. Die Kultur, die sie mitbringen, ist wenig eindrucksvoll, aber von Anfang an zeigen die Einwanderer Eigenschaften, die auch für ihre späteren Nachfolger charakteristisch sind: Sie sind willig zu lernen, neue Ideen zu übernehmen und diese weiterzuentwickeln.

Die ersten Impulse, die von entscheidender Wirkung auf die neuen Bewohner sein sollten, wurden im Laufe der folgenden Jahrhunderte ausgelöst durch die Begegnung mit der zu dieser Zeit in der gesamten ägäischen Welt dominierenden kretischen Kultur. Wie diese Begegnung sich gestaltete, läßt sich nur vermuten. Vereinzelte minoische Siedlungen auf dem griechischen Festland und das Zusammentreffen mit den seefahrenden Bewohnern der Ägäischen Inseln werden vermittelnd gewirkt haben. Auf jeden Fall wurde eine Entwicklung ausgelöst, die zur Entstehung der Kultur führte, die nach dem ersten und nach wie vor bedeutendstem Fundplatz die mykenische genannt wird.

Goldschmuckfunde vormykenischer Zeit sind auf dem griechischen Festland selten. Nur ausnahmsweise finden sich schlichte Golddrahtreifen oder einfache Goldblechdiademe. Bedeutendere Stücke, wie wir sie aus einem gegen 2000 v. Chr. datierten Fund von der Peloponnes kennen, sind die Ausnahme. Er kommt aus der Thyreatis, der Grenzlandschaft der Argolis gegen Lakonien, und umfaßt eine Halskette aus Golddrahtringen und -perlen, eine reizvolle Schmucknadel mit Antilopenkopf, Goldblechanhänger und -rosetten. Zwischen diesem Schmuck, der sich in der Antikensammlung in Berlin befindet, und Goldschmuckfunden von Troja gibt es auffällige Übereinstimmungen. Mit späteren Arbeiten aus Griechenland selbst gibt es dagegen keine Gemeinsamkeiten.

Etwas mehr wissen wir von der minoischen Goldschmiedekunst. Die frühesten kretischen Schmuckfunde werden in die zweite Hälfte des dritten Jahrtausends v. Chr. datiert. Zwar sind dies vor allem noch einfache, aus dünnem Goldblech ausgeschnittene und mit punzierten Mustern verzierte Ornamente, aber bald nach der Wende zum zweiten Jahrtausend umfaßt der Typenschatz kretischer Goldschmiede Diademe, Haarschmuck, Ketten, Anhänger und vor allem die für die minoische Kunst so charakteristischen Fingerringe. Sie bestehen aus einer an einen Schild erinnernden leicht gewölbten Platte, die auf einen Reifen gesetzt ist. Nahezu unverändert wird dieser Typ während des ganzen zweiten Jahrtausends beibehalten, und er spielt auch in der mykenischen Kultur eine wichtige Rolle.

Zu den neuen Formen kommen mit Beginn des zweiten vorchristlichen Jahrtausends auch neue Dekorationstechniken. Die kretischen Goldschmiede lernen, das Goldblech nicht nur mit Treibarbeit zu verzieren, sondern auch mit aufgesetzten Drähten – also Filigran – oder Granulationskugeln. Das dafür notwendige technische Wissen kam von Babylon, wo es schon wesentlich länger bekannt war, über Syrien nach Kreta. Grundsätzlich stehen den minoischen Goldschmieden der ersten Hälfte des zweiten Jahrtausends bereits alle Techniken zur Verfügung, die das Goldschmiedehandwerk während der gesamten Antike bis in byzantinische Zeit bestimmten.

Zu den direkten Vorläufern griechischer Goldschmiedekunst gehört der sogenannte Fund von Aigina, der sich heute in London befindet. Dies ist eine Gruppe von Schmuckstücken des 17. und 16. Jahrhunderts, die vermutlich die Beute eines gegen Ende des zweiten Jahrtausends v. Chr. tätigen Grabräubers darstellt. Auf der Insel Aigina entdeckt und vielleicht sogar hergestellt, bilden die Ohranhänger, Pektorale, Ketten und Fingerringe eine interessante Verbindung zwischen kretischen Goldschmiedear-

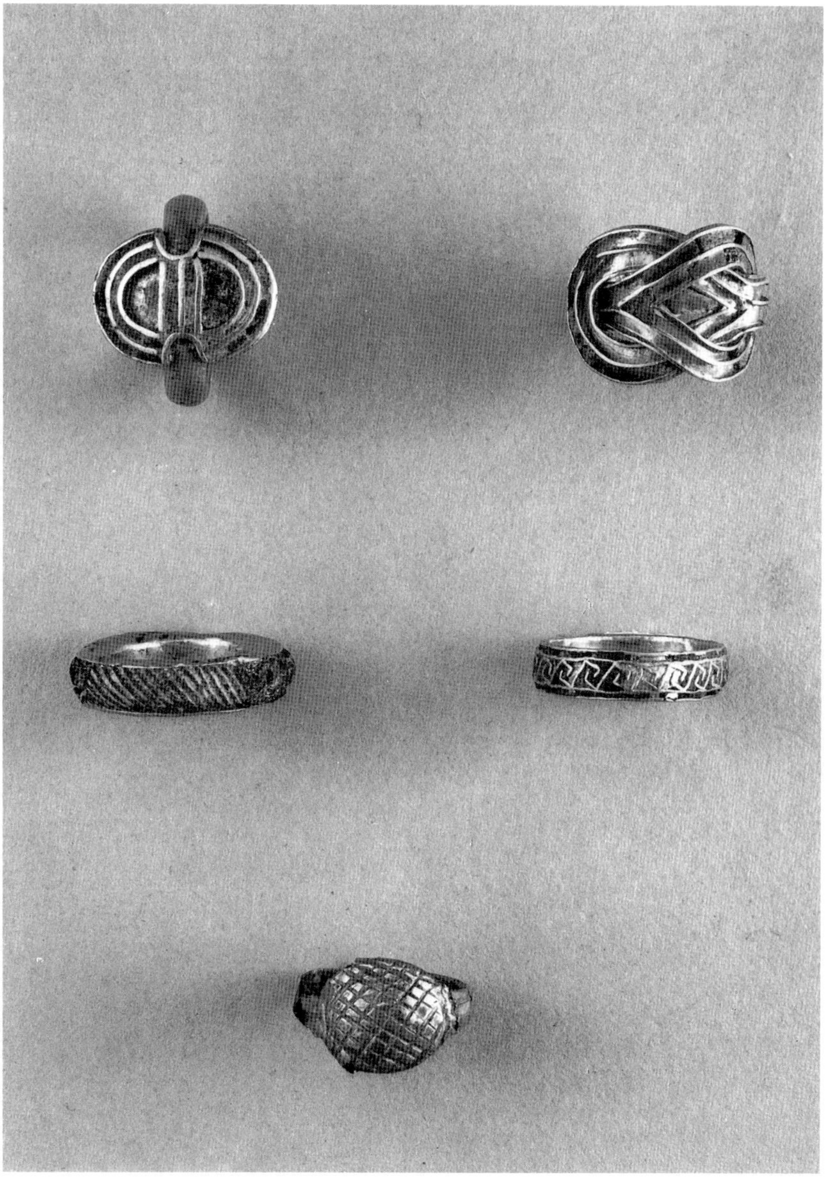

1 Fingerringe aus dem Fund von Aigina. Gold, Lapislazuli. London, British Museum, BMCR 690–693. 888. 17. Jh. v. Chr.

beiten und frühen mykenischen. Filigran und Granulation fehlen bei dem Schmuck von Aigina, aber die einzelnen Stücke fallen durch die Sorgfalt der Arbeit und durch eine hohe künstlerische Qualität auf. Wie hervorragend die Beherrschung der Technik ist, zeigen vor allem die Fingerringe mit ihren teilweise kompliziert angeordneten Lapislazuli-Einlagen (Abb. 1). Eine ähnliche Technik – wenn auch mit Bergkristall-Einlagen – zeigt ein Griff aus Grab IV der Schachtgräber. Übereinstimmungen mit Fundstükken von Mykenai gibt es außerdem bei den Halsketten. Zwei Ketten aus dem Fund von Aigina sind nahezu identisch mit einer Halskette aus Grab Omikron von Mykenai. Zum größten Teil ist der Schmuck von Aigina jedoch noch von kretischen Vorstellungen geprägt und im Vergleich mit den Goldarbeiten aus den Schachtgräbern oder auch mit späterem mykenischen Goldschmuck wirkt manches ausgesprochen fremd.

2. Kapitel

DIE SCHACHTGRÄBER VON MYKENAI

Gegen die Mitte des zweiten Jahrtausends v. Chr. beginnt der politische und wirtschaftliche Aufstieg von Mykenai, ohne daß eine dahin führende Entwicklung zu erkennen ist. Gut hundert Jahre nach der Entdeckung der ersten Schachtgräber auf der Akropolis von Mykenai mit ihren unübertroffen reichen Goldfunden durch Heinrich Schliemann sind die Hintergründe und Ursachen dieses plötzlichen Reichtums noch ungeklärt und geben Anlaß zu mancher Spekulation.

Die Schachtgräber decken einen Zeitraum, der in etwa dem 16. Jahrhundert v. Chr. entspricht und in der Terminologie der Prähistoriker – und es handelt sich ja noch um eine Epoche der Vorgeschichte – als Übergang vom Mittel- zum Späthelladischen beziehungsweise als späthelladisch I bezeichnet wird. Sie sind in zwei ummauerten Bestattungsringen zusammengefaßt. Der von H. Schliemann 1876 entdeckte Grabkreis A umfaßt sechs große Schachtgräber, die mit römischen Ziffern gekennzeichnet werden. Insgesamt waren in ihnen 19 Personen bestattet, neun Männer, acht Frauen und zwei Kinder. Die reichsten und wegen ihrer Goldschmuckbeigaben für uns interessantesten Bestattungen befanden sich in den Gräbern III, IV und V. Der zweite Grabkreis B wurde Mitte der fünfziger Jahre von den Archäologen J. Papadimitriou und G. E. Mylonas entdeckt und ausgegraben. Er umfaßt 24 verschiedene Bestattungen, die im Unterschied zu denen des Grabrunds A mit griechischen Buchstaben bezeichnet werden. Die Goldbeigaben sind hier weniger reich, aber dank der sorgfältigen wissenschaftlichen Bearbeitung sind die Funde durchaus aufschlußreich. Besonders bemerkenswert sind die Goldschmuckbeigaben des Grabes Omikron.

Außerhalb von Mykenai wurden bisher nur an wenigen anderen Orten Schachtgräber entdeckt, beziehungsweise Schmuckarbeiten, die denen aus den Schachtgräbern von Mykenai entsprechen. Einiges Material enthielten Tholosgräber von Pylos und Peristeria auf der Peloponnes sowie ein Schachtgrab in Theben. Stilistisch entspricht es dem der beiden Grabkreise von Mykenai. Dazu kommen kleinere Funde von Korinth und der Insel Skopelos.

Der Typenschatz frühmykenischer Goldschmiedearbeiten umfaßt Halsketten, Ohrschmuck, Armbänder und Fingerringe. Dazu kommen Diademe, Ornamente aus Goldblech, mit denen ursprünglich Gewänder besetzt waren, und Schmucknadeln. Die kunstgeschichtliche Einordnung des Materials erweist sich als sehr schwierig, da es in keiner Beziehung ein einheitliches Bild bietet. Die Qualitätsunterschiede zwischen den einzelnen Objekten sind sehr groß und auf den ersten Blick lassen sich nicht einmal die Ansätze eines einheitlichen Stils fassen. Innerhalb des bekannten Materials sind gewisse Gruppierungen zu erkennen und von diesen wurde angenommen, daß sie teils Importe aus unterschiedlichen Regionen, teils lokale Arbeiten darstellen. Für die Importe wurde besonders Kreta als Urprungsland vermutet. Nun sind eine Reihe von Fundstücken aus den Schachtgräbern eindeutig auf der Insel Kreta hergestellt worden und auch manches Schmuckstück zeigt auffällige minoische Charakteristika. Beispiele dafür sind unter anderem naturalistische Dekorationsmotive wie etwa der Schmetterling oder der Tintenfisch, die typisch sind für das minoische Kunsthandwerk, jetzt aber wesentlich steifer als auf Kreta wiedergegeben werden (Abb. 10). Daneben haben wir aber auch Formen, künstlerische Themen und Ornamente, die minoischen Vorstellungen fremd sind. Sie weisen nah Anatolien, in den Nahen Osten und in den Norden.

Erschwert wird eine Deutung der Schmuckfunde dadurch, daß die unterschiedliche Qualität keinen Hinweis darauf gibt, ob es sich um Importe oder um lokale Arbeiten handelt. Wir finden grob gearbeitete Goldgefäße neben sorgfältig verzierten einfachsten Schmuckstücken. Gewandornamente, die sicher lokaler Produktion entstammen, zeigen neben eindeutig minoischem Dekor typisch mykenischen. Oft ist die handwerkliche und künstlerische Qualität bei Arbeiten mit typisch mykenischen Themen – wie etwa den Kampfszenen auf Goldsiegeln oder Fingerringen – besonders hoch. Andrerseits werden rein kretische Motive manchmal erstaunlich flüchtig wiedergegeben.

Eindeutig mykenisch ist die geradezu leidenschaftliche Begeisterung für streng formale Ornamente wie Spiralen, konzentrische Kreise, streng gegliederte Rosetten. Sie äußert sich nicht nur in der mykenischen Goldschmiedekunst, sondern in allen Sparten mykenischen Kunsthandwerks. In dem Gefühl für das formale Ornament und in der Sicherheit, mit der es eingesetzt wird, zeigt sich hier zum ersten Mal eine typisch griechische Begabung, die uns in den folgenden Jahrhunderten in der Goldschmiedekunst, in der Vasenmalerei und selbst in der Architektur immer wieder begegnen wird.

Fassen wir die aufgeführten unterschiedlichen Aspekte zusammen, so ergibt sich, daß der Goldschmuck aus den Schachtgräbern von Mykenai entstanden ist in einer Epoche, in der eine Vielzahl von Anregungen und Ideen aufgegriffen, aber noch nicht zu einem einheitlichen Ganzen verschmolzen wurde. Er ist dadurch geprägt, daß höchst unterschiedliche Einflüsse in dem Moment zusammentrafen, in dem den Mykenern große Mengen von Gold zur Verfügung standen. Und bis zu einem gewissen Grad ist er das Ergebnis von Experimenten, die manchmal fehlliefen, manchmal aber auch die Vorläufer für die spätere mykenische Kunst darstellen. Dies erklärt das Nebeneinander von unterschiedlichen Stilen und Qualitäten, das vielleicht gerade den besonderen Reiz der Funde aus den Schachtgräbern ausmacht.

Die Offenheit gegenüber fremden Ideen, Formen und auch der Ikonographie ist typisch für die griechischen Kunsthandwerker fast aller Epochen, ganz besonders jedoch für die frühe mykenische Zeit. Wie selbstverständlich werden unterschiedliche künstlerische Ideen zu einem durchaus eigenen Repertoire zusammengefügt, aus dem sich erst im folgenden Jahrhundert ein einheitlicher Stil entwickelt.

Frühmykenische Bestattungen enthalten eine Fülle von *Halsketten*, die aus Halbedelsteinperlen und -gliedern unterschiedlichster Form zusammengesetzt sind. Als Material werden dafür vor allem

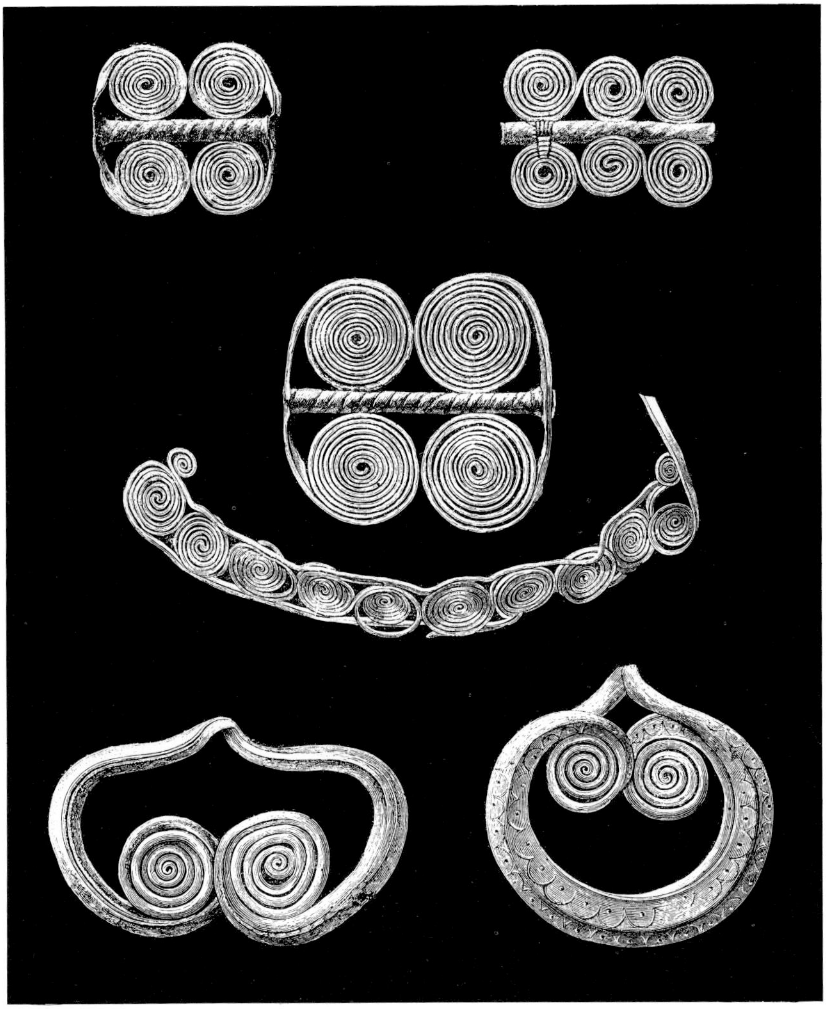

2 Goldene Kettenglieder, Armreif und Ohranhänger aus Mykenai, Schachtgrab III. Fast natürliche Größe. Athen, Nationalmuseum. 16. Jh. v. Chr.

Karneol, Bergkristall und Amethyst verwandt. Perlen aus Fayence und Glaspaste sind im 16. Jahrhundert noch geschätzte Raritäten. Erst später ersetzen sie das selten werdende Gold. Grab

3 Knospenförmige Anhänger. Halsschmuck aus Mykenai, Schachtgrab III. Gold. H 2,6 cm. Athen, Nationalmuseum. 16. Jh. v. Chr.

Chi enthielt eine Bergkristallkette mit einer zentralen blauen Fayenceperle, Grab Ypsilon eine Kette aus vier Fayencegliedern, Halbedelstein-, Gold- und Silberperlen. Überraschend groß ist die Anzahl von Bernsteinperlen und -kettengliedern. Allein in Grab IV wurden 1290 solcher Perlen gefunden, ein Hinweis auf gute, wenn auch kaum direkte Handelsbeziehungen der Mykener zu nördlichen Regionen.

Halsketten, die aus kleinen Goldblechröhren mit Spiralverzierung zusammengesetzt sind, enthielten die Gräber III und Omikron sowie das Tholosgrab IV von Pylos (Abb. 2). Vorläufer zu diesem ungewöhnlichen Typ lassen sich in Mesopotamien bis in das dritte vorchristliche Jahrtausend zurückverfolgen, aber auch in Mitteleuropa sind sie ein typisches Dekorationsmotiv der Frühzeit. Daß die strenge Symmetrie der aufgesetzten Spiralen den Mykenern gefiel, überrascht nicht. Grab III enthielt außerdem goldene Kettenglieder in Form kleiner Knospen oder Granatäpfel mit einer röhrenartigen Öse durch die eine Schnur geführt werden kann (Abb. 3). Dieser jetzt noch ungewöhnlichen Anhängerform werden wir in geometrischer und archaischer Zeit wiederbegegnen.

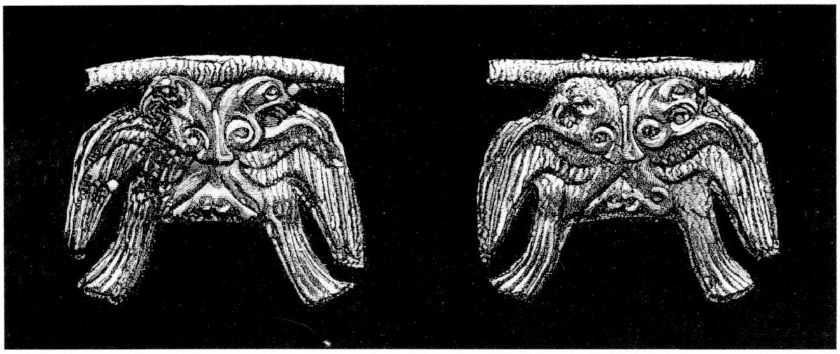

4 Antithetische Falken. Teile einer Halskette aus Mykenai, Schachtgrab V. Gold. H 3,3 cm, Br 4,3 cm. Athen, Nationalmuseum. 16. Jh. v. Chr.

Im Aufbau typisch mykenisch ist eine reizvolle Kette aus zehn heraldisch angeordneten Doppelvögeln aus Grab I (Abb. 4). Jedes einzelne Vogelpaar besteht aus zwei Goldblechen, der in eine Form getriebenen Vorderseite und der glatten Rückseite. Längliche, geriefelte Goldblechösen dienen wieder dazu, die einzelnen Glieder auf einer Schnur aufzureihen.

Diese Vogelglieder sind eine frühe Form der sogenannten *Schieber*. Das sind einzelne Goldblech-, später auch Glaspasteornamente, die aneinandergereiht und auf Draht oder Schnüre gezogen eine Kette bilden. Sie sind die wohl charakteristischste Schmuckform mykenischer Zeit vom 16. bis zum 13. Jahrhundert v. Chr. Wie bei der Vogelkette wird die äußere Kontur der Schieber durch ihre Dekoration bestimmt. Das heißt, das Goldblech wird dem getriebenen Motiv entsprechend ausgeschnitten. Hier sind es die Falken, später ist es eine Vielfalt stark stilisierter naturalistischer Ornamente aus der Pflanzen- oder Meereswelt. Vorder- und Rückseite der beiden Bleche werden an den Rändern zusammengebogen und zur Verstärkung mit einer Füllmasse – etwa feinem Sand – gefüllt.

Eine besondere Variante frühmykenischer Schieber kommt aus Grab Omikron. Hier ist die Kette oder besser gesagt das Halsband aus Goldgliedern zusammengesetzt, die an Palmblätter erinnern. Jedes Glied besteht aus zwei bogenförmigen Blättern, die in der Mitte spitz zusammenlaufen und dort durch Drahtösen sehr dicht, aber doch beweglich miteinander verbunden sind. Auch hier haben wir eine plastische Vorder- und eine glatte Rückseite. Zwei fast identische Ketten kennen wir bereits aus dem im vorhergehenden Kapitel erwähnten Fund von Aigina.

Wenn sie auch nicht unbedingt Halsschmuck darstellen, sind in diesem Zusammenhang auch die kurzen Kettenenden mit spitzovalen Goldblechanhängern aus Grab III zu nennen (Abb. 3). Es sind sogenannte *Fuchsschwanzketten*, deren einzelne Glieder aus umgebogenen und achtförmigen Doppelschlaufen bestehen. Dies ist eine Kettenform, die im Orient eine weit zurückreichende Tradition aufweist, für den griechischen Bereich bisher aber nur durch ein Schmuckstück unbestimmter Funktion aus dem Fund von Aigina belegt ist. Anscheinend finden solche Ketten jetzt jedoch keinen weiteren Anklang. In den folgenden Jahrhunderten fehlen sie fast völlig und erst im 8. Jahrhundert lernen die griechischen Goldschmiede sie wieder kennen. Im Laufe der Zeit werden sie dann in allen möglichen Variationen zu der wohl erfolgreichsten antiken Halskette und sie sind auch heute noch eine der wichtigsten Grundformen.

Gehen wir von dem Fundmaterial aus, so ist *Ohrschmuck* mit Ausnahme der Frühzeit innerhalb des mykenischen Kulturkreises nicht besonders populär. In den Schachtgräbern finden sich neben einfachen Gold- und Silberdrahtringen, die vielleicht als Ohrringe zu interpretieren sind, geschmiedete Reifen, die sicher als Ohrschmuck dienten (Abb. 2). Mit ihrer flachen Innen- und mehrkantigen Außenseite und den zu Spiralen eingerollten Enden wirken sie außerordentlich dekorativ. Sie wurden mit Hilfe kleiner Ringe aus sehr feinem Golddraht am Ohr befestigt. Wir kennen sie sowohl aus Grab III wie aus Grab Omikron. In späteren Funden kommen solche Ohranhänger dagegen nicht mehr vor. Die ungewöhnliche Schmiedetechnik spricht dafür, daß es sich um Importe handelt und zwar aus nördlichen Regionen.

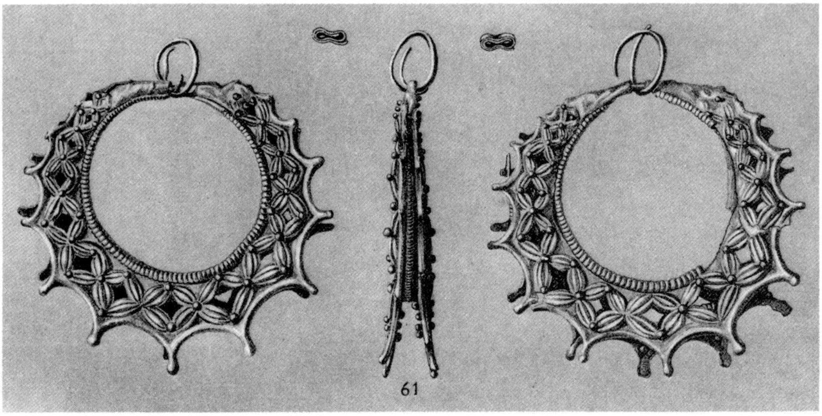

5 Ohranhänger aus Mykenai, Schachtgrab III. Durchbrochenes Goldblech und Granulation. Dm 7,5 cm. Athen, Nationalmuseum. 16. Jh. v. Chr.

Zu den künstlerisch besonders interessanten Schmuckarbeiten aus den Schachtgräbern gehören die großen Ohranhänger (Abb. 5) aus dem schon mehrfach genannten Grab III. Ein reizvolles Kreuzblattmuster in Treibarbeit mit ausgesparten Durchbrüchen paßt sich der kreisförmigen Kontur zweier Bleche an, die durch eine geriefelte Goldblechröhre so zusammengehalten werden, daß die gezackten äußeren Ränder leicht auseinanderklaffen. Auf die Blattspitzen sind Granulationskugeln gesetzt, und ebenso, wie die Blätter nach oben hin immer kleiner werden, verringert sich auch die Größe der Kugeln. Der plastische Effekt der Treib- und Durchbrucharbeit wird dadurch unterstrichen, daß die äußeren Ränder nach innen umgebogen sind und deshalb leicht verdickt wirken. Wieder dienen winzige Drahtringe zur Befestigung am Ohr.

Ähnliche Ohrgehänge wie diese sind an Frauenköpfen auf etwa gleichzeitigen Wandmalereien der Insel Thera zu sehen. Wo das Paar aus Grab III hergestellt wurde, ist schwer zu sagen. Ungewöhnlich für die frühmykenische Goldschmiedekunst ist die Granulation. Erst vom 15. Jahrhundert an gehört sie zum festen

6 Armreif mit großer Blüte aus Mykenai, Schachtgrab IV. Gold und Silber. Innerer Dm 9,3 cm, H des Bandes 2,2 cm. Athen, Nationalmuseum. 16. Jh. v. Chr.

Repertoire der Goldschmiede. Das Kreuzblattmotiv dagegen entspricht der Verzierung eines Schwertgriffs mit Bergkristall- und Lapislazuli-Einlagen aus dem vierten Grab.

Als Beispiele frühmykenischen *Armschmucks* sind als erstes Reifen aus starkem Golddraht zu nennen, der so gelegt ist, daß eine Reihe nebeneinanderliegender Spiralen entsteht (Abb. 2). Hier hat der Goldschmied mit sehr einfachen technischen Mitteln und um so mehr Geschicklichkeit und Phantasie ein dekoratives Schmuckstück geschaffen. Ebenfalls als Armbänder werden glatte Goldblechstreifen mit schmal zurückgebogenen Rändern interpretiert, die mit punzierten konzentrischen Kreisen, Rosetten oder Wellenbändern verziert sind. Kleine Löcher an den Schmalseiten lassen vermuten, daß ein feiner Draht oder eine Schnur die

Enden zusammenhielt. Die glatte Goldfläche bot den mykenischen Goldschmieden Gelegenheit, ihre besondere Stärke, das formale Ornament, voll zu entfalten und sie taten dies mit absoluter Souveränität.

Einen Höhepunkt frühmykenischer Goldschmiedekunst stellt ein aus Silber- und Goldblech gearbeiteter Armreif dar, der am Oberarm eines Mannes in Grab IV gefunden wurde (Abb. 6). Er besteht aus einem starken inneren Goldblech, dessen Ränder an beiden Seiten nach außen gebogen sind. Sie halten einen aufgesetzten Streifen aus Silberblech, auf dessen Mitte wiederum ein zweites Goldblech, diesmal mit flachen Querriefen, gesetzt ist. Durch die Schichtung von insgesamt drei verschiedenen Lagen wird das gekerbte obere Goldblech von zwei Silberstreifen gerahmt, deren äußeren Abschluß wiederum die umgebogenen Ränder des goldenen Grundblechs bilden. Die beiden Enden dieses Reifens werden durch je einen quer gelegten vierfach geriefelten Goldblechstreifen verdeckt, der mit goldenen Stiften vernietet ist. Verbunden werden sie durch ein blattförmiges Goldblech, das an beiden Seiten zwischen die verschiedenen Lagen des Reifen gesteckt und ebenfalls vernietet ist. Ursprünglich war dieses Blatt auf beiden Seiten mit Silber verkleidet, das jedoch nur in Oxydationsresten erhalten ist. Es verbindet aber nicht nur die beiden Reifenden, sondern dient gleichzeitig als Hintergrund für eine aus Goldblech ausgeschnittene und getriebene Rosette, die ein Bronzestift mit goldplattiertem Kopf hält. Trotz der verhältnismäßig primitiven Technik ist dem Goldschmied, der diesen Armreifen schuf, ein prachtvolles Schmuckstück gelungen, das in seiner ungewöhnlichen Verbindung von Gold und Silber ursprünglich wirkungsvolle Farbkontraste erzielte. Der großzügige Umgang mit dem kostbaren Metall zeigt, daß daran ebenso wie an Ideen kein Mangel bestand.

Fingerringe sind in frühmykenischen Funden noch selten. Ein kleines Mädchen in Grab Ypsilon trug einen einfachen Golddrahtring am Finger und bei den weiblichen Skeletten aus Grab II wurden zwei schlichte Silberringe gefunden. Ebenfalls zu weiblichen Skeletten gehören zwei prachtvolle goldene Schildringe aus Grab IV (Abb. 7). Ihre Form – ein ovaler Schild, der im rechten Winkel

7 Zwei Siegelringe aus Mykenai, Schachtgrab IV. Gold. L des Schilds 3,45 bzw. 3,5 cm. Athen, Nationalmuseum. 16. Jh. v. Chr.

auf einen Reifen gesetzt ist – ist ein Standardtyp minoischer Goldschmiede. Nicht minoisch, sondern typisch mykenisch sind jedoch die in die Platte gravierten Darstellungen, eine Jagd- beziehungsweise eine Kampfszene. Schild und Ring bestehen aus zwei relativ starken Goldblechen mit einer gipsartigen Masse als Füllung. Die Unterseite des Schilds und die Innenseite des Reifens sind dabei in einem Stück gearbeitet. In die Oberseite des Schildes ist ähnlich wie bei geschnittenen Steinen eine Darstellung graviert. Dieser Aufbau wird in den folgenden Jahrhunderten unverändert beibehalten, aber die eingravierte Dekoration ändert sich. Darstellungen aus dem religiösen Bereich lösen die Kampf- und Jagdszenen ab, die wohl das Leben und die Neigungen der frühmykenischen Krieger widerspiegeln.

Neben den Schildringen können wir für diese Zeit auch mit anderen Formen von Schmuckringen rechnen, auch wenn es dafür keine Beispiele in den Schachtgräbern gibt. Der Fund von Aigina enthielt die (Abb. 1) gezeigten Ringe mit Lapislazuli-Einlagen, und aus Funden des 15. Jahrhunderts kennen wir wiederum ähnlich verzierte Beispiele. Zwischenformen sind deshalb denkbar.

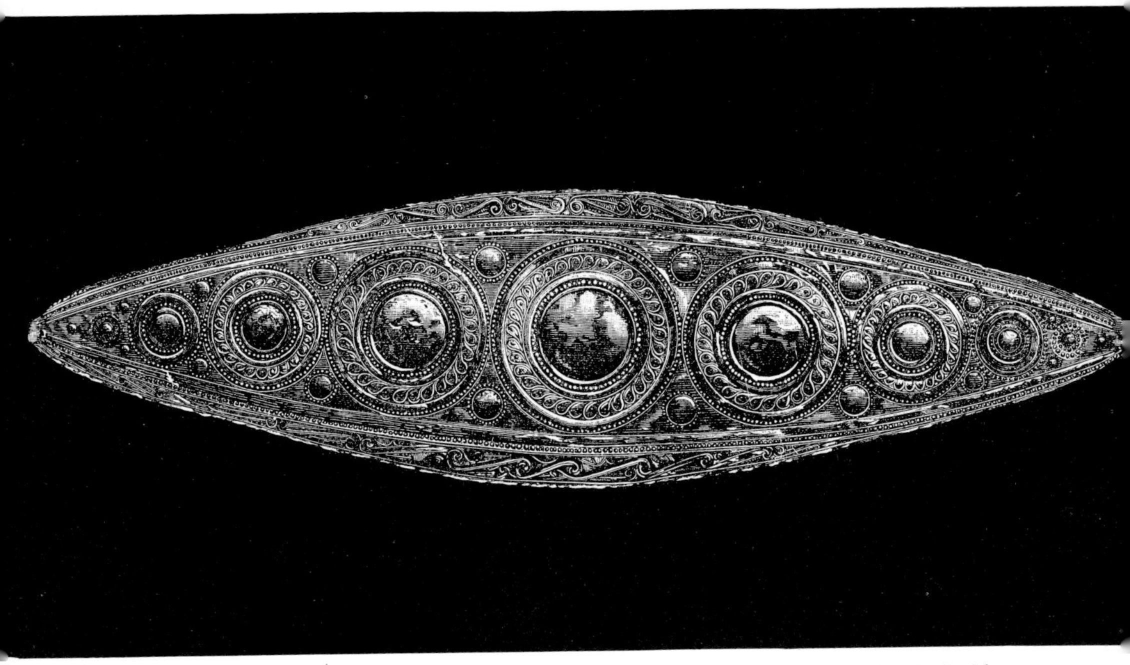

8 Diadem mit getriebenen Ornamenten. Aus Mykenai, Schachtgrab III. Gold. L 65 cm. Athen, Nationalmuseum. 16. Jh. v. Chr.

Die bisher beschriebenen Schmuckstücke sind alle so solide gearbeitet, daß sie für den täglichen Gebrauch gedient haben können. Weniger eindeutig ist dies bei den zahlreichen goldenen *Diademen*. Mit wenigen Ausnahmen sind sie sehr fragil, aber es ist möglich, daß sie Formen wiedergeben, die tatsächlich getragen worden sind. Meist sind es spitz auslaufende Goldblechbänder, die in Treibarbeit mit abstrahierten floralen Mustern wie Rosetten, Kreisen und Punkten verziert sind (Abb. 8). Dabei paßt sich die Komposition der Ornamente der spitzovalen äußeren Form an. Eine größere Rosette füllt das Zentrum, immer kleiner werdende schließen sich zu den Seiten hin an. Hier zeigt sich der gleiche Sinn für strenge Symmetrie der Dekoration, der schon bei den Ohrgehängen (Abb. 5) auffiel. Manchmal sind die Ränder der

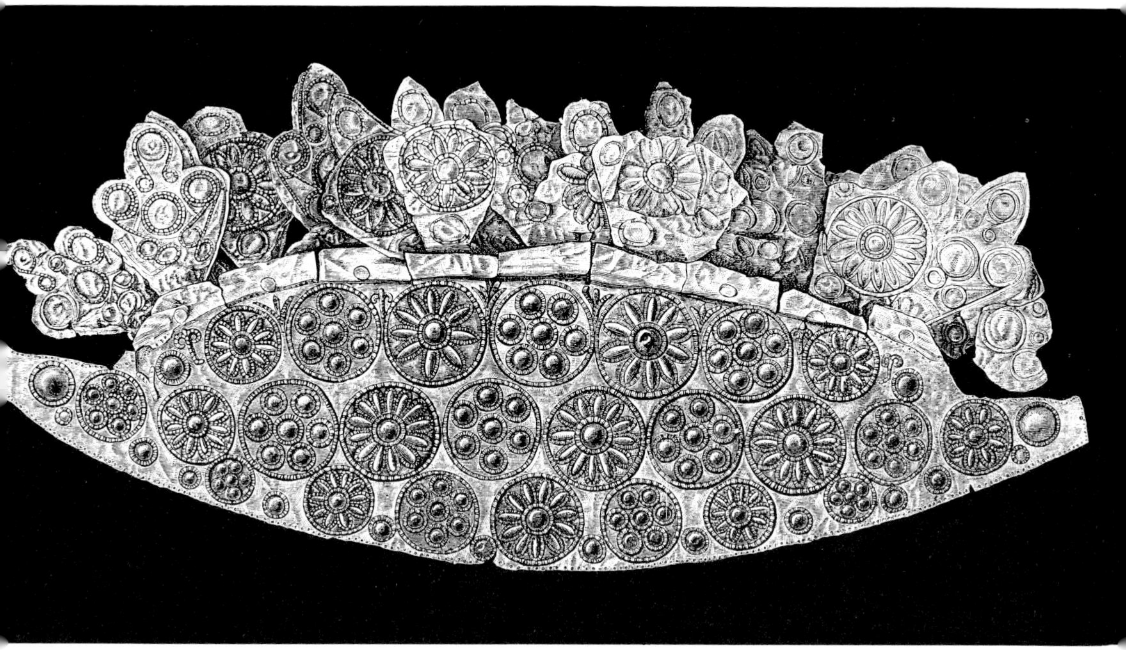

9 Prachtvolle Krone aus Schachtgrab III von Mykenai. Gold. L 62,5 cm. Athen, Nationalmuseum. 16. Jh. v. Chr.

Diademe nach hinten gebogen und um einen Kupferdraht gelegt, der ihnen eine gewisse Stabilität verleiht.

Nur wenige Stücke weichen von dem typischen Schema ab. Zu ihnen gehört eine prachtvolle Krone aus Grab II (Abb. 9). Im endlosen Rapport überziehen unzählige Rosetten das Goldblech, an dessen oberen Rand 36 einzelne Blätter gesetzt sind, die das Muster wiederholen.

Einfache Kränze und einen mit Rosetten besetzten Reifen kennen wir aus den Bestattungen des Grabkreises B. Weitere Diademe wurden in Korinth, Pylos, Peristeria und auf Skopelos gefunden. Mit dem Ende der frühmykenischen Zeit geht die Sitte, die Toten so zu schmücken, zu Ende. In den folgenden Jahrhunderten fehlen Goldblechdiademe völlig. Einzig auf Zypern wur-

10 Gewandbesatz. Runde Goldplättchen mit getriebenen Ornamenten aus Grabkreis A von Mykenai. Dm fast 6 cm. Athen, Nationalmuseum. 16. Jh. v. Chr.

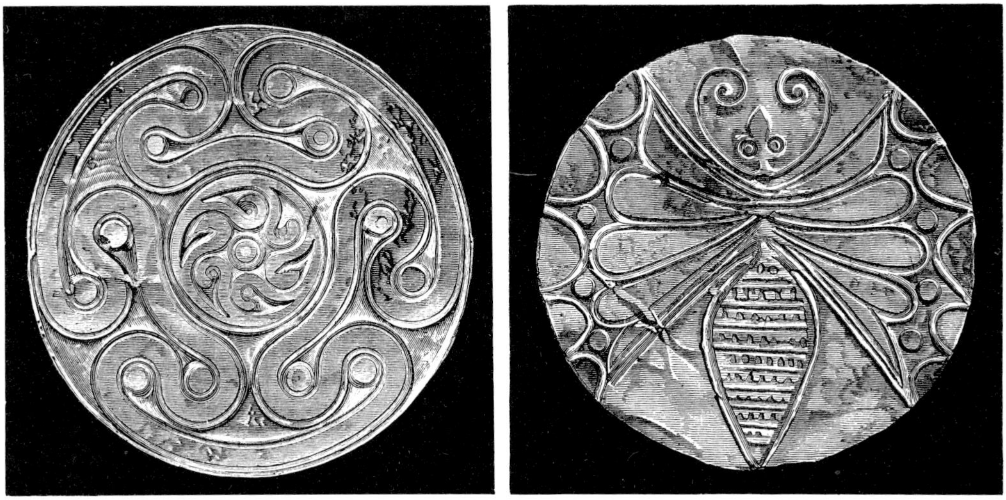

11 Gewandornament aus Schachtgrab IV von Mykenai. Tintenfisch. Gold. Natürliche Größe. s. Taf. I. Athen, Nationalmuseum. 16. Jh. v. Chr.

den in Bestattungen spätmykenischer Zeit vergleichbare Stücke gefunden, aber diese stehen in einer anderen Tradition und gehen auf orientalische Vorbilder zurück.

Bereits die Ausgräber überraschte die unglaublich große Menge etwa fünf bis sieben Zentimeter großer, mit punziertem Dekor verzierter Goldblechornamente, die sie in allernächster Nähe der Bestatteten in den Schachtgräbern fanden. Überlegungen, daß diese ursprünglich hölzerne Särge zierten, erwiesen sich als unhaltbar. Es wurden keinerlei Reste von Särgen gefunden und zudem wäre damit nicht erklärt, warum auch unter den Toten solche Ornamente lagen. Entweder überzogen diese Tücher, in die die Verstorbenen gehüllt waren, oder – was wahrscheinlicher ist – ihre Gewänder waren damit verziert.

12 Gewandornament aus Schachtgrab IV von Mykenai. Stilisierter Altar. Gold. Natürliche Größe. Athen, Nationalmuseum. 16. Jh. v. Chr.

Wir kennen zwei Formen von *Gewandbesatz*. Einmal sind es runde Goldblechscheiben, die mit verschiedenen Motiven aus der Tier- und Pflanzenwelt oder auch mit abstrakten Ornamenten wie etwa Wellenbändern verziert sind (Abb. 10). Zum andern sind es kleine Goldbleche, die entlang der Kontur eines punzierten Motivs ausgeschnitten wurden. Beliebt sind Tintenfische, Schmetterlinge, Vögel, menschliche Figuren, aber auch stilisierte Altäre (Taf. I Abb. 11. 12). Kleine Fadenlöcher an den Rändern verraten, daß sie aufgenäht waren. Und wenn diese fehlen, waren sie aufgeklebt. Reste von Klebstoff sind manchmal noch erhalten.

Anders als später der griechische Peplos erforderte die mykenische Tracht keine *Nadeln* zur Befestigung der Gewänder. Die in den Schachtgräbern gefundenen Nadeln mit figürlichem Dekor aus Goldblech oder Köpfen aus Bergkristall sind deshalb reiner Schmuck. Wie sie getragen wurden, ob an Gewändern oder im Haar, ist allerdings unklar.

3. Kapitel

DIE BLÜTEZEIT MYKENISCHER KULTUR
15. – 14. Jahrhundert v. Chr.

Mit dem fünfzehnten Jahrhundert beginnt die Ausdehnung mykenischer Macht und Kultur. Neben Mykenai selbst gibt es jetzt vor allem auf der Peloponnes einige weitere Zentren. Die bedeutendsten sind Tiryns, Pylos und Theben. Allen scheint eine strenge Organisation, lebhafte Bautätigkeit, kaufmännische Aktivität und vor allem Unternehmungslust eigen gewesen zu sein, die dazu führt, daß sich der Einfluß mykenischer Kultur über die Kykladen, Rhodos und Zypern bis an die kleinasiatische Westküste und Syrien ausdehnt und auch zu Italien und Sizilien Beziehungen bestehen.

Waren die Anfänge mykenischer Goldschmiedekunst gelegentlich noch recht barbarisch, so bringt das 15. Jahrhundert eine Verfeinerung des Stils, neue Formen und vor allem eine sichere Beherrschung aller zu dieser Zeit bekannten Techniken. Nach wie vor schätzt der mykenische Goldschmied vor allem die Treibarbeit, aber sie wird verfeinert und mit Granulation und farbigem Email bereichert. Mit dem Erreichen eines hohen künstlerischen und technischen Niveaus gegen Ende des 15. Jahrhunderts bricht die Entwicklung mykenischer Goldschmiedekunst abrupt ab. Von nun an werden nur noch die gleichen Formen und Ornamente nahezu unverändert wiederholt. Die künstlerische Kraft ist erstarrt, schöpferische Impulse fehlen. Eine Erklärung hierfür zu finden ist sehr schwer. Vielleicht lag es an dem starren Gesellschaftssystem, das die mykenische Zeit prägte, in der die bürokratische Organisation zwar manche ungewöhnliche Leistung wie Monumentalbauten oder den Straßenbau ermöglichte, aber der individuellen künstlerischen Initiative nicht viel Spielraum ließ. Denn die gleiche Wiederholung von Ornament und Form, die gleiche künstlerische Erstarrung läßt sich auch in der Vasenmale-

I Drei Tintenfische. Gewandbesatz aus Mykenai. Gold, H ca. 4,5 cm. Athen, Nationalmuseum. 16. Jh. v. Chr.

II Goldschmuck aus dem Fund von Khaniale Tekke/Knossos. Gold, Bergkristall, Bernstein. Um 800 v. Chr. Heraklion, Museum.

III Ohrschmuck und Fibeln aus Attika. Gold. vgl. Abb. 23. 34. London, British Museum, Slg. Lord Elgin. 8. Jh. v. Chr.

IV Habichtsfibel. Aus einem Mädchengrab bei Ephesos. Gold, H 4 cm. Berlin, Antikenmuseum, Inv. 1963.6. Zweite Hälfte 7. Jh. v. Chr.

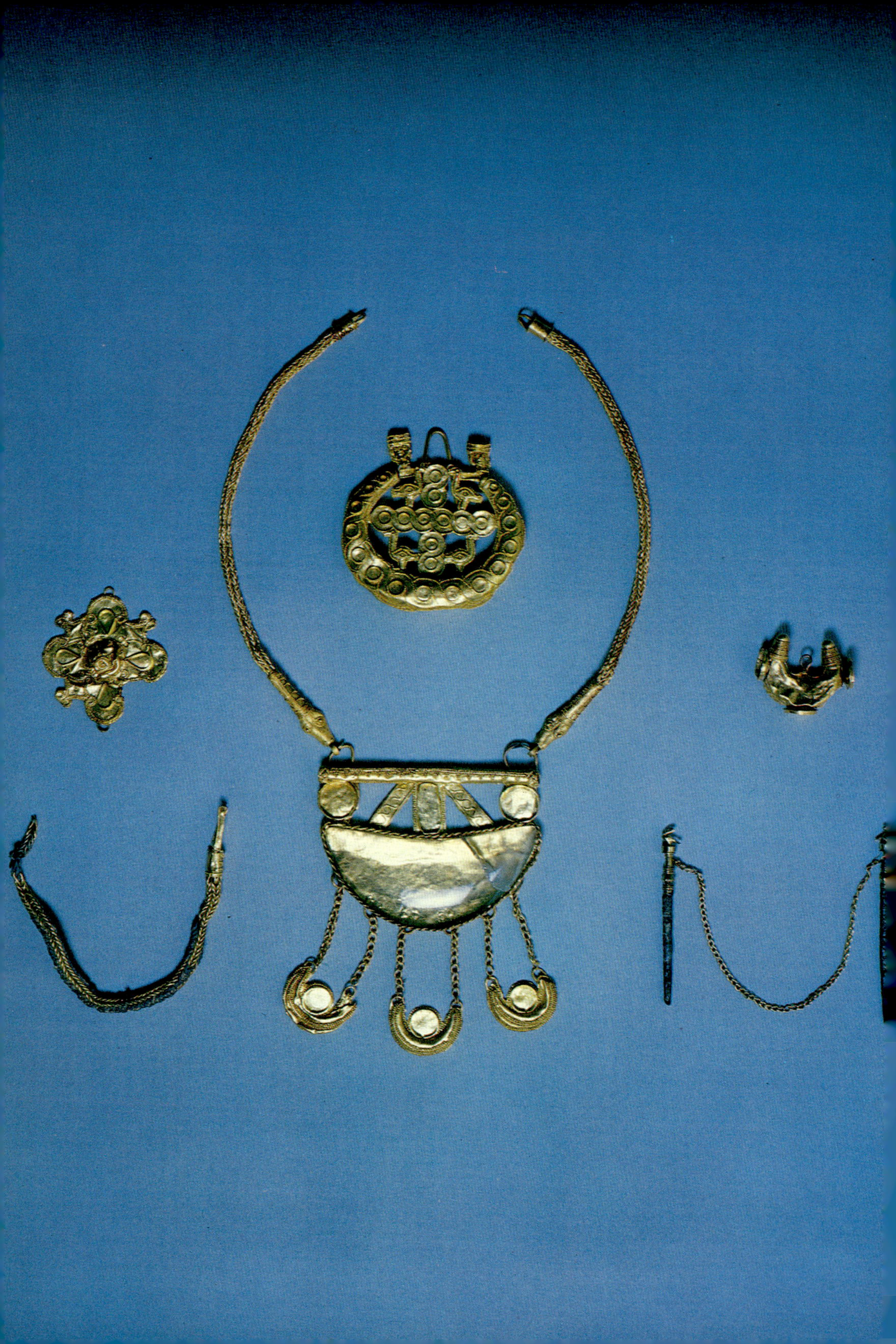

rei beobachten. Andrerseits entfalten sich die unternehmerischen Aktivitäten der Mykener ungebrochen weiter. Nachdem spätestens im frühen 14. Jahrhundert, vermutlich sogar schon eher, ihre minoischen Konkurrenten ausgeschaltet waren, standen ihnen alle Wege für ihre kommerziellen Unternehmungen offen. Und wir wissen, daß sie dies auch voll ausgenutzt haben. Ihre Beziehungen zum östlichen Mittelmeer werden jetzt endgültig etabliert und Verbindungen nach dem Westen geknüpft. An Anregungen verschiedenster Art kann es also nicht gefehlt haben, aber für das mykenische Kunstgewerbe bleiben sie ohne Wirkung.

Die wichtigsten Schmuckfunde des 15. Jahrhunderts kommen von Kakovatos und Myrsinochorion in Messenien, von Vaphio in Lakonien, von Dendra, Asine und Prosymna in der Argolis, von Theben und Athen und nicht zuletzt von Mykenai. Dazu kommt reiches Material von Kreta und zwar besonders aus dem Gebiet von Knossos, das seit der Mitte des 15. Jahrhunderts in mykenischer Hand ist. Auch das 14. Jahrhundert ist mit zahlreichen Funden vom griechischen Festland wie von Kreta gut dokumentiert. Pylos, Prosymna, Asine und Mykenai sind die wichtigsten Fundplätze auf der Peloponnes, Archanes, Phaistos und Pachyamnos auf Kreta. Auch Zypern und die Inseln der Ägäis, das Gebiet, in dem die Mykener die minoische Vorherrschaft abgelöst haben, bringt jetzt Funde mit typisch mykenischen Schmuckformen. Sehr ergiebig waren die Grabungen in Ialysos auf Rhodos.

Das Fundmaterial wäre noch umfangreicher, wenn nicht eine große Anzahl von Gräbern schon im Verlaufe des Niedergangs des mykenischen Reichs und in den anschließenden Jahrhunderten geplündert worden wäre. Die typischen Grabbauten der mykenischen Blütezeit, das Kammer- und noch mehr das auffällige Tholos-Grab, lockten schon früh Plünderer. Der im zweiten Kapitel erwähnte Fund von Aigina stellt vermutlich die gehortete Beute von solchen Grabräubern dar, und gleiches gilt für den sogenannten Schatzfund von Tiryns, einer Ansammlung von Schmuck mittelmykenischer Zeit und wohl um die Wende vom zweiten zum ersten vorchristlichen Jahrtausend geraubt und versteckt.

Eine genaue Datierung der Schmuckfunde aus den Kammer- oder Tholos- Gräbern ist oft nicht möglich. Beides sind Familiengräber, die über einen längeren Zeitraum hin benutzt wurden. Im Laufe der Zeit wurden ältere Bestattungen meist wenig pietätvoll zur Seite geräumt, um für spätere Platz zu schaffen. Dabei gerieten die Beigaben leicht durcheinander. Auch in eingestürzten Gräbern läßt sich oft nur schwer festzustellen, welche Fundstücke ursprünglich zusammengehörten. Um so wichtiger sind die vereinzelt vorkommenden klaren Befunde.

Von besonderem Interesse sind die in die erste Hälfte des 15. Jahrhunderts datierten Tholos-Gräber von Kakovatos im Südwesten der Peloponnes, obwohl auch sie von antiken Grabräubern geplündert worden sind. Was diese zurückließen ist immerhin noch aufschlußreich genug, um uns eine Idee von den Schmuckarbeiten der ansonsten nicht besonders gut dokumentierten Zeit zwischen der Epoche der Schachtgräber und dem an Funden reichen späteren 15. Jahrhundert zu geben.

Zu den wenigen Goldobjekten von Kakovatos gehört eine etwa zwei Zentimeter hohe Kröte aus Goldblech, ursprünglich ein *Anhänger*, die einen recht lebendigen Eindruck macht. Sie ist ähnlich aufgebaut wie die frühmykenischen Schieber. Das heißt, auf eine flache Unterseite ist die in eine Form getriebene Oberseite gesetzt. Die unregelmäßig darauf verstreute Granulation deutet die Warzen der Krötenhaut an und unterstreicht den vom Künstler angestrebten natürlichen Effekt. Ebenfalls recht lebendig wirkt eine in Goldblech getriebene Eule aus dem gleichen Fundkomplex. Solche Stücke sind letzte Beispiele eines Naturalismus, der uns gelegentlich auch bei Goldschmiedearbeiten der Schachtgräberzeit begegnete, auf minoische Vorbilder zurückgeht und in der zweiten Hälfte des 15. Jahrhunderts keine Fortsetzung findet.

Zu den figürlichen Goldblechornamenten – von denen die meisten sicher eine Beute der Grabräuber geworden sind – kommen runde, ovale oder aus vier einzelnen Goldkugeln zusammengesetzte *Perlen* sowie Lapislazuliperlen und -anhänger. Goldene *Schieber* fehlen. Vermutlich wurden auch sie von den Grabräubern

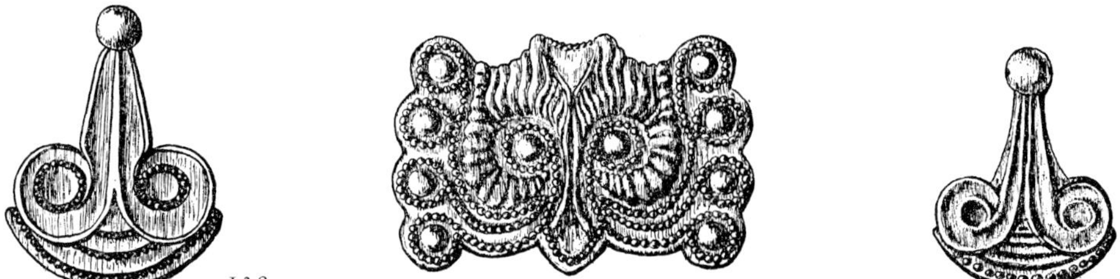

13a

13a–d Mykenische Schieber aus Gold und Glas verschiedener Provenienz. Natürliche Größe. 15.–13. Jh. v. Chr.

mitgenommen. Dafür ließen diese Schieber aus Amethyst und Lapislazuli zurück, alle in geometrischen Formen. Besonders groß ist die Anzahl von Schmuckornamenten aus Bernstein. Allein ein einziges Grab enthielt mehr als 500 Objekte aus diesem Material. Dieser Reichtum weist auf einen florierenden Adria-Handel, der bei der geographischen Lage von Kakovatos im Westen der Peloponnes nicht überrascht. Untersuchungen der Bernsteinfunde mykenischer Zeit haben ergeben, daß das Material vom Baltikum kommt. Und wohl zu Recht wird vermutet, daß ein Handelsweg von der Ostsee zur nördlichen Adria führte und damit in das Gebiet der direkten Handelspartner der Mykener.

Ein ganz anderes Bild als der Schmuck von Kakovatos vermitteln die Funde des späteren 15. Jahrhunderts. Hier fallen als erstes die außerordenlich hohe künstlerische Qualität sowie die technische Perfektion der Goldschmiedearbeit auf, die ein bisher unbekanntes Niveau erreicht hat. Das zweite auffällige Merkmal ist die starke Stilisierung naturalistischer Motive, die bereits den Keim der Erstarrung in sich trägt. Von der Lebendigkeit der Kröte oder

13b

13c

der Eule von Kakovatos ist nichts mehr zu spüren. Dies bedeutet, daß im Verlauf des 15. Jahrhunderts ein grundlegender Wandel in der mykenischen Goldschmiedekunst stattgefunden hat. Wann und wie er vor sich gegangen ist, was ihn ausgelöst hat, können wir nicht sagen. Aber sein Ergebnis ist unübersehbar.

Der Formenschatz und die Dekoration der Goldschmiedekunst, die wir in zahlreichen Beispielen der zweiten Hälfte und noch mehr des letzten Viertels des 15. Jahrhunderts kennen, ist geprägt durch naturalistische Motive aus der Pflanzenwelt und der Meeresfauna. Es sind die gleichen Motive, die uns auf der minoischen und mykenischen Keramik begegnen. Aber in der Goldschmiedekunst sind sie jetzt zu sorgfältig stilisierten, sehr formalen Ornamenten geworden, die in endloser Reihung nebeneinander gesetzt werden (Abb. 13). Fast jedes der Motive ist ein

13d

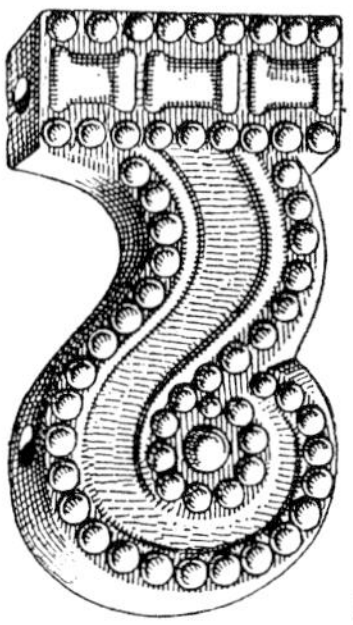

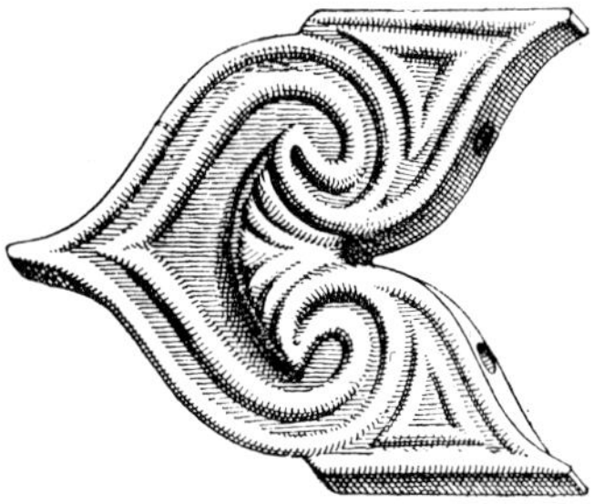

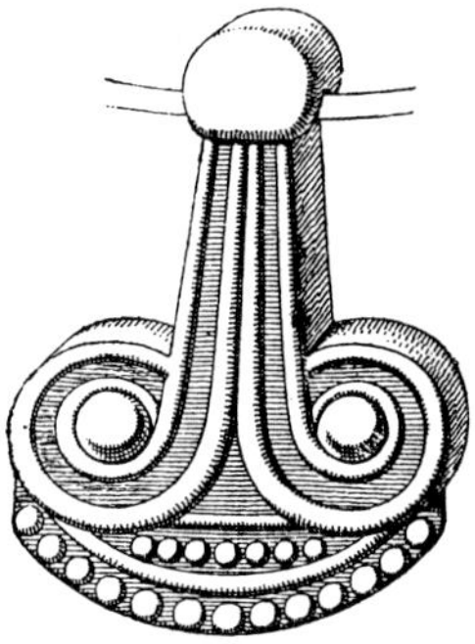

14a

14a–c Mykenische Schieber aus Glaspaste. Aus Phaistos/Kreta. Doppelte Größe. 14.–13. Jh. v. Chr.

minoisches Erbe, aber die Art, in der es nun wiedergegeben wird, ist weit entfernt von minoischen Vorstellungen. Sie erinnert vielmehr an die Begeisterung frühmykenischer Kunsthandwerker für das stark formalisierte Ornament, auf die schon im Zusammenhang mit dem Schmuck aus den Schachtgräbern von Mykenai hingewiesen wurde. Auch jetzt schwelgen die Goldschmiede im Grunde in abstrakten Ornamenten, auch wenn sie diese aus ursprünglich naturalistischen Formen wie Argonauten, Muscheln oder Blüten entwickelt haben. Von der Freiheit, die sich noch der Goldschmied der Kröte von Kakovatos erlauben konnte, als er durch unregelmäßig gestreute Granulation die Warzen andeutete, ist nichts mehr übriggeblieben. Sorgfältig angeordnete Granulation wird jetzt zum Akzentuieren ornamentaler Linien eingesetzt.

14b

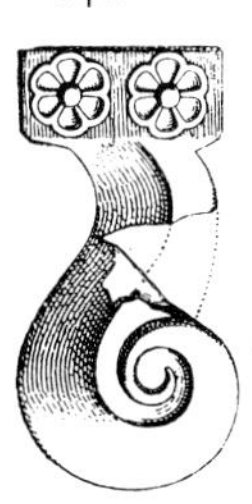

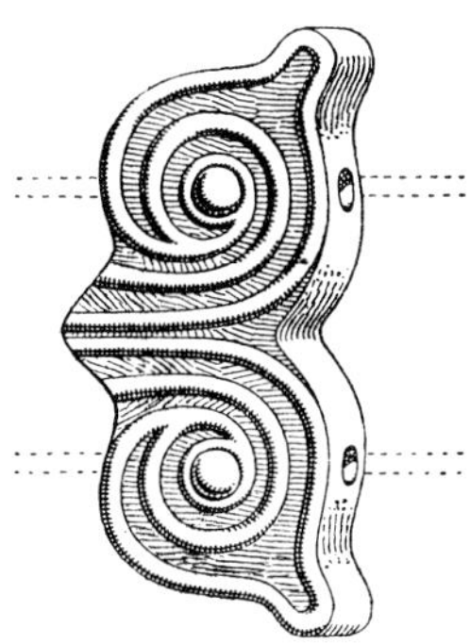

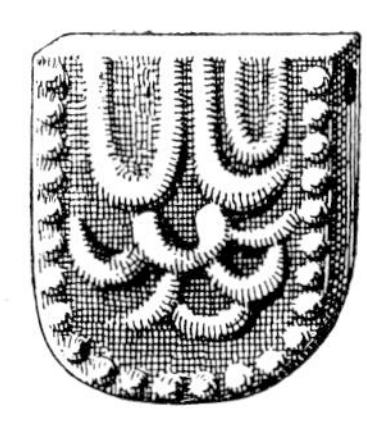

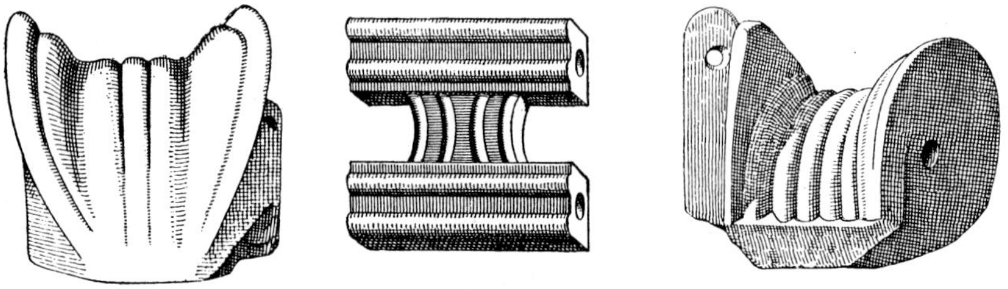

14c

Die flächige Gliederung – ebenfalls typisch für Goldschmuck dieser Zeit – wird gelegentlich durch farbige Effekte unterstrichen. Etwa ab 1425 finden wir blaues und grünes Email, das entweder leichte Vertiefungen der Oberfläche füllt oder zwischen Metallstege eingelassen ist. Email ist ja nichts anderes als flüssiges Glas und den Umgang damit haben mykenische Goldschmiede inzwischen ebenfalls gelernt. Von der zweiten Hälfte des 15. Jahrhunderts an spielt es zunehmend eine dominierende Rolle. Glas ist zu dieser Zeit ein Werkstoff, der ausschließlich zur Herstellung von Schmuck verwendet wird. Und so überrascht es nicht, daß die gleichen Kunsthandwerker, die Gold bearbeiteten, auch Glasschmuck herstellten und daß dieser genau die Formen wiederholt, die wir in Gold kennen (Abb. 14). Erst in den folgenden zwei Jahrhunderten wird es zu einem Ersatz für das fehlende Edelmetall und für Halbedelsteine.

Die wohl bekannteste Schmuckform dieser Epoche sind die sogenannten *Schieber*, auf die schon kurz im vorhergehenden Kapitel eingegangen wurde (Abb. 13. 14). Ihr Formenreichtum hat sich in der zweiten Hälfte des 15. Jahrhunderts zur vollen Blüte entfaltet und wird sich nicht mehr ändern, sondern nur noch wiederholt werden. Die meisten Motive, die von anderen Gattungen mykenischen und minoischen Kunstgewerbes her bekannt sind, finden sich hier wieder. Die Meeresfauna ist mit Argonauten, Doppelargonauten, Oktopoden und Muscheln vertreten. Als vegetabile Ornamente finden wir Rosetten, Lilienblüten, Efeublätter und Papyrus (Abb. 13). Dazu kommen eine Reihe abstrakter Ornamente sowie Voluten und Doppelvoluten, die oft noch in sich

15 Kette mit achtförmigen Schiebern aus Enkomi/Zypern, Grab 18. Gold. L 31,7 cm. Nikosia, Cyprus Museum. 15.–14. Jh. v. Chr.

verziert sind (Abb. 14.). Ursprünglich ein minoisches Erbe sind auch die achtförmigen Schilde, die in einem Grab in Enkomi auf Zypern zusammen mit röhrenförmigen Schiebern einen Halsschmuck bilden (Abb 15). Fast identische Goldschilde wurden auf der Peloponnes gefunden und von Kreta kennen wir einen aus Bergkristall sowie eine Form zum Gießen von gläsernen Schilden.

Wie schon in frühmykenischer Zeit sind auch jetzt die goldenen Schieber aus zwei Teilen zusammengesetzt, der in eine Form getriebenen Oberseite und der glatten Rückseite. Diese Herstellungstechnik ermöglichte zwar nicht gerade eine Massenproduktion im modernen Sinne, aber doch die ständige Wiederholung eines bestimmten Ornaments. Gleiches gilt für die Glasschieber (Abb. 14). Sie wurden in offenen Formen aus Steatit gegossen, von denen mehrere erhalten sind. Die Oberseite besonders qualitätvoller Schieber konnte zusätzlich mit Granulation, Email oder beidem verziert werden, bevor sie mit der Rückseite verbunden und das Ornament mit einer Füllmasse verstärkt wurde. Seitliche Löcher ermöglichten es, sie auf Schnüren aufzureihen.

Meistens wurden Schieber wohl zu Halsketten zusammengefügt, aber es gibt auch Hinweise für ihre Verwendung als Kopfschmuck. Eine Tote aus Tholos 4 von Archanes auf Kreta, datiert in das letzte Viertel des 14. Jahrhunderts, trug am Kopf eine Art Band aus goldenen Doppelargonauten und Glasornamenten. Volutenförmige Glasschieber, die vielleicht stilisierte Locken wiedergeben sollen, wurden auf der Stirn eines Skeletts in einem in das 13. Jahrhundert datierten mykenischen Kammergrab in Stravokephalo bei Olympia gefunden. Und ganz ähnliche Glasschieber schmückten die Stirn eines Toten in einem Grab von Ialysos auf Rhodos.

Auf den ersten Blick überrascht der Formenreichtum der aus Schiebern zusammengefügten *Halsketten*, aber tatsächlich werden bestimmte Grundmotive ständig wiederholt. Ein Beispiel dafür sind Ketten, die alternierend aus stilisierten Lilienblüten und schildartigen Ornamenten zusammengesetzt sind (Abb. 16). Mehrere nahezu identische Stücke fanden sich in etwa gleichzeitigen Bestattungen von Dendra, Asine und Tiryns. Zu einer Kette aus goldenen Efeublattgliedern von Dendra gibt es eine genaue Parallele in blauvioletter Glaspaste. Das gleiche Motiv wiederholt eine weitere Kette aus Asine, bei der verschiedenfarbige, efeublattförmige Glasschieber in einem bestimmten Rhythmus angeordnet sind.

Einen recht guten Überblick über das Repertoire der Halsketten dieser Epoche geben die Funde aus Grab 4 von Sellopoulo bei Knossos. Zu einer der Bestattungen dieses Grabs gehörte ein Band aus insgesamt 33 goldenen Doppelargonauten und eine Kette aus abstrakten Fayencegliedern. Bei einem zweiten Skelett wurde eine Kette aus 38 goldenen Efeublattgliedern gefunden. Dazu kamen insgesamt 54 goldene Schieber in Form von Muscheln und zwar in drei unterschiedlichen Größen. Entweder bildeten sie mehrere Ketten, oder sie wurden in einem bestimmten Wechsel zusammengefügt. Für die zweite Möglichkeit spricht der Vergleich mit einer Kette aus Dendra, die aus 18 großen goldenen Rosetten und ebenso vielen kleinen besteht.

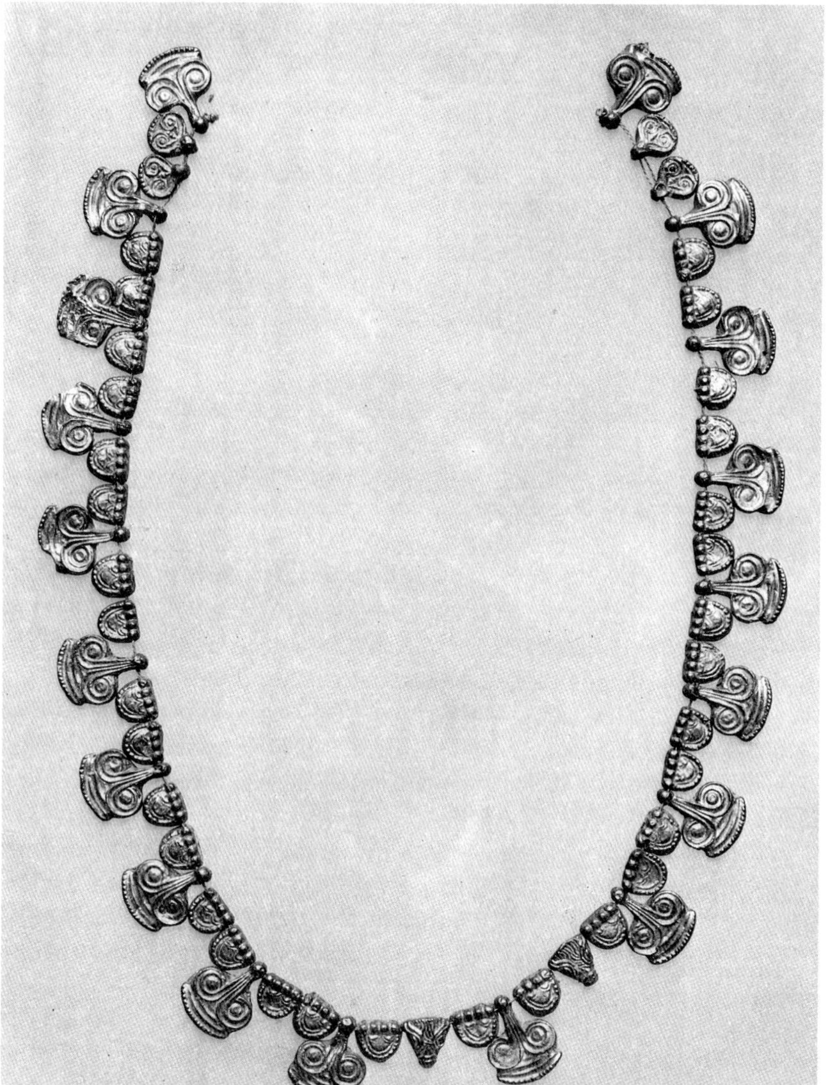

16 Mykenische Halskette. Gold. Athen, Benaki Museum, Inv. 2068. Spätes 15.–14. Jh. v. Chr.

Halsketten sind jedoch nicht nur aus Schiebern zusammengesetzt. Noch häufiger sind Perlenketten. Und zwar finden wir neben goldenen und Halbedelsteinperlen vor allem solche aus Glas und Fayence. Besonders schöne Beispiele aus der Blütezeit mykenischer Goldschmiedekunst sind Goldperlen mit aufgesetzten Drahtringen und Granulationskreisen, in die ursprünglich farbiges Email eingelassen war (Abb. 17). Wir kennen sie nur aus Funden des späteren 15. Jahrhunderts und schon zu ihrer Entstehungszeit müssen sie als besondere Kostbarkeit gegolten haben.

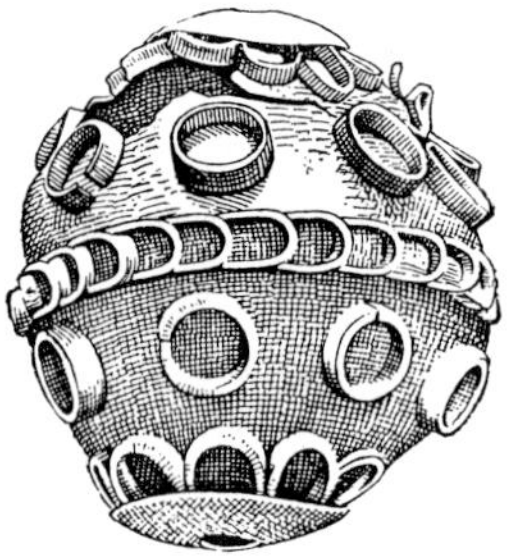

17 Mykenische Zierperle aus Phaistos/Kreta. Gold, dunkelblauer (nur noch in Resten erhaltener) Zellenschmelz. Doppelte Größe. Spätes 15. Jh. v. Chr.

Das ergibt sich daraus, daß sie nur als Einzelstücke und ausschließlich in reichen Bestattungen vorkommen. Je eine Perle dieses Typs wurde in Grab 4 von Sellopoulo, in Phaistos, Mykenai, Vaphio und in Dendra gefunden. Es ist möglich, daß sie alle aus einer einzigen Werkstatt stammen, aber nur eine technische Untersuchung der wenigen Exemplare könnte dies zuverlässig klären.

Einen Überblick über die Vielzahl verschiedenartig geformter Goldperlen dieser Epoche gibt der Schatzfund von Tiryns. Da sind einmal kleine, vollständig granulierte Goldröhren, ein Perlentyp, der bereits im 15. Jahrhundert entstanden ist, sich aber lange hält. Dazu kommen oliven- oder melonenförmige, zylindrische, ovale und auf verschiedenste Art gerippte Perlen. Und alle diesen Formen werden nicht nur in Halbedelsteinen wie Bergkristall oder Lapislazuli, Karneol oder Amethyst wiederholt, sondern auch in Glas oder Fayence, die jetzt ebenfalls in Griechenland produziert wird.

Wohl recht häufig wurden goldene und farbige Perlen miteinander kombiniert. Eine Kette aus Asine, eines der wenigen Stücke, dessen ursprüngliche Zusammensetzung gesichert ist, besteht abwechselnd aus großen und mittelgroßen Glasperlen, die durch winzige Goldperlen voneinander getrennt werden. Bei einer zweiten Kette gleicher Provenienz sind dattelförmige blaue Glas- und Goldperlen versetzt in zwei Reihen angeordnet, ein Beispiel für die Farbenfreudigkeit und den Sinn für Rhythmik, der den Mykenern zweifellos eigen war.

An Halbedelsteinketten ist besonders erwähnenswert eine aus 80 Amethysten zusammengesetzte Kette aus dem Fürstengrab von Vaphio, eine weitere aus schweren Bernsteingliedern von Myrsinochorion und schließlich ein Stück aus Dendra, bei dem Achat- und Bergkristallglieder mit Glasschiebern kombiniert wurden. Solche Ketten sind Beispiele dafür, daß an Halbedelsteinen im 15. Jahrhundert kein Mangel herrschte, aber schon wenig später müssen sie durch entsprechend gefärbte Glaspasten ersetzt werden.

Fingerringe, vor allem die typischen Schildringe, spielen auch in mittel- und spätmykenischer Zeit eine besondere Rolle. In ihrer einfachsten Form bestehen sie aus einer leicht gewölbten Platte, die im rechten Winkel auf den Reifen gesetzt ist (Abb. 18). Nur selten sind sie massiv. In der Regel bestehen sie aus zwei Goldblechlagen, denen eine Füllmasse Festigkeit verleiht. Die Oberseite ziert meist eine getriebene, punzierte oder auch gravierte Darstellung, der Reif ist ornamental verziert. Solche Ringe fungieren nicht unbedingt als Schmuck, sondern dienten vor allem religiösen Zwecken. Nur wenige Stücke konnten überhaupt am Finger getragen werden, denn ihre Reiföffnung ist in der Regel extrem klein.

Zu den religiös motivierten Schildringen kommt im späteren 15. Jahrhundert eine Gruppe ausgesprochener Schmuckringe, die anscheinend die Tradition der mit Lapislazuli eingelegten Ringe aus dem Fund von Aigina fortführen (vgl. Abb. 1). Zwei solcher Ringe wurden im Fürstengrab von Vaphio gefunden. Der eine entspricht in seiner Form zwar den Schildringen, die Platte zeigt jedoch keinen figürlichen Dekor, sondern eine Einlage aus Glasschmelz. Der zweite besteht aus einem bandartigen Reifen, auf dem kleine Goldstege ein rautenförmiges Muster bilden, in das abwechselnd blaue und grüne Glaspasten eingefügt sind. Eine aufgesetzte Rosette mit farbigen Blütenblättern ersetzt die Platte. Vergleichbare Stücke, bei denen wohl flüssiger Glasschmelz – also Email – in ein Muster aus Goldstegen auf Platte und Reif eingelassen ist, kommen aus Grab 4 von Sellopoulo, von Phaistos, Volo, Jalysos auf Rhodos und von Naxos. Ein Ring gleichen Typs, aber unbekannter Provenienz, befindet sich im Benaki Mu-

◁ 18 Fingerring. Aus einem Grab bei Theben. Vergoldete Bronze. Athen, Benaki Museum, Inv. 2078. Spätes 15.–14. Jh. v. Chr.

19 Fingerring. Aus einem Grab bei Theben. Gold und (nicht erhaltener) Zellenschmelz. Athen, Benaki Museum, Inv. 2076. Spätes 15. Jh. v. Chr.

seum in Athen (Abb. 19). Ebenfalls zu der Gruppe gehört ein Fingerring mit jetzt leerer, herzförmiger Fassung aus Pylos.

Fingerringe mögen auch die einfachen Golddrahtspiralen gewesen sein, die gelegentlich in Gräbern dieser Epoche gefunden werden. Zwar werden sie oft als Ohr- oder Haarschmuck interpretiert, aber die Fundlage einzelner Stücke in der Nähe der Hände der Bestatteten spricht dagegen.

Armschmuck, schon in den Schachtgräbern selten, fehlt vom 15. Jahrhundert an völlig. Gleiches gilt für *Ohrschmuck*. Nur auf Kreta und Zypern finden wir Ohrreifen mit starren, granulierten Anhängern, die an stark stilisierte Stierköpfe erinnern (Abb. 20). Typisch zyprisch sind auch Ohrreifen, auf die ebenfalls stilisierte Stierköpfe gezogen sind, die aber separat aus Goldblech gearbeitet wurden (Abb. 21). Ähnliche Stücke, zweifellos Importe, enthielten der Schatzfund von Tiryns und ein Grab in Perati in

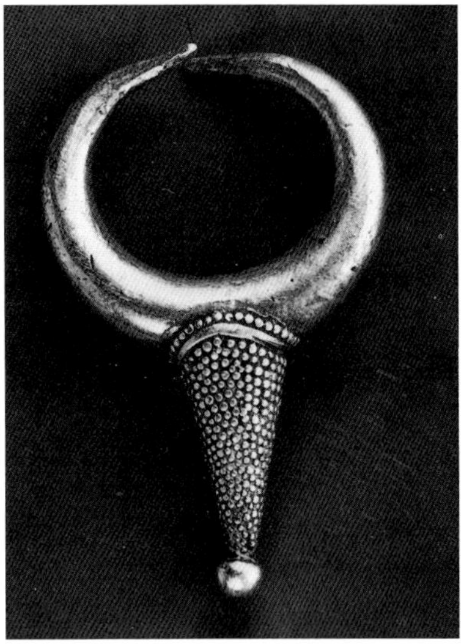

20 Ohrring in Form eines stilisierten Stierkopfs. Gold, H 3 cm. Athen, Nationalmuseum, Slg. Stathatos. 13. Jh. v. Chr.

21 Ohrreifen mit stilisierten Stierkopfanhängern aus Goldblech. Aus Enkomi/Zypern, Grab 19. H 3 cm. Nikosia, Cyprus Museum. 1400–1230 v. Chr.

Attika. Auf kleinasiatische Vorbilder gehen einfache Golddrahtohrringe mit einer winzigen Granulationstraube als Anhänger zurück, die jetzt über Zypern in die griechische Welt eingeführt werden.

Zu den mykenischen Schmuckformen, die sich über lange Zeit großer Beliebtheit erfreuten, gehören die *Gewandornamente*. Im 15. und 14. Jahrhundert sind es nicht mehr einzelne runde oder figürliche Goldbleche wie in der Schachtgräberzeit, sondern Streifen, die im endlosen Rapport den gleichen punzierten Dekor wiederholen. Das wohl am häufigsten vorkommende Motiv scheinen die stark stilisierten Doppelargonauten zu sein, die wir bereits von den Schiebern kennen. Solche Goldblechstreifen zierten Gewandsäume, auf die sie aufgenäht waren. Daß Gold in der mykenischen Welt immer mehr zur Mangelware wird, zeigt jedoch die Tatsache, daß im Laufe der Zeit immer mehr vereinzelte Rosetten aus sehr dünner Goldfolie den ursprünglich reichen Gewandschmuck ablösen. Das Goldblech wird zudem auch durch aufgenähte Glasornamente ersetzt.

4. Kapitel

DAS ENDE MYKENISCHER GOLDSCHMIEDE-KUNST
13. – 12. Jahrhundert v. Chr.

Bereits im 13. Jahrhundert gibt es nur noch wenig Goldschmuck auf dem griechischen Festland. Dieser Eindruck mag dadurch entstehen, daß viele Gräber schon in den folgenden Jahrhunderten gründlich geplündert wurden, aber es ist keine Frage, daß es einfach zunehmend an Gold fehlt. Schmuck dieser Zeit zeigt die gleichen Formen und Dekorationsmotive wie der des 15. und 14. Jahrhunderts, aber immer mehr ersetzen Glas und Fayence die Goldarbeit. Anfangs werden Glasschieber und -perlen noch mit dünner Goldfolie überzogen, aber bald muß auch darauf verzichtet werden. Die Ursachen für diese eindeutige Verarmung liegen in den sich ändernden politischen und wirtschaftlichen Verhältnissen.

Vom späten 13. Jahrhundert an wird das mykenische Griechenland wiederholt von Katastrophen heimgesucht, deren Ursachen nicht ganz klar sind, die sich aber am überzeugendsten durch feindliche Invasionen erklären lassen. Sie sind das Ergebnis von Bewegungen, die allgemein unter dem Begriff der Dorischen Wanderung zusammengefaßt werden. Schon früh führen sie zur Zerstörung der mykenischen Burgen und Paläste, und damit verschwindet die Basis wirtschaftlicher Macht und kulturellen Lebens. Die Invasionen wiederholen sich über mehr als ein Jahrhundert, und wenn auch mykenische Siedlungen weiterhin existieren, mykenisches Leben weitergeht, so kommt es doch zur allgemeinen Verarmung. Ganze Landstriche werden entvölkert, die auswärtigen Handelskontakte brechen ab. Vor diesem Hintergrund ist es verständlich, daß Schmuckfunde mit ganz wenigen Ausnahmen fehlen, und diese eher dürftig sind. Einzig die Westküste Griechenlands, im wesentlichen Attika, bleibt von Invasionen weitgehend verschont, und hier haben wir aus der Nekropole von Perati einige spätmykenische Schmuckfunde. Es sind einfache Spiralornamente aus Golddraht, häufig auch aus Bronze, Schildringe und schlichte Reifen, Schieber und vor allem Perlen aus Glaspaste, ausnahmsweise auch aus Halbedelstein.

Unbehelligt geblieben sind auch die Inseln, auf die sich Mykener vom Festland flüchten. Kreta, Rhodos, Naxos und Kephallenia sind zu nennen, aber auch hier sind die Funde bescheiden. Verhältnismäßig reich an Goldschmuck ist zu dieser Zeit einzig die Insel Zypern, die allerdings innerhalb des mykenischen Kulturkreises eine Sonderstellung einnimmt. Zyprische Goldschmiedearbeiten sind meist durch lokale Formen bestimmt, die teils vom Orient, teils von Griechenland her beeinflußt werden. Typisch für die zyprische Goldschmiedekunst spätmykenischer Zeit ist der Fund von Kouklia, zu dem ein Paar schlichte, aber sorgfältig gearbeitete Armreifen aus Goldblech, Stierkopfohrringe ähnlich denen (Abb. 21), kahnförmige Ohrringe mit langgezogenen Bügeln und prachtvolle Fingerringe mit Zellenschmelz gehören.

5. Kapitel

DAS DUNKLE ZEITALTER
11. – 10. Jahrhundert v. Chr.

Das 11. und 10. Jahrhundert sehen das Ende der mykenischen Kultur und die allerersten Anfänge einer Entwicklung, die zu der von einem völlig anderen Geist getragenen geometrischen Epoche führt. Die in dieser Zeit vor sich gehenden Veränderungen liegen für uns weitgehend im Dunkeln, nur weniges – wie etwa die Entwicklung der Keramik – ist faßbar, manches können wir vermuten. Geprägt wird diese Epoche durch das Zusammentreffen der letzten Ausläufer einer schon untergegangenen Kultur – der mykenischen – mit wenig zivilisierten, aber anscheinend durchaus selbstbewußten Neuankömmlingen. Vor dem Hintergrund wirtschaftlicher Bedeutungslosigkeit, zu der Griechenland herabgesunken ist, muß es verhältnismäßig lange dauern, bis sich wieder eine neue Kultur entfalten kann. Während in der Keramik mykenische Formen auf die Einwanderer, die bis dahin nicht einmal die Töpferscheibe kannten, nicht ohne Einfluß bleiben, sind sie auf allen anderen Gebieten keineswegs von den Überresten der einst so glanzvollen mykenischen Kultur beeindruckt. Sie bleiben ihren mitgebrachten Gewohnheiten, ihrer Tracht und auch ihren Schmuckformen treu.

Schmuck dieser Epoche besteht vor allem aus Bronze und nur ausnahmsweise aus Gold. Trotzdem kann kein völliger Mangel daran geherrscht haben. Dafür ist doch zu viel Goldschmuck gerade in letzter Zeit in frühen Bestattungen entdeckt worden, und er zeigt zudem eine gewisse Variationsbreite, die Rückschlüsse auf unterschiedliche Zentren zuläßt. Attika und Euböa bilden dabei Schwerpunkte. Wichtige Grabfunde wurden vor allem im Kerameikos und auf der Agora von Athen entdeckt. Außerordentlch aufschlußreich sind die erst vor verhältnismäßig kurzer Zeit bekannt gewordenen Grabfunde von Lefkandi auf der

Insel Euböa, deren reiche Beigaben zeigen, daß die neuen Bewohner Griechenlands bereits zu einem wesentlich früheren Zeitpunkt Handelsbeziehungen zum Orient aufgenommen haben, als bisher angenommen wurde. Zu diesen Funden kommt einiges Material aus Gräbern von der Peloponnes, von Nordgriechenland sowie von den Inseln Kreta, Salamis, Skyros, Naxos und Kos.

Die Leitformen des Schmucks sind in dieser wie in der folgenden Epoche Fibeln und Gewandnadeln. Beide sind weniger Zier als vielmehr eine durch die Tracht gebotene Notwendigkeit. Der von den Frauen getragene Peplos wird an den Schultern mit zwei Gewandnadeln gehalten und in dieser Position werden sie auch in den Gräbern gefunden. Fibeln werden gelegentlich dazu benutzt, die offene Seite des Peplos zu schließen, aber vor allem hielten sie den von Männern getragenen Mantel. Sie kommen deshalb auch vorwiegend in Männergräbern vor.

Die frühesten *Gewandnadeln* sind aus Bronze gearbeitet und erinnern an überdimensionale Nägel. Ihr oberes Ende ist zu einer Scheibe abgeflacht, das untere läuft spitz aus. Eine leichte Schwellung oder eine kugelartige Verdickung im oberen Teil dient als Zier. Anfangs sind die Nadeln etwa 30 – 40 Zentimeter lang, im 10. Jahrhundert können sie aber auch eine Länge von einem halben Meter erreichen. Schon um die Jahrtausendwende finden wir Eisennadeln, auf die eine bronzene Zierkugel aufgeschoben ist. Ihr Reiz lag in dem sich dadurch ergebenden Farbkontrast. Die Verarbeitung von Eisen zu Schmuckgegenständen, die den heutigen Betrachter überrascht, markiert das Ende der Bronzezeit und den Beginn einer neuen Epoche, der frühen Eisenzeit. Die Begeisterung für das neue Material zeigt sich darin, daß es nicht nur für Waffen oder Werkzeug verwendet wird, sondern gelegentlich auch zur Herstellung von Schmuck. Aus Lefkandi kennen wir vergoldete Eisennadeln. Massive Goldnadeln wurden in zwei Gräbern des späten 10. Jahrhunderts in Fortetsa auf Kreta gefunden.

Die ersten *Fibeln*, die gegen Ende des zweiten Jahrtausends in Griechenland auftauchen und ebenfalls aus Bronze bestehen, erinnern in ihrer Form an Violinbögen. Etwa um die Jahrtausendwende setzt sich dann ein Fibeltyp mit hochgezogenem Bogen durch, aus dem sich in den folgenden zwei Jahrhunderten mehrere Varianten entwickeln.

Armschmuck spielt während der ganzen griechischen Frühzeit keine bedeutende Rolle. Ein Grab des 10. Jahrhunderts auf Naxos enthielt Armreifen aus Golddraht. Vereinzelt finden wir einfache Bronzearmreifen mit offenen Enden, seltener auch Armbänder aus Bronzeblechstreifen mit überlappenden Enden und einer Tremolierlinie als Dekoration. Das Tremolieren ist die bevorzugte Ziertechnik der frühgriechischen Metallarbeiter. Sie besteht in dem ruckartigen Vorwärtsschieben eines Stichels auf der Bronze- oder Goldoberfläche. Dadurch entstehen auf einfache Art feine Zickzackbänder, die dem Zeitgeschmack entsprechen und sich vielseitig einsetzen lassen (vgl. Abb. 23).

Ohrschmuck kommt nur sporadisch vor. Aus Gräbern in Lefkandi stammen kleine Goldreifen, die wohl als Ohrringe zu interpretieren sind. Von verschiedenen Fundplätzen, besonders aber aus Athen kennen wir Golddrahtspiralen, die stets paarweise und zwar in Kopfhöhe der Toten gefunden werden. Sie werden in der Regel als Haarornamente bezeichnet, obwohl wir nicht wissen, wie die weibliche Haartracht dieser Zeit aussah. Ihre Fundlage und das paarweise Vorkommen sprechen dafür, daß wir es hier mit einer frühen Form von Ohrschmuck zu tun haben.

Die *Fingerringe* dieser Zeit sind meistens aus Bronze, seltener aus Eisen und nur ausnahmsweise aus Gold. Anfangs hält sich noch der Schildring, vielleicht in Anlehnung an mykenische Vorbilder. Häufiger finden wir jedoch geschlossene Reifen und bandartige Ringe mit überlappenden Enden, die zu Spiralen eingerollt sind.

Die noch sehr seltenen *Halsketten* sind aus Glas- oder Fayenceperlen zusammengesetzt, bei denen es sich wohl um phoenizische Importe handelt. Dementsprechend finden wir sie auf den Inseln – Kreta, Kos, Rhodos, Skyros – und an der Westküste Griechenlands, in Perati und Lefkandi. In dem in die erste Hälfte des 10. Jahrhunderts datierten Heroon von Lefkandi war eine Frau bestattet, die eine Kette aus Gold- und Fayenceperlen mit einem goldenen, reich granulierten Anhänger trug, zweifellos ein östlicher Import. Auf ihrer Brust lagen ein goldenes Pektoral und zwei große Goldblechscheiben mit punzierten, ornamentalen Punktreihen, die wohl Granulation nachahmen sollen.

Die gleiche Technik und einen nahezu identischen Dekor zeigen zehn runde, leicht gewölbte Goldscheiben, die auf der Brust eines Toten in einem gleichzeitigen Grab auf der Insel Skyros lagen. Ihre Vorläufer mögen Goldblechscheiben eines rumänischen Fundes des zweiten Jahrtausends v. Chr. sein. Und in diese geographische Richtung weisen auch die weiteren Beigaben des Grabes. Bronzefibeln, gegossene Bronzearmreifen mit einfachen Ritzmustern an den offenen Enden und handgemachte Keramik sprechen dafür, daß es sich bei dem Bestatteten um einen Einwanderer aus dem Norden handelt.

6. Kapitel

GEOMETRISCHER SCHMUCK
9. – 8. Jahrhundert v. Chr.

Aus dieser Zeit kennen wir vor allem Bronzeschmuck. Noch im späten 8. Jahrhundert bestehen die reichen Schmuckbeigaben in dem sogenannten Fürstinnengrab von Amphikleia in Böotien ausschließlich aus Bronze: Diadem, Ohrschmuck, Halsketten mit Anhängern, Armreifen, die in Schlangenköpfen enden, Fingerringe und Fibeln. Es sollte jedoch nicht vergessen werden, daß dieser Bronzeschmuck zu seiner Entstehungszeit sich farblich nicht wesentlich vom Gold unterschied und ähnlich glänzte. Trotzdem war Gold natürlich begehrt und schon von Beginn des 9. Jahrhunderts an finden wir es zunehmend in griechischen Gräbern, allerdings nur in Form von einfachen Drahtspiralen und schlichten Goldblechfingerringen. Auch mengenmäßig hält sich der Bestand noch sehr in Grenzen. Um so mehr überrascht es, daß schon um die Mitte dieses Jahrhunderts vor allem in Attika goldene Schmuckstücke von hoher künstlerischer Qualität auftauchen, die zudem eine erstaunliche Beherrschung der Goldschmiedetechnik zeigen. Stellen sie auch schon rein zahlenmäßig Ausnahmen dar, so sind sie doch ein eindeutiger Hinweis darauf, daß zu dieser Zeit in und um Athen qualitätvoller Schmuck getragen wurde. Sein rein griechisch-geometrischer Dekor spricht zudem dafür, daß es sich nicht um Importe handelt, sondern daß er lokal hergestellt wurde. Das bedeutet, daß im Griechenland dieser Zeit Kunsthandwerker tätig gewesen sein müssen, die unter Anwendung dort jahrhundertelang nicht mehr praktizierter Techniken die künstlerischen Ideen ihrer Zeit auch in Goldschmuck umzusetzen verstanden. Da nicht anzunehmen ist, daß griechische Kunsthandwerker ohne entsprechende Erfahrung plötzlich ein derart hohes Niveau erreichen konnten, liegt es nahe, in diesem Schmuck die Arbeit von eingewanderten Goldschmieden zu sehen. In den Formen wie im Dekor haben sie sich allerdings den Vorstellungen ihrer Auftraggeber angepaßt. Als ihr Herkunftsgebiet kommt vor allem Phoenizien oder Zypern in Frage, Gegenden also, die auf eine ununterbrochene Tradition der Goldschmiedekunst zurückblicken können.

Gegen Ende des 9. Jahrhunderts läßt sich auf Grund weiterer Schmuckfunde von Kreta und aus Attika die Tätigkeit einer zweiten Gruppe eingewanderter Goldschmiede fassen, die jetzt aber mitgebrachte orientalische Formen mit griechisch-geometrischer Dekoration verbinden. Diese frühen orientalisierenden Schmuckarbeiten werden in den beiden folgenden Kapiteln gesondert behandelt (vgl. Kap. 7–8).

Neben Athen ist für das 9. Jahrhundert wieder Lefkandi auf Euböa der wichtigste Fundplatz. Hier enthielt eine für diese Epoche überraschend große Anzahl von Gräbern Goldbeigaben, die zusammen mit zahlreichen orientalischen Importartikeln wie Fayence- und Glasperlen, Siegeln und Bergkristallanhängern gefunden wurden. Es ist nicht der prachtvolle Schmuck, den wir in Einzelstücken aus gleichzeitigen attischen Gräbern kennen, aber wir finden hier zum ersten Mal Formen, die an anderen Fundorten erst für das folgende Jahrhundert belegt sind.

Goldschmuck des 8. Jahrhunderts – immer noch verhältnismäßig selten – wurde außer in Attika in korinthischen Gräbern, in den Heiligtümern der Hera Akraia und Hera Limenia in Perachora, in Eretria, auf Kreta und auf Rhodos gefunden.

Nach wie vor sind Nadeln und Fibeln die wichtigsten Schmuckformen. Schon mit Beginn des 9. Jahrhunderts hat sich bei den *Gewandnadeln* eine neue Grundform durchgesetzt, die für die folgenden Jahrhunderte bestimmend wird: Der Schaft, in seinem oberen Teil meist vierkantig und unten rund, wird durch eine deutlich abgesetzte kugelige Verdickung beziehungsweise eine aufgeschobene Perle gegliedert. Bei Eisennadeln ist diese meist aus Bronze, es kommen aber auch Bein- oder Bernsteinperlen vor. Ein Nadelpaar aus vergoldetem Eisen aus Grab 41 vom Kerameikos, datiert in die zweite Hälfte des 9. Jahrhunderts, trug eine vergoldete Holzkugel. Die beim Tragen sichtbaren Teile, also die

Spitze und das obere Ende, sind ebenfalls vergoldet und mit gravierten Zickzack- und Strichbändern verziert. Neu ist die vergrößerte flache Scheibe als oberer Abschluß, die nicht mehr rein praktische Bedeutung hat, sondern auch als Dekor dient. Sie ist ebenfalls vergoldet und mit einer gravierten Wellenlinie verziert.

Das Bestreben, Nadeln über ihre ursprüngliche praktische Funktion hinaus als Schmuck zu behandeln, ist eindeutig, auch wenn sie schon von ihrer Form her natürlich nicht viel Spielraum für eine künstlerische Gestaltung bieten.

Nadeln des 8. Jahrhunderts behalten die oben beschriebene Grundform bei. Zu den gravierten Ornamenten, die übrigens an den Dekor gleichzeitiger Keramik erinnern, kommt eine zunehmende Gliederung des Schafts durch zusätzliche kugelige Verdikkungen und Riefelungen ober- wie unterhalb der Hauptkugel. Die prachtvollsten Nadeln, die wir aus dieser Epoche kennen, wurden in zwei Gräbern in Kynosarges in Athen gefunden und werden in das zweite Viertel des 8. Jahrhunderts datiert. Aus vergoldetem Eisen und in ihrer Gliederung dem üblichen Schema entsprechend sind sie nicht mit gravierten, sondern mit granulierten Zickzacklinien und Dreiecken verziert.

Das 9. Jahrhundert ist eine Zeit der Experimente mit verschiedenen *Fibelformen.* Die einfache Bogenfibel des 10. und frühen 9. Jahrhunderts gibt den Kunsthandwerkern wenig Spielraum für eine künstlerische Entfaltung und so versuchen sie, die Form auf unterschiedliche Art abzuwandeln. Ein frühes Beispiel dafür ist ein Fibelpaar aus massivem Gold aus einem attischen Grab der Mitte des 9. Jahrhunderts, jetzt in Berlin (Abb. 22). Den blattförmigen Bügel, den Nadelansatz und den leicht vergrößerten Nadelhalter zieren die typischen Muster ihrer Zeit, Zickzackbänder, laufender Hund, Rauten und Diagonalkreuze. Auf die schmalen Goldblechmuffen, die die Verbindung der einzeln gearbeiteten Teile verdecken, ist gedrehter Golddraht gesetzt. An ihren Unterseiten sind kleine Granulationskugeln angebracht.

Die Form dieses Fibelpaars scheint den Erwartungen der griechischen Kunsthandwerker jedoch nicht gerecht geworden zu

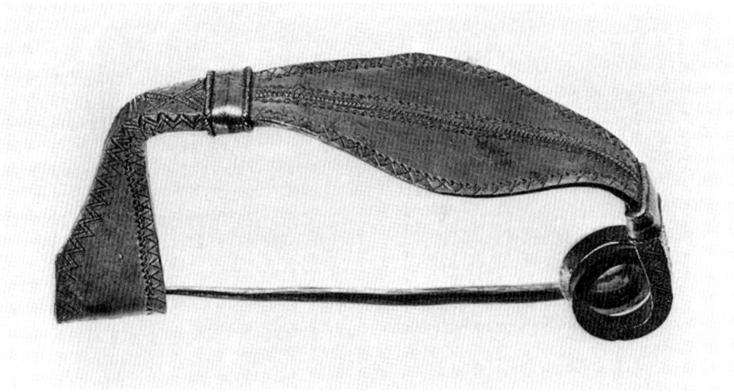

22 Blattfibel aus Attika. Gold, L 8 cm. Berlin, Antikenmuseum, Inv. 30553. 850–820 v. Chr.

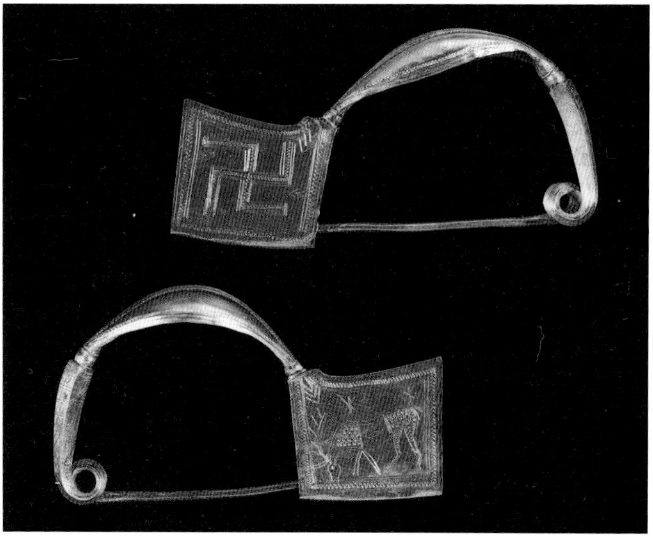

23 Attisches Fibelpaar. Gold, L 5,6 cm. s. Taf. III. Aus der Slg. Lord Elgin. London, British Museum. 8. Jh. v. Chr.

sein, denn sie hält sich nicht sehr lange. Schon wenig später entstehen Fibeln, deren Bügel nicht mehr ein Blatt, sondern eine senkrecht hochstehende, halbmondförmige Scheibe bildet, die mit linearen geometrischen Ornamenten und manchmal auch mit figürlichen Szenen verziert ist. Hier zeigt sich ein Bedürfnis zur bildlichen Gestaltung, zur graphischen, zweidimensionalen Gliederung, das wir schon bei den Gewandnadeln sahen und das vor allem auch die gleichzeitige Vasenmalerei bestimmt. Aber obwohl der halbmondförmige Bügel dafür genügend Raum bietet, hat er keine große Zukunft. In Böotien ist die Form zwar noch um 700 v. Chr. verbreitet, in Attika dagegen wird bald nach einer neuen Lösung gesucht. Schon gegen Ende des 9. Jahrhunderts setzt sich dort eine Form durch, bei der der Nadelhalter so zu einer quadratischen Fläche vergrößert wird, daß er ebenfalls ausreichend Platz für eingravierte Dekorationen bietet (Abb. 23. Taf. III).

Die allerersten Beispiele der neuen Form sind Bronzefibeln aus Gräbern der zweiten Hälfte des 9. Jahrhunderts vom Kerameikos und von Lefkandi. Goldene Fibeln dieses Typs wurden in einem Grab des frühen 8. Jahrhunderts in Anavyssos in Attika gefunden, außerdem zusammen mit den oben erwähnten vergoldeten Eisennadeln in den Kynosarges Gräbern. Auch für die abgebildeten Stücke aus der Sammlung Lord Elgin, jetzt im Britischen Museum, ist eine attische Provenienz anzunehmen.

In die gleiche Zeit wie das Berliner Blattfibelpaar (Abb. 22), in die Mitte des 9. Jahrhunderts, läßt sich ein Paar goldener *Ohranhänger* aus dem Grab einer reichen Athenerin auf der Agora datieren (Abb. 24). Es sind trapezförmige Goldbleche, deren Vorderseiten dicht mit Filigranornamenten und Granulation überzogen sind. Ein langgezogener Bügel aus glatten und gedrehten Drähten dient als Aufhänger und wurde mit Hilfe eines Ringes aus feinem Draht am Ohr befestigt. Den unteren Abschluß bilden drei nebeneinandergesetzte vollplastische Granatäpfel, auf denen granulierte Dreiecke die Blätter andeuten.

Aufbau und Ornamente dieses Ohrschmucks sind durch einen Sinn für Exaktheit, Maß und Rhythmus bestimmt, der ihn zu einem kleinen Meisterwerk geometrischer Kunst macht. Der De-

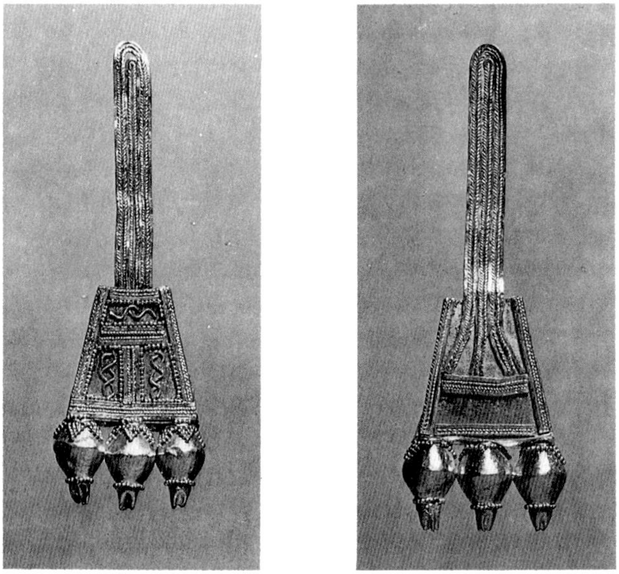

24 Ohrgehänge aus dem Grab der „Reichen Athenerin". Goldblech, Filigran und Granulation. H. 6,4 cm. Athen, Agora Museum, Inv. J 148. Um 850 v. Chr.

kor ist rein griechisch, aber das technische Können, das sich hier zeigt, ist so groß, daß der ausführende Goldschmied ein in Griechenland tätiger Phoenizier gewesen sein mag oder ein Grieche, der sein Handwerk bei einem solchen Meister gelernt hat.

Auf östliche Kontakte weisen auch weitere Beigaben in dem Grab der reichen Athenerin hin: Eine Kette aus über tausend Fayencescheiben, Glasperlen, ein Bergkristallanhänger und ein Elfenbeinsiegel. Daneben wurden typisch griechische Schmuckstücke wie Bronze- und Eisennadeln, Fibeln, ein Bronzering und sechs Goldblechfingerringe gefunden.

Als Ohrschmuck kennen wir außerdem die schon aus dem 10. Jahrhundert bekannten Spiralen aus dünnem, manchmal doppelt gelegtem Golddraht. Neu sind Spiralen aus starkem Draht mit kegelartig verdickten Enden. Das früheste Beispiel ist ein Paar

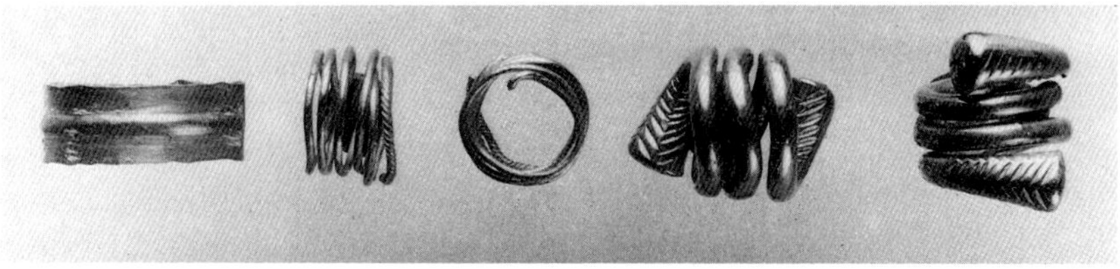

25 Ohrspiralen und Fingerring aus Korinth, Grab F. Gold. Corinth Excavations. 8. Jh. v. Chr.

aus vergoldetem Blei aus dem um 900 datierten Grab P 22 von Lefkandi. Im späteren 9. Jahrhundert ist die Form auch in Athen und auf der Peloponnes vertreten. Im 8. Jahrhundert finden wir sie unter anderem in den schon mehrfach erwähnten Kynosarges Gräbern und in Grab F in Korinth. Bei den späteren Stücken fehlt jedoch der Kegel. Die Enden sind flach abgeschnitten und in die glatte Fläche ist ein einfaches Kreuz, auf die Oberseite ein Fischgrätmuster graviert (Abb. 25).

In Gräbern der ersten Hälfte des 9. Jahrhunderts von Lefkandi fanden sich außerdem goldene Ohranhänger, die aus einer Spirale beziehungsweise einem Bügel bestehen, dessen Enden durch separat gearbeitete kegelartige Kappen gekrönt werden. Ganz ähnliche Formen sind in Gold wie in Bronze für das 8. Jahrhundert unter anderem durch Stücke aus korinthischen Gräbern, dem Heiligtum der Hera Akraia in Perachora und dem eingangs erwähnten Fürstinnengrab von Amphikleia belegt. An die Stelle der Kegel kann eine flache, runde Goldblechscheibe mit eingraviertem Kreuz treten (Abb. 26). Diese Variante ist vor allem aus Korinth bekannt, aber sie ist auch im Nordwesten Griechenlands vertreten und wird vermutlich wesentlich weiter verbreitet gewesen sein, als die vereinzelten Fundstücke vermuten lassen.

Einen Eindruck davon, wie solche Spiralen getragen wurden, gibt uns ihre Wiedergabe auf einem nordionischen Vasenfragment des mittleren 7. Jahrhunderts (Abb. 27). Die beiden Scheiben mit eingraviertem Kreuz sind deutlich angegeben und auch die mehrfache Spirale, die über dem Ohr der Frau zu liegen scheint. Ob sie direkt an diesem befestigt ist, etwa am oberen

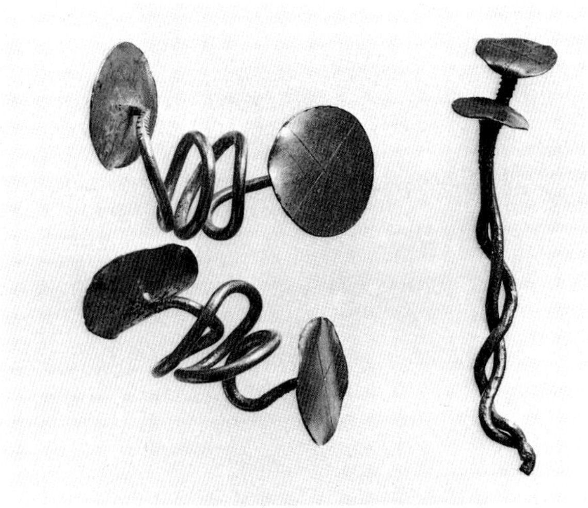

26 Spiralen und Nadeln aus einem Grab bei Korinth. Gold, H 3 bzw. 4,7 cm. Berlin, Antikenmuseum, Inv. G.I. 403–405. Zweite Hälfte des 8. Jh. v. Chr.

27 Nordionisches Vasenfragment. Am Kopf der Frau Ohrspirale mit kreuzverzierten Scheiben, ähnlich den Spiralen Abb. 26. London, British Museum. 2. Hälfte des 7. Jh. v. Chr.

28 Ohrring aus Lefkandi, Toumba Friedhof Grab 5. Reif mit traubenartigen Anhängern. Gold, H 1,6 cm. 9. Jh. v. Chr.

Rand wie es häufig in der zyprischen Plastik zu erkennen ist, oder ob sie von einem in den Haaren befestigten Band herabhängt, ist schwer zu sagen. Aber eindeutig ist ein Ohrschmuck wiedergegeben und zeigt uns, daß wir gerade in der frühen Zeit nicht nur mit Formen rechnen müssen, die unseren Vorstellungen entsprechend stets am Ohrläppchen befestigt sind.

Neben den vermutlich in ganz Griechenland verbreiteten Schmuckformen müssen wir bereits in der Frühzeit mit lokalen Varianten rechnen. Selbst bei den sehr einfachen Golddrahtspiralen lassen sich kleine lokale Unterschiede feststellen. Ein etwas auffälligeres Beispiel sind Golddrahtspiralen, die in längliche, hohle Goldblechzylinder übergehen. Bisher wurden sie nur in zwei Gräbern der zweiten Hälfte des 8. Jahrhunderts in Amphissa in der Phokis gefunden.

In das dritte Viertel des 9. Jahrhunderts werden zwei Ohrringformen datiert, die bisher ausschließlich in Lefkandi vorkommen und die wohl Importe oder Nachahmungen nichtgriechischer Vorbilder sind. Die eine weist auf nördliche Einflüsse. Es sind Drahtringe, die nach unten eine kleine Schlaufe bilden, in die eine Doppelspirale gehängt ist. Das zweite Paar besteht aus Reifen mit drei länglichen Granulationstrauben als starren Anhängern (Abb. 28). Vorbilder dafür finden sich in Syrien. In Griechenland scheint der Typ bekannter gewesen zu sein, als der einzelne Fund von Lefkandi vermuten läßt. Denn so wie dieses Paar müssen wir uns den in der Odyssee Buch 18, Vers 297f. beschriebenen Ohrschmuck vorstellen, den ein Freier der Penelope schenkt. Noch im 6. Jahrhundert finden wir ganz ähnliche Ohrringe an attischen Koren und in der Vasenmalerei. Es ist deshalb nicht ausgeschlossen, daß sie auch im 8. und 7. Jahrhundert in Griechenland verbreitet waren, auch wenn entsprechende Funde fehlen.

Hinzuweisen ist in diesem Zusammenhang schließlich noch auf einen weiteren Ohrring wohl orientalischer Provenienz, der in der Nähe eines Grabs des späten 8. Jahrhunderts in Athen gefunden wurde. Es ist ein schlichter Goldreif mit einer granulierten Pyramide als starrem Anhänger.

Goldene *Fingerringe* gehören zu den Schmuckformen, die in Lefkandi schon im 9. Jahrhundert verhältnismäßig häufig auftreten, an anderen Fundplätzen erst etwas später. Es sind einfache Goldblechstreifen, anfangs mit punzierten Punkten verziert, dann mit einem horizontalen Grat und schließlich mit mehrfacher Riefelung (Abb. 29). Zu den in dieser Epoche immer wieder überraschenden Ausnahmen gehört ein Fingerring aus einem Grab des späten 8. Jahrhunderts in Athen. Es ist ein Reif aus zwei Kordeldrähten, zwischen die zwei glatte Drähte so in Wellen gelegt, daß sie sich überschneiden und kleine Kreise bilden. Ein ganz ähnlich aufgebautes Goldornament unbestimmter Funktion wurde in dem um 800 datierten Artiaco Grab von Cumae, der ältesten griechischen Kolonie in Süditalien, gefunden und beide sind sicher keine griechischen Arbeiten, sondern phönizische Importe.

29 Geometrische Fingerringe und Ohrspiralen aus Korinth. Goldblech. Corinth Excavations. 8. Jh. v. Chr.

Armreifen gehören nach wie vor nicht zu den populären Schmuckformen. In Lefkandi und Eretria wurden in Kindergräbern einfache vergoldete Bronzearmreifen mit offenen Enden gefunden und aus Eleusis kommen silberne Armreifen. Ebenfalls aus Silber sind die Spiralarmreifen mit vierfacher Windung aus dem in das späte 8. Jahrhundert datierten Grab 44 von Cumae (Abb. 30). Auf ihre Enden sind als Abschluß getriebene Löwenköpfe aus Elektron – der natürlichen Legierung von Gold und Silber – geschoben. Es scheint, daß wir hier das früheste Beispiel griechischer Tierkopfarmreifen vor uns haben.

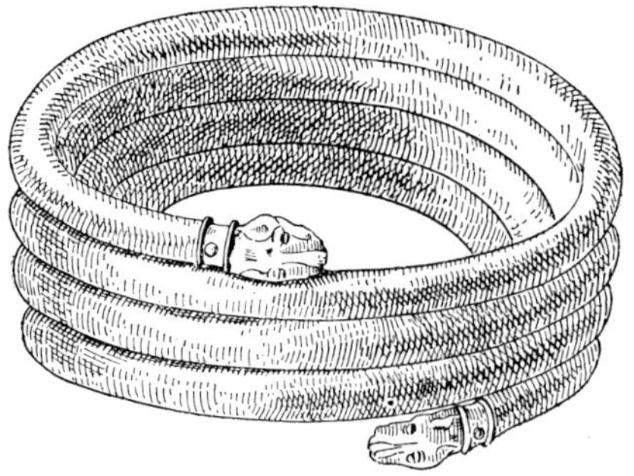

30 Silberner Armreif mit Löwenkopfenden aus Elektron. Aus Cumae, Grab 44. Innerer Dm 4,6 cm. Um 800 v. Chr.

Noch spärlicher vertreten ist in dieser Epoche *Halsschmuck*. Ein Grab des 9. Jahrhunderts in Argos enthielt ovale Goldblechperlen mit einem getriebenen Fischgrätmuster und eine Kette aus einem um 800 datierten Grab in Eleusis ist aus kugeligen Gold- und Bernsteinperlen zusammengesetzt. Gelegentlich wurden auch Ketten aus importierten Fayence- oder Glasperlen gefunden. Dazu kann ein zentraler Anhänger kommen, wie etwa ein Stück Bernstein in einem Grab in Cumae oder ein tropfenförmiger Bergkristall mit einer Goldfolieneinlage in Lefkandi.

In der zweiten Hälfte des 9. Jahrhunderts erscheinen in attischen Gräbern die ersten *Diademe*. Es sind Bänder aus dünnem Goldblech, die wohl ausschließlich Männern mit ins Grab gegeben wurden. Anfangs sind sie mit einfachen punzierten Zickzacklinien verziert. Im 8. Jahrhundert sind es dagegen Tierfriese und schließlich auch figürliche Szenen, die mit Hilfe von Matrizen in das Goldblech getrieben wurden. Im Gegensatz zu den bisher erwähnten Schmuckarbeiten ist die Ausführung meist recht flüchtig. Dies mag daran liegen, daß es sich um Totenschmuck handelt und daß die Matrizen wohl nicht für den Dekor von Diademen konzipiert waren, sondern zur Herstellung von Goldblechen, mit denen Holzkästen verkleidet wurden.

7. Kapitel

ORIENTALISCHE EINFLÜSSE AUF KRETA, ZYPERN UND RHODOS

Um 800 v. Chr.

Die Insel Kreta gehört zu dieser Zeit zu den im erhöhten Maße fremden Einflüssen ausgesetzten Randgebieten der griechischen Welt. Ihre Bewohner profitieren von der günstigen geographischen Lage, die sie zu einer Zwischenstation für den Seehandel zwischen der Levante, Griechenland und dem westlichen Mittelmeer macht. Ebenso wie auf Zypern und Rhodos haben sich hier schon früh Phönizier niedergelassen. Dementsprechend beeinflußten nicht nur seefahrende Kaufleute das lokale Gewerbe, sondern auch ansässige fremde Handwerker.

Einblick in die kretische Goldschmiedekunst geometrischer Zeit gewährt der verhältnismäßig umfangreiche Fund von Khaniale Tekke bei Knossos (Taf. II). Verborgen zu Seiten des Eingangs einer im 9. Jahrhundert wiederverwandten älteren Grabanlage wurden zwei kleine Tongefäße entdeckt, die mehrere Schmuckstücke, Goldbarren und Klumpen aus Gold, Elektron und Silber sowie Schmuckglieder aus Bergkristall, Elfenbein und Bernstein enthielten. Diese Zusammensetzung spricht dafür, daß es sich nicht um Grabbeigaben im eigentlichen Sinne, sondern eher um das Warenlager eines Goldschmieds handelt, das hier aus welchen Gründen auch immer versteckt worden ist. Durch die Tongefäße, in denen die Wertsachen aufbewahrt waren, wird der Fund in die Zeit gegen 800 datiert.

Das auffälligste Stück des Fundes ist ein *Halsschmuck* aus zwei sogenannten Fuchsschwanzketten, die in getriebenen Schlangenköpfen enden und einen fast sieben Zentimeter breiten Anhänger halten. Dieser ist eine Komposition aus einem Gitterwerk granulierter Goldblechstreifen und runden beziehungsweise rechteckigen Fassungen sowie einem großen, halbmondförmigen Bergkristall in knapper Goldfassung. Daran hängen drei kleine granulierte Halbmonde, die wiederum runde Fassungen umschließen. Mit diesem Schmuckstück tauchen in einem griechischen Randbereich einige formale und technische Neuheiten auf, die wir nur wenig später auch in Griechenland selbst finden: feine Granulationslinien, die die Oberfläche gliedern, Kastenfassungen und schließlich die Fuchsschwanzkette.

Von noch größerer künstlerischer Qualität ist der einzelne *Anhänger* des Tekke Fundes. Im Durchmesser etwa 5,5 Zentimeter groß, besteht er aus einem fast zum Kreis geschlossenen Bügel, der in zwei winzigen, getriebenen Köpfen mit ursprünglich eingelegten Augen endet. Die Mitte füllt ein Kreuzband, in dessen vier Öffnungen antithetisch angeordnet kleine Vögel gesetzt sind. Bügel und Innenkreuz überzieht ein Flechtband aus feinen Granulationslinien, in das kreisrunde Bernsteinscheiben eingefügt sind. Dieses Flechtband ist ein typisches Dekorationsmotiv des Vorderen Orient und unter anderem als Randornament syrischer Elfenbein- und Metallarbeiten beliebt, die vielleicht das Vorbild waren. In Kreta taucht es zum ersten Mal auf protogeometrischen Gefäßen auf, findet sich dann vereinzelt auf korinthischer Keramik des ausgehenden 8. Jahrhunderts und gehört schließlich zum festen Bestand der Dekorationsmotive orientalisierender ostgriechischer Keramik des 7. Jahrhunderts. Angeregt durch vermutlich die gleichen Vorbilder wurde das Motiv auch von etruskischen Goldschmieden übernommen.

Etwa gleichzeitig mit dem runden Anhänger des Tekke Fundes dürfte ein rechteckiger Goldblechanhänger aus der Höhle Ida, also auch von Kreta, entstanden sein. In Treibarbeit zeigt er drei stehende Figuren in Frontalansicht. Die Zwischenräume füllen halbmondförmige Ornamente und ebenfalls halbmondförmige bzw. dreieckige Fassungen. Granulationslinien deuten die einzelnen Details an. Ein Kordeldraht umgibt das Schmuckstück und eine geriefelte Goldblechröhre fungiert als Öse. Die Figuren sind ohne orientalische Vorbilder nicht denkbar und ebenso sind die halbmondförmigen Ornamente ein orientalisches Motiv.

Weiterhin anschließen läßt sich hier eine Gruppe kretischer *Fingerringe*. Ihren eigentlichen Reifen bildet ein Goldblechstreifen. Auf ihn ist im rechten Winkel eine spitzovale Platte gesetzt. Sie bietet dem Goldschmied den notwendigen Platz für die Entfaltung seiner künstlerischen Ideen. Bei einem verhältnismäßig schlichten Stück aus einem Grab der Mitte des 8. Jahrhunderts von Praisos umgibt ein Zickzackmuster granulierter Goldblechstege eine rhombenförmige Fassung. Etwa zur gleichen Zeit werden zwei identische Ringe aus Fortetsa entstanden sein. Auf die Mitte ihrer Platten ist ein Ornament aus runden und spitzovalen Fassungen gesetzt und auf die auslaufenden Enden winzige, in Goldblech getriebene Köpfe. Feine Granulationslinien deuten die Haare an, ihre Augen waren ursprünglich eingelegt.

Von den weiteren Schmuckarbeiten des Tekke Fundes sollen die wichtigsten hier nur kurz aufgeführt werden. Es sind dies ein schmales *Diadem* mit Tierfries in Treibarbeit, durch Ketten gehaltene *Gewandnadeln* mit goldenen Köpfen, auf denen kleine Vögel sitzen, ein vierblättriges, reich verziertes Goldornament, ein kleiner Anhänger, der an kahnförmige syrische Ohrringe erinnert, und eine kurze Fuchsschwanzkette, vielleicht ein *Armband*. Außerdem gehören zu dem Fund ein rechteckiger Bernsteinanhänger in Goldfassung, Elfenbein- und Bergkristallscheiben, Anhänger und goldgefütterte Perlen aus Bergkristall, Glasperlen und ein aus Kordeldrähten zusammengesetzter Fingerring.

Die Frage, von wem die kretischen Goldschmiede die Beherrschung der Granulations- und Filigrantechniken, die Herstellung komplizierter Ketten und die Verarbeitung farbiger Einlagen gelernt haben, wird durch die von ihnen verwendeten Dekorationsmotive beantwortet. Der immer wieder vorkommende Halbmond, die Verbindung von Halbmond und Kreis, die kleinen Köpfe, die zu Dreiecken angeordnete Granulation und das Flechtband weisen alle auf syro-phönizische Vorbilder.

Ähnlich wie diese kretischen Schmuckarbeiten müssen wir uns wohl ein in der Odyssee Buch 15, Vers 460 beschriebenes attraktives Halsband aus Gold und Bernsteinstücken vorstellen, daß dort von phönizischen Händlern angeboten wird. Es scheint, daß diese direkten Zugang zum Bernsteinhandel besaßen. Das begehrte Material kam entweder über Rußland und das westliche Kleinasien, über Griechenland oder über Italien vom Baltikum in den Mittelmeerraum.

Schmuckfunde von den Inseln der Ägäis und von Zypern sind im 9. und 8. Jahrhundert selten und die wenigen bekannten Stücke sind meist von mäßiger Qualität. Aber auch hier zeigen sich schon früh orientalische Einflüsse. Dies überrascht nicht, denn wie Kreta waren die Inseln nicht nur wichtige Zwischenstationen im Seehandel, es hatten sich dort ebenfalls phönizische Handwerker niedergelassen. Von Zypern kennen wir rechteckige *Goldbleche*, die in Treibarbeit eine nackte Frauengestalt zeigen, ein in der griechischen Kunst noch lange undenkbares Motiv. Dazu kommen als *Ohrschmuck* nach unten hin verdickte Reifen, die manchmal mit feinem Draht umwickelt sind oder eine Granulationstraube als Anhänger tragen. Außerdem finden wir hier die gleichen mit Goldfolie gefütterten Bergkristallperlen wie im Fund von Tekke. Eine Halskette aus einem Grab des zweiten Viertels des 8. Jahrhunderts in Salamis auf Zypern setzt sich aus gerippten Goldperlen, Goldröhren und goldgefütterten Bergkristallperlen zusammen.

Für Rhodos sind runde *Anhänger* aus Gold oder Elektron charakteristisch, die in Gräbern des dritten Viertels des 8. Jahrhunderts in Kamiros, Ialysos, Lindos und Exochi gefunden wurden (Abb. 31). Es sind 4 – 6 Zentimeter große Scheiben aus dünnem Blech mit angeschnittener Zunge, die zur Öse zurückgebogen wird. Um einen leicht gewölbten Mittelpunkt zeigen sie getriebene oder gravierte konzentrische Zonen mit Dreiecken, Streifen, Kreisen und Halbkreisen, ausnahmsweise auch mit Figuren. Kleine Punkte ahmen Granulation nach. Nahezu identische Anhänger wurden in etruskischen Gräbern des 8. und 7. Jahrhunderts gefunden und gehen sicher auf die gleichen, durch Phönizier vermittelten Vorbilder zurück: Runde Anhänger, die im ganzen Orient, in Anatolien wie in Syrien oder Mesopotamien verbreitet sind.

31 a. Goldanhänger aus einem Grab in Kamiros auf Rhodos. H 8 cm. Berlin, Antikenmuseum, Inv. GI 330. b. Goldanhänger aus Exochi auf Rhodos. H 8,8 cm. Kopenhagen, Nationalmuseum, Inv. 12475. Um 700 v. Chr.

Unter den rhodischen Funden des 8. Jahrhunderts muß eine Variante geometrischer *Ohranhänger* erwähnt werden, die wenig später zur führenden Ohrschmuckform der gesamten östlichen Ägäis wird. Aus dem in das dritte Viertel dieses Jahrhunderts datierten Grab 56 von Ialysos kommen omegaförmige Spiralen, deren abgeflachte Enden leicht nach oben gezogen sind. Sie repräsentieren die frühe Stufe einer Entwicklung, die zu Ohranhängern wie den (Abb. 56ff.) gezeigten führt.

8. Kapitel

ORIENTALISIERENDER ATTISCHER GOLD-SCHMUCK
ca. 825 – 700 v. Chr.

Alle wesentlichen Merkmale der im vorhergehenden Kapitel beschriebenen orientalisierenden Schmuckarbeiten von Kreta, vor allem die feine lineare Granulation und die Verwendung von Fassungen, wiederholt eine Reihe von Schmuckstücken aus attischen Gräbern des späten 9. und des 8. Jahrhunderts. Dazu gehört vor allem die Gruppe der *Eleusis Ohrringe*, so genannt nach zwei Paaren aus den Gräbern Alpha und Isis von Eleusis (Abb. 32). Beide Gräber werden in die Zeit um 800 datiert, entsprechen also dem zeitlichen Ansatz des Tekke Fundes. Ihnen anschließen lassen sich ein Ohrringpaar aus Grab 51 von Anavyssos, datiert in das frühe 8. Jahrhundert, und ein einzelner Ohrring im Britischen Museum, der vermutlich in Athen selbst oder in Attika gefunden wurde.

Gemeinsam ist diesen Ohrringen einmal ihre äußere Form. Es sind halbmondförmige Goldbleche mit zu Drähten geschmiedeten Enden, die direkt durch das Ohrläppchen geführt werden. Diese Art der Befestigung unterscheidet sie von den meisten bisher bekannten griechischen Ohrschmuckformen. Gemeinsam ist ihnen ferner die reiche Verwendung von Granulation und die zusätzliche Dekoration mit Bernstein oder farbiger Glaspaste. Granulierte Zickzack- und Bogenlinien füllen die Fläche zwischen runden, spitzovalen und peltenförmigen Fassungen. Weiterhin gemeinsam sind ihnen die am unteren Rand des Halbmonds befestigten kurzen Kettenenden aus zusammengelötetem Kordeldraht, die wohl Fuchsschwanzketten nachahmen. Sie trugen ursprünglich Anhänger, die vielleicht mit den gefaßten Einlagen farblich übereinstimmten.

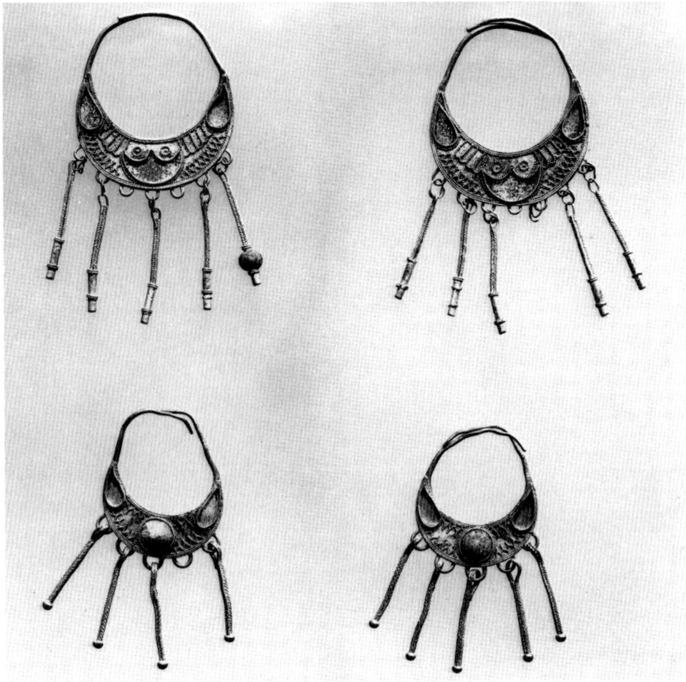

32 Halbmondförmige Ohrreifen aus Eleusis, Grab Alpha und Isis-Grab. Gold und Glaspaste, Br 3 bzw. 2,4 cm. Athen, Nationalmuseum. Um 800 v. Chr.

Mit diesen halbmondförmigen Ohrringen begegnet uns eine Form, die im Nahen Osten auf eine weit zurückreichende Tradition blickt, in der griechischen Goldschmiedekunst jedoch nur ein kurzes Gastspiel gibt. Orientalischen Ursprungs sind auch zahlreiche Beigaben in den beiden genannten Gräbern von Eleusis, so etwa Fayence-, Gold- und Bernsteinperlen, eine Elfenbeinnadel, Fayence- und Glasskarabäen und die Isis-Statue in Fayence, der das eine Grab seinen Namen verdankt. Im Gegensatz zu diesen importierten Luxusgütern müssen die Ohrringe in Griechenland entstanden sein. Denn anders läßt sich die rein griechische Ornamentik des Fülldekors nicht erklären.

33 Ohrschmuck. Gold, ursprünglich mit Einlagen aus Bernstein, Bergkristall oder Glaspaste. Dm einer Scheibe 3,3 cm. Los Angeles County Museum of Art. Anonymus Gift. Inv. M.47.6.1. 8. Jh. v. Chr.

Vergleichbare Dekoration und Goldschmiedetechnik zeigt eine zweite Gruppe. Es sind besonders prachtvolle Ohranhänger, mit einer Ausnahme leider unbekannter Provenienz (Abb. 33. 34 Taf. III). Auch bei ihnen ist die Verbindung von linearer Granulation typisch griechisch-geometrischer Ornamente mit gefaßten, farbigen Einlagen bestimmend. Die vollendete Qualität der Stücke zeigt ein Paar in Los Angeles (Abb. 33). Es besteht aus starken Goldbügeln, an deren Enden ein fast drei Zentimeter großer Kegel beziehungsweise eine etwa gleich große flache Scheibe gesetzt ist. Beide überzieht ein dichtes Muster granulierter Linien, die Mäander, Dreiecke und Rhomben, Zickzackornamente und Bögen bilden. Dieser Dekor erstreckt sich bis auf die Bügel und selbst die Innenseiten der Kegel sind reich verziert. Um die Bügelansätze sind dort tropfenförmige Fassungen wie die Blätter einer Rosette um einen zentralen Punkt angeordnet, und auch hier füllen granulierte Zierlinien die Zwischenräume.

Ursprünglich nicht zu ein und demselben Paar zu gehören scheinen die beiden abnehmbaren runden Scheiben. Auf der einen rahmen Mäander, auf der anderen Bogenmuster die große zentrale Fassung, die jetzt leider leer ist. Was sie ursprünglich enthielt, können wir nur vermuten. Bernstein, Bergkristall oder farbige Glaspaste ist am wahrscheinlichsten.

Sehr ähnlich sind zwei weitere Paare. Das eine kommt aus der Sammlung Lord Elgin und damit vermutlich aus Attika (Abb. 34. Taf. III). Das zweite, unbekannter Provenienz, befindet sich in Schweizer Privatbesitz. Ein Fragment gleichen Typs wurde im Bereich des Artemis-Tempels von Delos gefunden. Die beiden Paare zeigen wieder eine runde Scheibe mit granuliertem Rand und zentraler Fassung und den starken Bügel befestigt ist. Das Gegenstück ist jetzt aber eine reich granulierte Doppelpyramide mit eingelassenen Fassungen. Ihren unteren Abschluß bilden zwei aufeinander gesetzte rechteckige Kastenfassungen. Leider fehlen auch hier die ursprünglichen Einlagen. Die einzelnen Teile, also Scheibe, Bügel und Doppelpyramide, sind fest verbunden. Der Bügel kann also nicht durch das Ohrläppchen geführt werden, der Schmuck muß auf andere Art befestigt worden sein.

Die wohl engste Parallele zu diesen Stücken ist ein sehr schlichtes Paar, das aus Theben kommen soll und sich jetzt in Paris befindet. Es wiederholt den Grundtyp, verzichtet jedoch auf den reichen Dekor. Der Bügel verbindet zwei Goldblechkegel, deren einziger Schmuck um den Rand gelegter Kordeldraht und je eine Granulationsperle auf der Spitze sind. Einer der Kegel ist abnehmbar und wird mit einem kleinen, quer durch den Bügel geführten Stift gehalten. Dank seiner Schlichtheit verdeutlicht das Thebaner Paar überzeugend die Herkunft der reich verzierten attischen bügelartigen Ohranhänger von den im sechsten Kapitel beschriebenen Ohrspiralen mit aufgesetzten Kegeln aus Lefkandi, Korinth und Perachora. Die Übereinstimmung geht sogar so

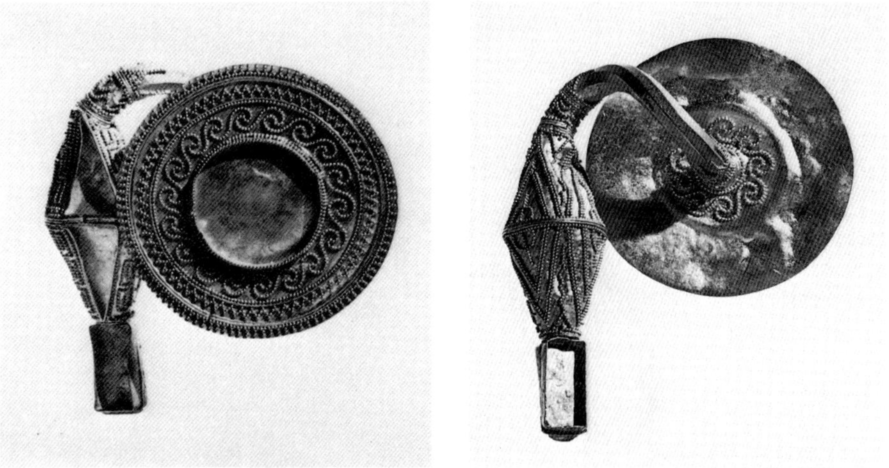

34 Ohrschmuck. Gold, ursprünglich mit Einlagen aus Bernstein, Bergkristall oder Glaspaste. Dm einer Scheibe 2,9 cm. s. Taf. III. Aus der Slg. Lord Elgin, London, British Museum. 8. Jh. v. Chr.

weit, daß das Paar (Abb. 33) in der kreuzartigen Anordnung der Granulationslinien auf den beiden Kegeln im Grunde das Motiv des eingravierten Kreuzes wiederholt, das die schlichten Ohrspiralen (Abb. 26) oder auch der Ohrschmuck der Frau auf dem ionischen Vasenfragment (Abb. 27) zeigt. Damit ergibt sich ein Hinweis für die Datierung der reich verzierten Bügel. Sie können nur im 8. Jahrhundert entstanden sein. Diesen zeitlichen Ansatz grenzen die Übereinstimmungen mit den Eleusis Ohrringen und der Vergleich mit den Ornamenten attisch-geometrischer Vasenmalerei auf die erste Hälfte dieses Jahrhunderts ein. Daß in dieser Zeit anscheinend vor allem in und um Athen hochwertiger Schmuck hergestellt wurde, zeigten bereits die im sechsten Kapitel erwähnten vergoldeten und granulierten Gewandnadeln aus den Kynosarges Gräbern.

35 Schmuckplatten aus Eleusis. Teile eines Hals- oder Brustschmucks. Gold und Glaspaste. Br einer Platte 4 cm. Athen, Nationalmuseum. Zweite Hälfte des 8. Jh. v. Chr.

Wiederum aus Eleusis und zwar aus einem in das dritte Viertel des 8. Jahrhunderts datierten Grab kommen vier fast rechteckige, etwa vier Zentimeter hohe Schmuckbleche und dazu ein trapezförmiges, die wohl Teile eines *Halsschmucks* darstellen (Abb. 35). In ihrem künstlerischen Entwurf wie in der Ausführung sind sie weniger eindrucksvoll als die bisher beschriebenen Schmuckarbeiten, aber sie sind von ähnlichen Vorstellungen geprägt. Die oberen und unteren Ränder der Bleche sind so zurückgebogen, daß zylindrische Ösen entstehen, durch die eine Schnur geführt werden kann. Den seitlichen Abschluß bildet Kordeldraht. Als Verzierung finden wir wieder die schon bekannten Fassungen unterschiedlicher Form, zum Teil noch mit farbigen Glaspasten. Die freie Fläche füllt ein dichtes Muster linearer Granulation mit den schon bekannten Zickzack- und Bogenlinien, Wellenbändern und Mäandern. Die Granulation ist außerordent-

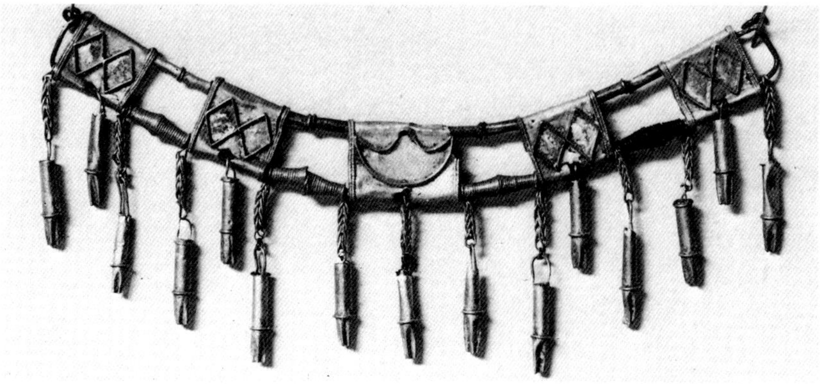

36 Halsschmuck aus einem spätgeometrischen Grab in Spata/Attika. Gold und (nicht erhaltene) farbige Einlagen. L 10 cm. Athen, Nationalmuseum. Um 725 v. Chr.

lich fein, aber die Anordnung der Ornamente wirkt auffallend unsicher.

Ähnliche Bleche wurden im Artemis Heiligtum von Brauron, also ebenfalls in Attika, gefunden und aus dem um 730 datierten Grab 3 von Spata in Attika kommt ein weiterer Halsschmuck dieses Typs (Abb. 36). Von ihm sind nur fünf rechteckige Goldbleche erhalten, deren Ränder wie bei den Platten von Eleusis zu Ösen zurückgebogen sind. Granulation fehlt. Die Verzierung beschränkt sich auf die an den seitlichen Rändern aufgesetzten Kordeldrahtzöpfe und auf große rhombenförmige Fassungen, zu denen auf dem ursprünglich vielleicht zentralen Blech eine peltenförmige kommt. Sie wiederholt das peltenförmige Ornament auf den Ohrringen aus dem Isis Grab von Eleusis (Abb. 32) und an diese erinnern auch die Anhänger des Halsschmucks von Spata mit ihren kurzen Kettenenden und Goldröhren.

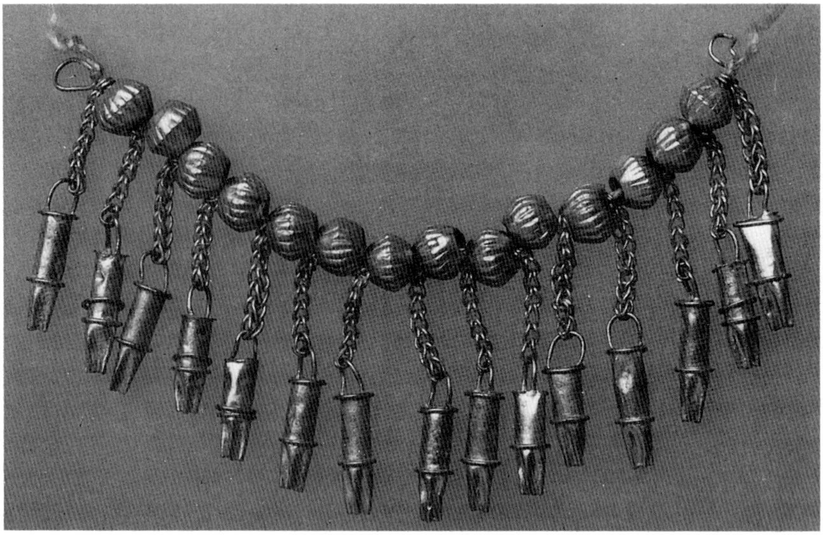

37 Halskette. Melonenperlen und röhrenartige Anhänger. Gold. H eines Anhängers 2,5 cm. Aus der Slg. Lord Elgin. London, British Museum. 8. Jh. v. Chr.

Aus der gleichen Werkstatt könnten die Anhänger eines fragmentarisch erhaltenen Halsschmucks der Sammlung Lord Elgin stammen (Abb. 37). Unsicher, wenn auch nicht ausgeschlossen ist, ob sie ursprünglich tatsächlich alternierend mit den geriefelten Goldperlen aufgezogen waren. Auf jeden Fall ist anzunehmen, daß die einzelnen Teile zusammen gefunden worden sind. Ganz ähnliche Perlen gehören zu einer Halskette aus einem Grab des zweiten Viertels des 8. Jahrhunderts in Salamis auf Zypern (vgl. Kap. 7).

Die bisher aufgeführten Funde sind zahlenmäßig zwar gering, genügen aber als Hinweis darauf, daß während des ganzen 8. Jahrhunderts in Attika Goldschmiede tätig waren, die phantasievolle Schmuckstücke schufen und deren besondere Vorliebe der Verarbeitung von farbigen Einlagen in Verbindung mit den typischen linearen Dekorationsornamenten der griechisch-geometrischen Kunst in feinster Granulation galt. Zickzack- und Bogenmuster, Wellenlinien, Dreiecke und Mäander sind Wiederholungen der Füllornamente der gleichzeitigen Vasenmalerei. Motive wie der Halbmond, die Technik des Fassens und die technische Qualität besonders der frühen Arbeiten der hier zusammengestellten Gruppe lassen sich dagegen nur durch die Tätigkeit von Goldschmieden erklären, die ihr Handwerk in einem Gebiet gelernt haben, das anders als Griechenland auf die ungebrochene Kontinuität einer hochstehenden Goldschmiedekunst zurückblicken kann. Und hier bietet sich wieder der syrophönizische Raum an, das Herkunftsgebiet zahlreicher Luxusgüter in attischen Gräbern des späten 9. und frühen 8. Jahrhunderts v. Chr.

Unklar bleibt die Beziehung zwischen den jetzt in Griechenland tätigen orientalischen oder orientalisch beeinflußten Goldschmieden und ihren Vorgängern aus der Mitte des 9. Jahrhunderts, die Schmuck wie etwa die Ohranhänger aus dem Grab der reichen Athenerin (Abb. 24) schufen und die ebenfalls ohne orientalische Beeinflußung nicht erklärbar sind. Es ist schwer zu sagen, ob die Goldschmiede des späten 9. und des 8. Jahrhunderts deren Tradition fortführten, oder ob wir mit neuen Impulsen, vielleicht neu eingewanderten Handwerkern rechnen müssen. Die formalen und technischen Unterschiede zwischen den frühen orientalisch beeinflußten Arbeiten und den in diesem Kapitel zusammengefaßten sprechen für die zweite Annahme.

Gemeinsam ist diesem attischen Schmuck und den kretischen Goldschmiedearbeiten, die sich um den Tekke Fund gruppieren, die Verbindung von gefaßtem Bernstein, Bergkristall oder Glaspaste mit granulierten Ornamenten. In Attika ist der Goldhintergrund jedoch plan, während die kretischen Goldschmiede die gewölbte Goldfläche bevorzugen. Und während in Attika geometrische Dekorationsornamente überwiegen, dominieren auf Kreta orientalische Motive und die Neigung zur freien, bildnerischen Gestaltung, die eine Einbeziehung menschlicher Figuren oder Köpfe ermöglicht, wie sie im Griechenland dieser Zeit noch nicht denkbar ist.

9. Kapitel

SCHMUCKFUNDE AUS GRIECHENLAND, ITALIEN UND SIZILIEN
7. Jahrhundert v. Chr.

Von der zweiten Hälfte des 8. Jahrhunderts an ändern sich auf dem griechischen Festland die Bestattungssitten. Nur noch ausnahmsweise werden persönliche Gegenstände mit in die Gräber gegeben und damit entfallen auch Schmuckbeigaben jeder Art, sei es Trachtzubehör wie Nadeln und Fibeln oder Schmuck im echten Sinne. Unsere Kenntnis der Goldschmiedekunst des 7. Jahrhunderts beruht deshalb in erster Linie auf den Funden aus griechischen Heiligtümern, in die Schmuck als Weihgabe gelangte. Besonders ergiebig ist das Material aus den Heiligtümern der Artemis Orthia in Sparta und der Hera Limenia in Perachora. Seine Datierung kann nicht so zuverlässig sein wie die der Grabfunde, aber wir können davon ausgehen, daß es das 7. und frühe 6. Jahrhundert deckt. Aus dieser Epoche sind nur wenige Schmuckarbeiten in Edelmetall erhalten. Das muß nicht unbedingt heißen, daß es an Gold fehlte, aber auch der geweihte Goldschmuck wurde in Notzeiten wegen seines Metallwerts eingeschmolzen. So ist es verständlich, daß vor allem Bronzeschmuck erhalten blieb, der allerdings oft die Formen des Gold- und Silberschmucks wiederholt. Überraschend groß ist die Anzahl von Schmuck- und Dekorationsornamenten aus Elfenbein, Bein oder Bernstein, Materialien, die sich auch in diesem Jahrhundert besonderer Beliebtheit erfreuten und an denen eindeutig kein Mangel bestand.

Obwohl sich an den einzelnen Fundorten lokale Vorlieben zum Beispiel für die eine oder andere Fibel- oder Nadelform feststellen lassen, ist das stilistische Bild der Funde vom griechischen Festland überraschend einheitlich. Überall sind die gleichen Schmuckformen vertreten und Unterschiede bestehen vor allem darin, daß ein bestimmter Typ in einem Heiligtum besonders häufig vorkommt, in anderen weniger. Darin spiegelt sich einerseits ihr weiter Einzugsbereich wieder, zum andern das Überwiegen des lokalen Elements. Denn wenn bedeutende Heiligtümer auch Pilger aus der ganzen griechischen Welt anzogen, so sind in erster Linie doch am Ort oder in der nächsten Umgebung hergestellte Weihgaben vertreten. Es würde im Rahmen dieser Untersuchung zu weit führen, alle lokalen Besonderheiten zu berücksichtigen. Vielmehr liegt der Schwerpunkt auf der Darlegung der gemeinsamen charakteristischen Merkmale der griechischen Goldschmiedekunst früharchischer Zeit.

Während des 7. Jahrhunderts machen sich in den verschiedenen Teilen der griechischen Welt unterschiedliche künstlerische Strömungen bemerkbar, in denen sich regional bedingte Einflüsse widerspiegeln. Die Entwicklung der Goldschmiedekunst geht dementsprechend im Mutterland selbst, im westlichen Kleinasien und auf den Inseln unterschiedliche Wege. Aus diesem Grund wird hier als erstes das Fundmaterial vom Festland, ergänzt durch einige Funde aus den gerade in dieser Zeit gegründeten griechischen Kolonien in Süditalien und Sizilien, analysiert. Daran schließt sich im folgenden Kapitel der Schmuck aus dem Basisfund des Artemis Heiligtums von Ephesos an. Die dritte und in jeder Hinsicht bedeutendste Gruppe früharchaischen Schmucks umfaßt schließlich Funde von den griechischen Inseln, vor allem von Rhodos, die ebenfalls in einem gesonderten Kapitel vorgestellt werden.

Was ist nun das Charakteristische an den Schmuckarbeiten aus Griechenland selbst sowie aus Süditalien und Sizilien? Eindeutiger als die Funde aus dem westlichen Kleinasien und von den Inseln führen sie die im 9. und 8. Jahrhundert begonnene Entwicklung einer eigenständigen griechischen Goldschmiedekunst fort. Die Goldschmiede des Festlands haben sich von den orientalischen Vorbildern, die noch im 8. Jahrhundert ihr Handwerk bestimmten, gelöst und sind im Gegensatz zu den östlichen Randgebieten weniger stark neuen, fremden Einflüssen ausgesetzt. Das ermöglicht ihnen, ein rein griechisches Repertoire von Formen und Dekorationen zu entwickeln. Aus dieser Situation heraus ist es verständlich, daß ihre besondere Sorgfalt der Gewandnadel und der Fibel gilt, also traditionellen griechischen Schmuckformen, die in großer Zahl erhalten sind. Davon abgesehen ist die Menge des aus dieser Epoche erhaltenen Schmucks gering. Und doch können wir uns ein recht gutes Bild der künstlerischen Prinzipien machen, die ihn bestimmten. Klare Formen und eine großzügige Gliederung dominieren. Die Neigung zur Plastizität, zum Modellieren des Metalls, zum Erzielen von Licht- und Schatteneffekten, die die griechische Goldschmiedekunst späterer Jahrhunderte bestimmt, macht sich in allerersten Ansätzen bemerkbar. Daneben haben wir aber auch noch Schmuck, der wie der des 8. Jahrhunderts durch die flächenhafte Entfaltung der Ornamente geprägt ist (vgl. Abb. 32ff. 40ff.).

In der Regel aus Bronze, seltener aus Silber und ausnahmsweise auch vergoldet, entsprechen die *Gewandnadeln* in ihrer Grundform nach wie vor dem Typ, der sich schon im 9. Jahrhundert herausgebildet hat. Aber durch die phantasievolle Ausgestaltung der Abschlußplatte und durch eine reiche Profilierung des Schafts werden jetzt bis dahin unbekannte dekorative Effekte erzielt. Ohne daß damit die Vielzahl aller Varianten berücksichtigt wäre, läßt sich allgemein sagen, daß die abschließende Scheibe der Nadeln größer und dicker geworden ist und daß in dem darunter liegenden Teil des Schafts scharfe Grate mit tiefen Rillen und kugeligen Verdickungen unterschiedlicher Größe abwechseln (Abb. 38). Die Begeisterung für eine immer differenziertere Gliederung des oberen Teils geht so weit, daß die Nadeln gegen Ende des 7. Jahrhunderts leicht kopflastig wirken (Abb. 39,6). Um so erstaunlicher ist es, daß sie nach Aussage von Darstellungen in der Vasenmalerei stets mit den Köpfen nach unten durch die Gewandteile gesteckt wurden.

38 Gewandnadeln. Silber. H 12,5/11,5 cm. Frankfurt/Main, Museum für Vor- ▷ und Frühgeschichte, Inv. Beta 666. Zweite Hälfte des 7. Jh. v. Chr.

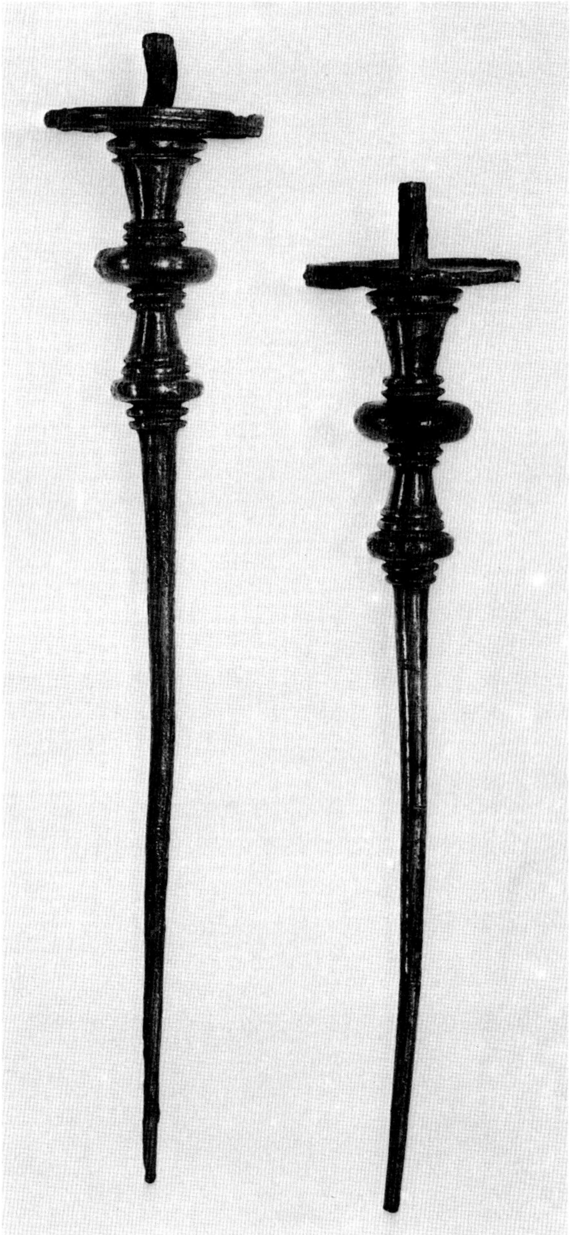

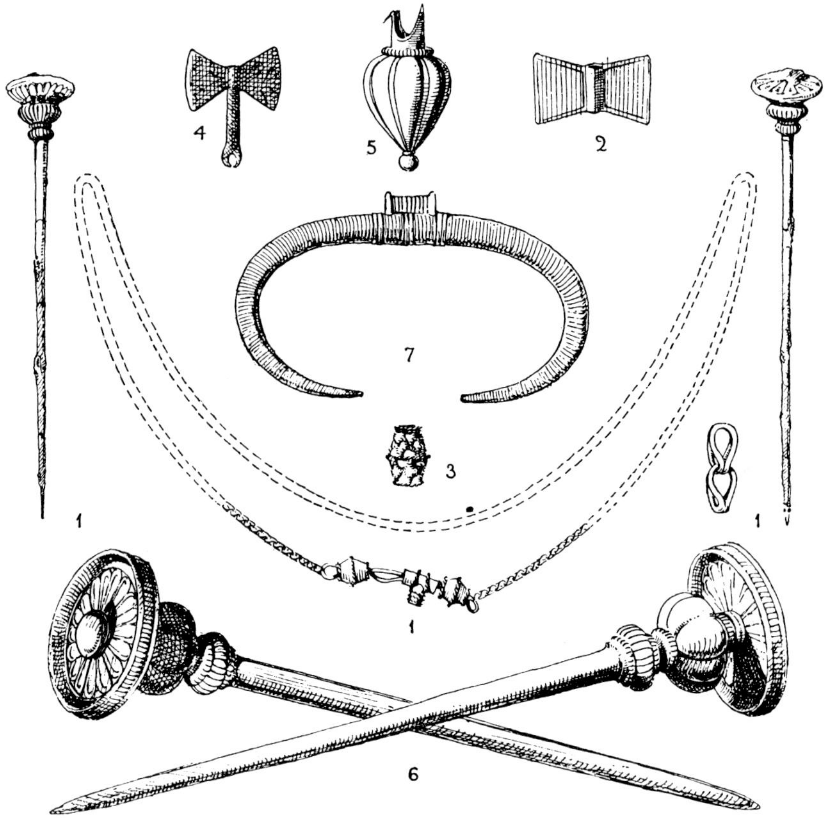

39 Gold- und Silberschmuck aus dem Heiligtum der Artemis Orthia bei Sparta. (Zeichnung 4 : 5). 7. Jh. v. Chr.

Bei den *Fibeln* dieses Jahrhunderts spielen vor allem drei Typen eine wichtige Rolle. Es ist einmal die Bogenfibel mit all ihren Varianten, die sich aus den unterschiedlichen Gestaltungsmöglichkeiten des Bügels und dem Verhältnis von Bügel und Nadelfuß ergeben. Zu ihnen gehört auch die vor allem in Süditalien und Sizilien verbreitete kahnförmige Fibel mit dickem, bauchigem Bügel, bei der oft Bein oder Bernstein ein Bronzegerüst umkleidet.

Ursprünglich kleinasiatischer Herkunft ist die ostgriechische Fibel, deren Hauptmerkmal die manschettenartige Profilierung einer oder mehrerer Stellen des Bügels ist. Wir finden sie vor allem im westlichen Kleinasien, auf den Inseln und in den Heiligtümern des Mutterlands, aber kaum in Großgriechenland.

Besonderer Wertschätzung erfreut sich in dieser Epoche die Brillenfibel aus Bein oder Elfenbein (Abb. 40). Allein im Heiligtum der Hera Limenia wurden mehr als 60 Exemplare gefunden und zahlreiche Stücke kommen aus anderen Heiligtümern Griechenlands, von Ephesos, den Inseln und aus Italien. Noch in der Mitte des 6. Jahrhunderts wird sie in der attischen Vasenmalerei dargestellt. In ihrer äußeren Kontur entspricht sie der älteren

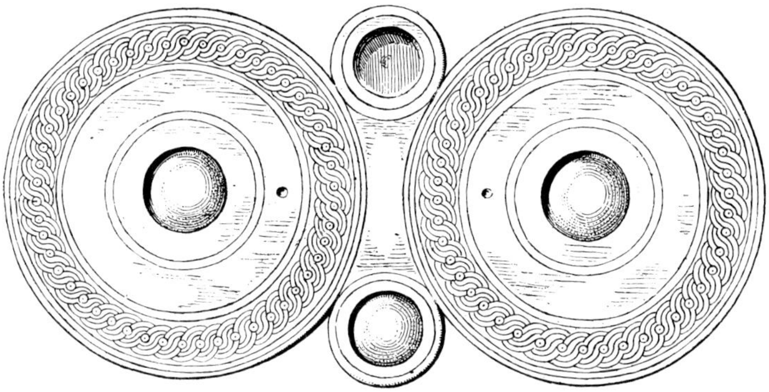

40 Beinerne Fibel aus dem Heiligtum der Artemis Orthia bei Sparta. Natürliche Größe. 7. Jh. v. Chr.

Brillenfibel, die aus einem Bronzedraht besteht, der zu zwei flach nebeneinander liegenden Spiralen aufgerollt ist (Abb. 41). Die aus einer Elfenbein- oder Beinplatte geschnittenen Fibeln wiederholen diese Form, in dem sie zwei gravierte Kreise nebeneinander setzen, die durch eine Brücke miteinander verbunden sind. In die seitlichen Zwickel sind zwei kleinere Kreise eingefügt. Reiche, mit dem Zirkel gezogene Gravuren oder auch Silber- und Bernsteineinlagen erhöhen den reizvollen Effekt solcher Fibeln. Auf

41 Brillenfibel. Bronze, L ca. 12 cm. Kunsthandel. 7. Jh. v. Chr.

42 Goldener Besatz einer Brillenfibel aus Griechenland. L 10 cm. Berlin, Antikenmuseum, Inv. 30894. 7. Jh. v. Chr.

ihrer Rückseite war eine Bronzenadel angebracht, sie konnte aber auch direkt auf eine Bronzefibel montiert werden. Daß der Typ auch in kostbarerem Material hergestellt wurde, zeigt ein entsprechend geschnittenes und verziertes Goldblech in der Berliner Antikensammlung, das aus Griechenland kommen soll (Abb. 42).

Halsschmuck des 7. Jahrhunderts ist nur in Fragmenten erhalten. Trotzdem sind wir recht gut über seinen Formenschatz informiert. Bemalte Terrakottafiguren des 7. Jahrhunderts, die vor allem in Sparta und Samos gefunden wurden, zeigen häufig Halsketten und Halsbänder, die uns ermöglichen, die wichtigsten Typen zu rekonstruieren. Diese Figuren tragen eng um den Hals gelegte Stoffbänder, deren eingewebte oder gestickte Muster manchmal zu erkennen sind und von denen anfangs ein größerer einzelner, später auch mehrere *Anhänger* herabhängen. Dazu kommen Ketten aus gleichmäßig geformten Perlen.

In ihrer Form erinnern die Anhänger an Blütenknospen oder Granatäpfel. Nur ausnahmsweise sind sie im Original erhalten. Eine runde, goldgefaßte Amethystperle aus dem Heiligtum der Artemis Orthia entspricht ziemlich genau den Darstellungen auf den Terrakotten und ebenso ein kleiner Goldanhänger mit vertikal geripptem Körper und zylindrischem Hals (Abb. 39,5). Ein fast vier Zentimeter hoher ähnlich konstruierter, aber kugeliger Goldanhänger aus einem in die zweite Hälfte des 7. Jahrhunderts datierten Fundkomplex von Argos, jetzt in der Sammlung Stathatos, gehört zu den wenigen erhaltenen Stücken, die demonstrieren, wie dekorativ früharchaischer Schmuck war. Ebenso wirkungsvoll ist ein goldgefaßter gelb und blau gestreifter zylinderförmiger Glasanhänger, der aus der Gegend von Tarent kommen soll (Abb. 43).

Auch halbmondförmige Anhänger, sogenannte Lunulae, sind auf bemalten Terrakotten zu erkennen. Als ursprünglich orientalisches Ornament sind sie nicht nur Schmuck, sondern fungieren gleichzeitig als Amulett. Von Zypern, aus Sparta und aus Unteritalien kommen bügelartige Anhänger mit zylindrischen Ösen, die auf den ersten Blick an Lunulae erinnern (Abb. 39,7). Sie sind jedoch eine Weiterentwicklung phönizischer Reifen, auf die dreh-

43 Anhänger aus der Gegend von Tarent. Blau-gelb gestreifte Glaspaste in Goldfassung. H 5,5 cm. Kunsthandel. Zweite Hälfte 7./frühes 6. Jh. v. Chr.

bare Skarabäen gezogen sind. Ursprünglich war zwischen ihre spitzen Enden ein dekoratives Ornament, etwa ein großes Stück Bernstein wie bei einem Anhänger aus einem frühen Grab in Cumae gesetzt (Abb. 44). Bei einem ähnlichen Stück aus dem Heiligtum der Artemis Orthia ist es eine jetzt leere Fassung.

In Olympia wurden zahlreiche kleine Bronzeanhänger gefunden, die sich aus einem tropfenförmigen Körper und einem zylindrischen Hals zusammensetzen. Ihr fein punziertes Dekor erinnert an granulierte Ornamente. Ähnliche Anhänger aus Elfenbein, Bein, Bernstein, Silber und vereinzelt auch aus Gold wurden in Perachora gefunden.

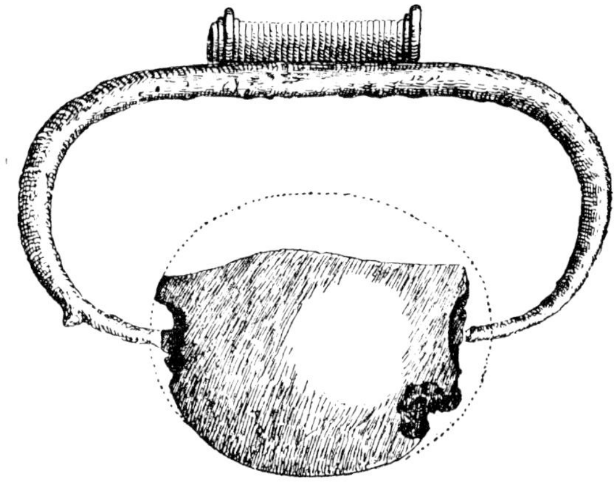

44 Silberner Bügel mit großer Bernsteinperle. Aus Cumae, Grab 44. Br 4,5 cm. Um 800 v. Chr.

Bei einem weiteren im 7. Jahrhundert verbreiteten Anhängertyp ist auf den kurzen, zylindrischen Hals eine waagerechte, ebenfalls zylindrische Öse gesetzt, sodaß der Eindruck entsteht, ein T-förmiges Ornament trage eine runde oder ovoide Perle (vgl. Abb. 45). Auch diese Form finden wir häufig in Bein, selten in Gold. Zu den wenigen komplett erhaltenen Beispielen früharchaischen Halsschmucks gehört eine schlichte, goldene Fuchs-

45 Anhänger mit T-förmiger Öse und knospenförmiger, granulierter Perle. Gold. H 4 cm. Slg. Stathatos. Athen, Nationalmuseum. Zweite Hälfte 7./erste Hälfte 6. Jh. v. Chr.

schwanzkette aus dem Heiligtum der Artemis Orthia mit zwei filigranverzierten bikonischen Goldperlen als Abschluß (Abb. 39,1). Zwischen ihre Enden ist ein T-förmiger Anhänger, dessen unterer Abschluß leider fehlt, gesetzt.

Komplett erhaltene Halsketten sind selten. Zu der oben genannten goldenen Fuchsschwanzkette (Abb. 39,1) aus Sparta kommt eine kordelartige silberne aus Grab 30 von Syrakus. Grab 428 enthielt eine Kette aus linsenförmigen Silberperlen. Weit verbreitet müssen auch Ketten aus Fayence- oder Glasperlen gewesen sein.

Nur verhältnismäßig selten wurde in den Heiligtümern des griechischen Festlands *Ohrschmuck* gefunden, und auch die bemalten Terrakotten helfen hier nicht weiter. Drei goldene Anhänger, die als Ohrschmuck interpretiert werden, gehören zu dem schon oben erwähnten Fund von Argos in der Sammlung Stathatos. Jeder ist mehr als vier Zentimeter hoch und alle wiederholen den gleichen Grundtyp: Auf eine Platte sind in Goldblech getriebene Figuren gesetzt, von ihr herab hängt ein aus Goldkugeln zusammengesetztes Ornament, daß sich als Kegel oder Traube interpretieren läßt. In den folgenden Jahrhunderten wird es zu einer der wichtigsten Grundformen griechischer Ohranhänger. Ähnliche, aber kleinere Trauben aus Bein oder Bronze wurden in Perachora und Olympia gefunden und mögen ebenfalls Ohranhänger gewesen sein.

Aus Gräbern des späten 7. Jahrhunderts von Syrakus, Megara Hyblea und Gela kommen Ohrreifen mit spitzauslaufenden offenen Enden. Entweder ist an ihnen eine kleine Granulationstraube befestigt, oder aber Filigranmanschetten sind um den Reifen gelegt. Auch dies ist eine Form, deren Vorkommen nicht nur auf früharchaische Zeit beschränkt bleibt.

Einen recht guten Überblick über die Typenvielfalt des *Armschmucks* geben die zahlreichen in Olympia gefundenen bronzenen Armbänder und -reifen. Neben flachen Bändern haben wir einfache oder mehrfach gewundene Reifen mit vierkantigem, rhombenförmigem oder rundem Querschnitt. Die Enden sind immer offen und recht häufig zu allerdings noch stark stilisierten Schlan-

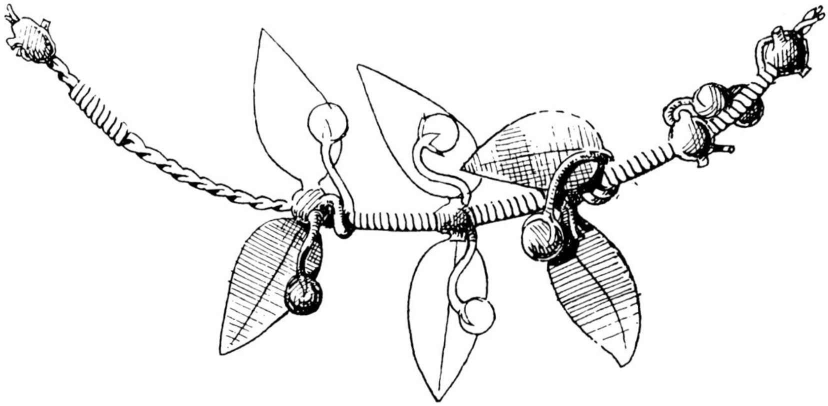

46 Lorbeerkranz aus dem Heiligtum der Artemis Orthia bei Sparta. Goldene Blätter, Beeren und Röhren auf Silberdraht. Natürliche Größe. Zweite Hälfte 7. Jh. v. Chr.

genköpfen gestaltet. Auch sie sind ein Beispiel dafür, wie gerade im 7. Jahrhundert die Weichen für die typologische und stilistische Entwicklung der griechischen Goldschmiedekunst gestellt werden. Denn Schlangenarmbänder sind die wohl häufigste griechische Armschmuckform bis in die Zeit des späten Hellenismus.

Als *Fingerringe* sind die meisten der einfachen Reifen aus Bronze, seltener Silber zu interpretieren, die in großer Zahl in den Heiligtümern und in einzelnen Gräbern gefunden wurden. Das bereits erwähnte Grab 30 in Syrakus, aus dem die silberne Fuchsschwanzkette stammt, enthielt fünf Silberreifen mit offenen Fassungen, in die ursprünglich wohl Skarabäen eingelassen waren.

Abschließend ist unter den Festlandfunden das wohl älteste Beispiel eines griechischen *Kranzes* aus Edelmetall zu erwähnen. Im Heiligtum der Artemis Orthia wurde zusammen mit Keramik der zweiten Hälfte des 7. Jahrhunderts das Fragment eines Lorbeerkranzes gefunden, der sich aus gerippten Goldblechhülsen und paarweise angeordneten Lorbeerblättern und -beeren zusammensetzt (Abb. 46). Sie sind auf einen gedrehten Silberdraht gezogen, der um den Kopf gelegt wurde.

10. Kapitel

DER BASISFUND VON EPHESOS
7. – frühes 6. Jahrhundert v. Chr.

Die Hauptquelle unserer Kenntnis ostgriechischer Schmuckarbeiten ist der sogenannte Basisfund des Artemisions von Ephesos. Dieses war eines der wichtigsten Heiligtümer der Antike und nicht nur für die griechischen Bewohner Kleinasiens. Der Basisfund umfaßt Weihgaben des 7. und frühen 6. Jahrhunderts, die beim um 560 v. Chr. datierten Neubau des Tempels durch den lydischen König Krösus unter der Altarbasis deponiert wurden. Insgesamt fanden die Ausgräber etwa 600 Objekte. Dazu gehören neben den ältesten bekannten Münzen Elfenbeinschnitzereien und vor allem Schmuck aus Edelmetall, Bernstein und Bronze. Wie zu erwarten besteht ein größerer Teil der Schmuckstücke aus Elektron, der natürlichen Legierung von Gold und Silber, die im benachbarten Lydien gewonnen wurde.

Die besondere Position von Ephesos als eine der führenden griechischen Handelsstädte an der Westküste Kleinasien spiegelt sich in den Schmuckfunden wieder. Nebeneinander sehen wir hier orientalische Importe, Formen, die denen des griechischen Mutterlands entsprechen, Schmuck, der an inselgriechische Funde erinnert, und schließlich lokale Produkte.

Orientalischen Ursprungs ist vor allem ein großer Teil der *Gewandornamente*, die in größerer Zahl nicht nur in Ephesos, sondern auch im benachbarten lydischen Sardis gefunden wurden und von denen angenommen wird, daß es sich meist um assyrische Arbeiten handelt. Es sind rechteckige und runde Goldbleche mit ornamentalem, seltener figürlichem Dekor, deren perforierte Löcher verraten, daß sie ursprünglich auf Stoffe aufgenäht waren. Und vermutlich sind sie mitsamt den Gewändern, die sie schmückten, der Artemis geweiht worden. Ebenfalls nur als Gewandschmuck

47 Kahnförmige Ohrreifen aus Ephesos. Gold. Dm ca 2 cm. London, British Museum, BMCJ 941. 942. 944. 946. 7. Jh. v. Chr.

zu interpretieren sind zierliche, sternartige Goldblechrosetten, die an die Ornamentik orientalisierender griechischer Keramik des 7. Jahrhunderts erinnern.

Vermutlich schon lokale Produktion, aber auf orientalische Vorbilder zurückgehend sind die zahlreichen kahnförmigen *Ohrringe*, die in Ephesos gefunden wurden (Abb. 47). In ihrer einfachsten Form bestehen sie aus einem hohl gearbeiteten, schlauchförmigen Körper, der sich nach unten hin verdickt. Die Enden sind zu Drahtbügeln geschmiedet oder auch separat gearbeitet und eingesetzt. Nahezu identische Ohrringe wurden in spätassyrischen Gräbern von Assur gefunden. Die große Zahl der ephesischen Stücke spricht allerdings dagegen, daß es sich um Importe handelt.

Über die Griechenstädte der kleinasiatischen Westküste finden kahnförmige Ohrringe Eingang in die allgemeine griechische Goldschmiedekunst, und sie werden schon vom 6. Jahrhundert an eine der wichtigsten Grundformen griechischen Ohrschmucks.

Beziehungen zur inselgriechischen Goldschmiedekunst zeigen die in Ephesos gefundenen Spiralohrringe aus starkem Draht mit leicht verdickten oder reliefierten Enden. Es ist eine Form, die sich ursprünglich aus geometrischen Spiralohrringen des 8. Jahrhunderts (Abb. 25f.) entwickelt hat und die in der zweiten Hälfte des 7. Jahrhunderts auf den griechischen Inseln besonders populär ist (vgl. Abb. 55ff.). Manchmal ist die nach unten offene Spirale ähnlich einer Haarnadel in die Länge gezogen. Ihre Enden sind senkrecht nach oben zurückgebogen, sodaß – vereinfacht gesagt – der Ohrschmuck an ein in die Höhe gezogenenes Omega erinnert. Früheste Beispiele dieses Typs begegneten uns bereits in den im siebenten Kapitel erwähnten spätgeometrischen rhodischen Gräbern Nr. 56 und 57 von Ialysos. In Ephesos sind sie in Gold, vergoldetem Silber und Bronze vertreten.
Unzählige kleine Perlen und Anhänger aus Gold, Elektron, Bernstein, Elfenbein, Bergkristall, Karneol, Fayence und Glas dokumentieren die Vielzahl der geweihten *Halsketten*. Die Form der Anhänger entspricht weitgehend der, die uns schon im Mutterland begegnete. Das heißt, es sind kugelige oder ovoide Körper mit einem zylindrischen Hals oder einer Längsöse. Dazu kommen zahlreiche, unterschiedlich geformte Perlen. Nicht nur aus Edelmetall, sondern auch aus jedem anderen Material gibt es kugelige, längsovale, melonen- oder weizenkornförmige Perlen, die zudem auch noch in sich gerippt sein können. Original zusammengesetzte Halsketten fehlen in Ephesos, aber wie sie ausgesehen haben mögen, zeigt ein im westlichen Kleinasien gefundenes Stück der Sammlung Berry (Abb. 48). Längliche Glieder aus türkisgrüner Fayence wechseln mit schmalen geriefelten Goldröhren, an denen spitzovale Anhänger befestigt sind, und kurzen Kettenenden mit Granatapfelanhängern. Die gleichen Goldröhren mit starren Anhängern kommen in Silber in Ephesos vor und eine fast identische Kette wurde in Sardis gefunden.

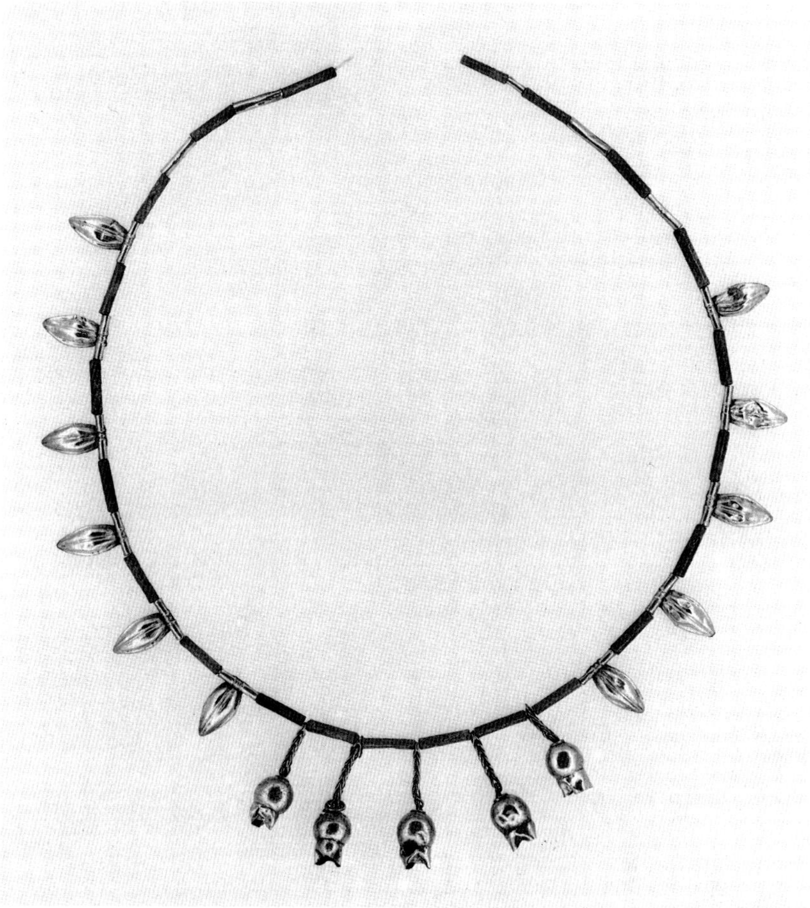

48 Halskette mit knospenförmigen Anhängern aus Kleinasien. Elektron und Fayence. L 47 cm. Slg. B.Y. Berry. Bloomington, Indiana University Art Museum, Inv. 70.562. Zweite Hälfte 7. Jh. v. Chr.

Als Einzelanhänger, die in Perlenketten eingefügt oder an textilen Bändern getragen wurden, kennen wir aus Ephesos neben den zu dieser Zeit schon in der ganzen griechischen Welt verbreiteten

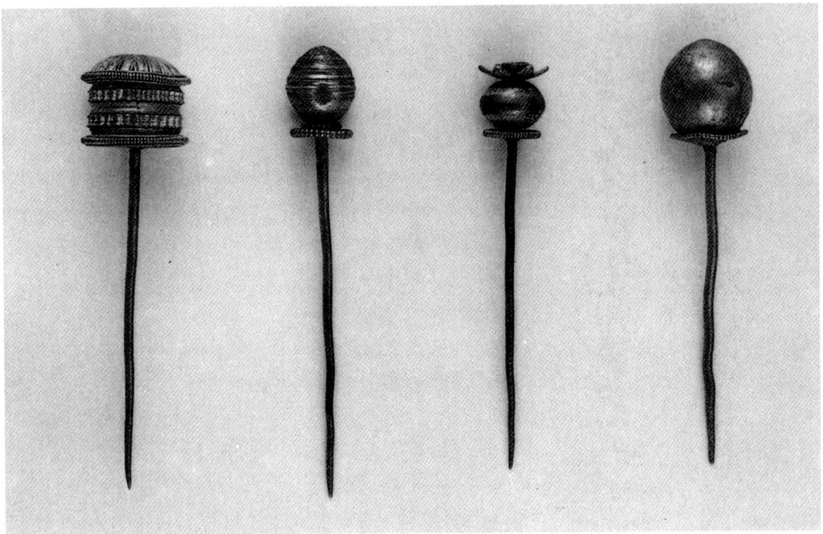

49 Ziernadeln aus Ephesos. Gold. L 6,1–6,5 cm. London, British Museum, BMCJ 959. 951. 958. 952. 7. Jh. v. Chr.

halbmondförmigen Anhängern, den Lunulae, vollplastische Bienen und Zikaden. Sie sind aus getriebenen Goldblechteilen zusammengesetzt und zusätzlich mit Granulation überzogen.

Eine lokale Sonderform stellen die zahlreichen *Nadeln* des Basisfundes dar (Abb. 49). Weniger als sieben Zentimeter lang und nicht nur aus Metall, sondern oft auch aus Elfenbein oder Bernstein gearbeitet, sind sie als Gewandnadeln zu klein und zu empfindlich. Man könnte sie sich als Haarschmuck vorstellen. Anders als die reich reliefierten Nadeln aus den griechischen Heiligtümern des Mutterlandes bestehen sie aus einem glatten, schmalen Schaft, der mit einer kleinen Scheibe abschließt. Auf diese ist ein ovoider, knospenförmiger oder zylindrischer Kopf gesetzt. Bronzenadeln tragen oft einen Bergkristall- oder Bernsteinkopf.

Unter den in Ephesos vertretenen *Fibeln* überwiegt die schon im vorigen Kapitel genannte kleinasiatische Bogenfibel, deren Hauptmerkmal die manschettenartige Profilierung des Bügels an einer oder mehreren Stellen ist. Vorläufer dieser Form kennen wir aus Phrygien und über die kleinasiatischen Griechenstädte ist sie auch nach Griechenland gelangt. Außer der Bogenfibel wurden noch einige inselgriechische Fibelformen gefunden und vor allem eine erstaunlich große Anzahl beinerner Brillenfibeln (vgl. Abb. 40).

Eine ephesische Besonderheit sind *Broschen* aus Gold, Elektron oder Silber. Neben einer mit Rosetten besetzten Scheibe sind das vor allem Falken und Zikaden mit plastischer Vorder- und flacher Rückseite. Wie eine moderne Brosche wurden sie mit einer Nadel am Gewand befestigt. Ein besonders schönes Beispiel ist der Habicht aus einem ephesischen Mädchengrab (Taf. IV). In den gleichen Bereich gehört eine goldene Eule aus einem spätestens um 670 datierten Depotfund von Samos. Nachahmungen der goldenen Broschen scheinen gravierte Beinplatten in Form von Adlern aus dem Heiligtum der Artemis Orthia zu sein. Auf ihrer Rückseite ist ähnlich wie bei den beinernen Brillenfibeln eine Bronzenadel befestigt.

11. Kapitel

ORIENTALISIERENDE SCHMUCKARBEITEN VON DEN GRIECHISCHEN INSELN

ca. 650 – ca. 600 v. Chr.

Bald nach der Mitte des 7. Jahrhunderts entsteht auf griechischen Inseln wie Rhodos, Melos, Thera, Kos, Delos und Naxos, aber auch auf Kreta und Zypern Schmuck, der sich durch neue Formen, bisher unbekannte Motive und technische Perfektion auszeichnet. Der größte Teil des bekannten Materials kommt dank intensiver und erfolgreicher Grabungen aus Gräbern der rhodischen Städte Kamiros und Ialysos. Dies hat dazu geführt, den rhodischen Goldschmieden eine führende Position einzuräumen und alle vergleichbaren Schmuckarbeiten als „rhodisch“ zu bezeichnen. Detaillierte Untersuchungen einzelner Schmuckstücke unter besonderer Berücksichtigung der sich bei der Herstellung ergebenden Besonderheiten sprechen tatsächlich für eine führende Werkstatt auf Rhodos. Das heißt aber nicht, daß nicht auch auf anderen Inseln Schmuck hergestellt wurde. Und da die formalen und stilistischen Übereinstimmungen zwischen den einzelnen Funden unterschiedlicher Provenienz außerordentlich groß sind, scheint es geboten, von einer Goldschmiedekunst der Inselgriechen zu sprechen.

Welches sind nun die Charakteristika der inselgriechischen Schmuckarbeiten? An erster Stelle fällt das Fehlen von farbigen Elementen, etwa Bernstein oder Bein, auf. Der Schmuck ist ausschließlich aus Gold, Silber und vor allem aus Elektron gearbeitet, ein Hinweis darauf, daß die Inselgriechen ihr Edelmetall vorzugsweise aus dem westlichen Kleinasien bezogen.

Die wichtigste Neuerung, die diesen Schmuck von allen bisherigen griechischen Goldschmiedearbeiten absetzt, liegt aber nicht im Material, sondern darin, wie es gehandhabt wird. Nach wie vor bilden Goldblech, Golddraht und Goldkügelchen die Einzelteile,

50 Schmuckblech aus Rhodos. Kentaur mit Jagdbeute, darüber Rosette. Gold. H 4,3 cm. Berlin, Antikenmuseum, Inv. 8945. 650–600 v. Chr.

aus denen ein Schmuckstück zusammengefügt wird. Aber an die Stelle der flächenhaften Gliederung, die für die bisherige griechische Goldschmiedekunst so charakteristisch war, tritt jetzt eine ausgeprägte Plastizität. Das Goldblech wird durch Treibarbeit reliefartig geformt oder in kühnen Entwürfen auch vollplastisch gestaltet. Dies geschieht durch das Auflösen eines dreidimensionalen, figürlichen Ornaments in mehrere einzelne Goldblechteile, die dann wieder zu einem geschlossenen Ganzen zusammengefügt werden. Dies klingt sehr einfach und doch ist den inselgriechischen Goldschmieden damit eine nicht zu unterschätzende Leistung gelungen, die ihnen eine neue Dimension eröffnet. Mit den im Grunde einfachen Mitteln ihres Handwerks und – was besonders wichtig ist – einem geringen Materialaufwand können sie jetzt selbst verhältnismäßig komplizierte naturalistische Motive vollplastisch in Gold umsetzen (vgl. Abb. 57).

Ein weiteres Merkmal dieses Schmucks ist seine serienmäßige Produktion. Für die Treibarbeit werden Matrizen verwendet, die es ermöglichen, die gleichen Motive unbegrenzt zu wiederholen. Bei einfachen Stücken begnügt sich der Goldschmied mit dem getriebenen Goldblech (Abb. 50). Durch Filigranauflagen, Gra-

51 Fünf rhodische Schmuckbleche. Teile eines Brustschmucks. Herrin der Tiere mit Löwen. Gold, H einer Platte 4,2 cm. London, British Museum, BMCJ 11283-1130. 650–600 v. Chr.

nulation oder zusätzliche, separat gearbeitete und aufgesetzte Ornamente kann aus dem getriebenen Blech ein reich verziertes, prachtvolles Kunstwerk entstehen (Abb. 51. Taf. V. VI).

Die zeitliche Einordnung des inselgriechischen Schmucks ergibt sich aus einigen zuverlässig datierten Grabfunden und durch stilistische Vergleiche. Die Schmuckbleche (Abb. 51) wurden zusammen mit einem Fayenceskarabäus des ägyptischen Pharaonen Psametrich gefunden, der ca. 664 – 610 v. Chr. regierte. Andere rhodische Schmuckstücke werden durch mitgefundene Keramik des letzten Viertels des 7. Jahrhunderts datiert. Der stilistische Vergleich einzelner figürlicher Darstellungen auf den Schmuckblechen mit früharchaischer Plastik spricht für einen zeitlichen Ansatz in das dritte Viertel des 7. Jahrhunderts.

Die prägnanteste Form inselgriechischen Schmucks sind die figürlich verzierten Schmuckbleche. Dazu kommen Goldblechdiademe sowie goldene Rosetten, die, auf Bänder aufgezogen, ebenfalls als Kopfschmuck dienten. Figürliche Anhänger, Ohrschmuck, Halsketten, Armbänder und Fingerringe ergänzen den Formenschatz. Die auf den Inseln gefundenen bronzenen Fibeln und Nadeln zeigen lokale Formen oder sie entsprechen den vom griechischen Festland beziehungsweise der kleinasiatischen Westküste bekannten Typen.

Über 140 *Schmuckbleche* aus Gold, Elektron oder Silber sind bekannt. Sie sind rechteckig und von gut zwei bis etwa fünf Zentimeter hoch (Abb. 50. 51 Taf. V). Ihre ursprüngliche Funktion kennen wir aus Darstellungen an bemalten Terrakotten und aus der Vasenmalerei des 6. Jahrhunderts. Mehrere Goldblechplatten und zwar jede mit dem gleichen Motiv wurden auf eine Schnur gezogen und quer über die Brust gelegt. Mit Hilfe von Nadeln oder Fibeln, vor allem aber von Haken, die auf der Rückseite der Außenbleche einer solchen Reihe angebracht sind, wurden sie am oberen Saum des Gewandes befestigt. Im Grunde ist ein solcher Schmuck die inselgriechische Variante eines Typs von Halsschmuck, zu dem auch die Schmuckbleche von Eleusis (Abb. 35) oder von Spata (Abb. 36) gehören. Nicht auszuschließen ist, daß Schmuckbleche auch einzeln getragen wurden.

Auf Grund technischer Unterschiede lassen sich die erhaltenen Stücke in zwei Gruppen einteilen. Die eine, zahlenmäßig umfangreichere, umfaßt alle Platten, deren zentrales Dekorationsmotiv mit Hilfe einer Matrize direkt in das Grundblech getrieben wurde (Abb. 50). Zu der zweiten gehören die qualitätvolleren Zierbleche, deren Hauptmotiv separat gearbeitet und auf ein glattes Grundblech gesetzt ist (Abb. 51. Taf. V). Bei der ersten Gruppe sind die Details wie die Randverzierung nur in das Goldblech punziert, bei der zweiten werden sie durch granulierte Linien angegeben, und dazu kommt eine aus Zierdrähten zusammengesetzte Randbordüre. Gemeinsam sind beiden Gruppen die am unteren Rand befestigten kleinen Goldperlen oder die als Blütenknospen bzw. Granatäpfel zu interpretierenden Anhänger. Letztere wiederholen eine Form, die uns bereits im 9. Jahrhundert an den Ohranhängern der reichen Athenerin von der Agora (Abb. 24) begegnete.

Die figürlichen Darstellungen auf den Zierblechen gehen auf orientalische Vorbilder zurück und geben einen Hinweis darauf, woher die inselgriechischen Goldschmiede ihre Anregungen bezogen und wohl auch die vollendete Beherrschung ihres Handwerks lernten. In der zweiten Hälfte des 8. Jahrhunderts dehnte sich das assyrische Reich bis zur Levante aus, im Jahre 712 v. Ch. eroberten die Assyrer Zypern. Damit ergab sich für die Inselgriechen die Möglichkeit, in ihrer Nachbarschaft die prachtvollen Schmuckarbeiten kennenzulernen, deren detaillierte Wiedergaben wir noch heute auf den assyrischen Reliefs bewundern.

Eines der am häufigsten auf den Zierblechen dargestellten Themen ist eine geflügelte weibliche Figur, die allgemein als potnia theron, als Herrin der Tiere bezeichnet wird (Abb. 51. Taf. V). Unter diesem Begriff werden die unterschiedlichsten Erscheinungsformen einer Gottheit zusammengefaßt, die in dieser Epoche als Natur- und Muttergottheit von großer Bedeutung ist. Auf den Schmuckblechen finden wir sie flankiert von zwei Löwen, die an ihr hochspringen oder die sie an den Schwänzen packt. Auf anderen Stücken hält sie einen Vogel in jeder Hand oder sie hebt diese seitlich in die Höhe beziehungsweise hält sie vor ihre Brust. In den gleichen Bereich gehört auch die Darstellung der Bienengöttin oder „Melissa", eines Mischwesens aus nacktem Frauenoberkörper und Bienenleib, das auf etwa einem Dutzend kleiner Goldplatten – alle aus einer Matrize – vorkommt und das auch gleichzeitige figürliche Anhänger zeigen (Abb. 52).

Eines der prägnantesten Motive auf den Schmuckblechen sind in Frontalansicht gezeigte großflächige Köpfe, deren schwere Haarmassen durch getriebene oder granulierte Linien vertikal zu einer sogenannten Etagenperücke gegliedert sind. Es sind typische Beispiele der dädalischen Kunst des 7. Jahrhunderts, die ähnlich auch in Ton, Bronze oder Stein bekannt sind. Interpretiert werden diese Köpfe als „Astarte im Fenster", ein ursprünglich phönizisches Motiv, das hier Eingang in die griechische Kunst findet. Seine Verwendung beschränkt sich nicht nur auf die Schmuckbleche. Wir finden die Köpfe auch auf kleinen, runden Goldblechen mit einer Öse auf der Rückseite und auf großen Rosetten (Abb. 54).

Weitere Themen sind Kentauren, Sphingen und Greifen, das heißt Motive, die uns auch in der gleichzeitigen ostgriechischen Keramik begegnen. Der Kentaur ist zu dieser Zeit noch eine Kombination von menschlichem Körper mit Beinen und Füßen in Frontalansicht und einem im Profil gezeigten Pferdekörper (Abb. 50). Erst später wird er in der griechischen Kunst durch die Verbindung eines vollständigen Pferdekörpers mit einem menschlichen Oberkörper abgelöst.

52 Rhodische Anhänger, Sirene u. Bienengöttin. Auf der Rückseite Ösen. Gold. H 3,7 bzw. 2,7 u. 2,4 cm. Kopenhagen, Nationalmuseum, Inv. 861. 650–600 v. Chr.

Die serienmäßige Wiederholung ein und desselben Motivs, die durch die wiederholte Verwendung von Matrizen ermöglicht wird, hat zur Folge, daß das Repertoire der Darstellungen nicht sehr groß ist. Variationen ergeben sich einmal durch unterschiedliche Detailangaben und durch die Verbindung eines Hauptmotivs mit verschiedenartigem Zusatzdekor. So zeigen die Platten (Abb. 51) alle die gleiche geflügelte Göttin in Frontalansicht mit seitlich ausgestreckten Fäusten, und tatsächlich entstammen sie alle einer einzigen Matrize. Auch die Granulation an den Flügeln und am Kopf ist jedes Mal sehr ähnlich. Nur bei dem Dekor der Gewänder erlaubte sich der Künstler gewisse Freiheiten. Jedes zeigt ein anderes Ornament. Die springenden Löwen zu Seiten der Göttin wurden mit Hilfe von zwei weiteren Matrizen hergestellt und dann auf das Grundblech gesetzt. Dadurch erklären sich die leichten Differenzen im Abstand der Figuren auf den einzelnen Platten.

Aus dem Rahmen der bisher beschriebenen Schmuckbleche fallen zwei besonders reich verzierte Stücke aus Kamiros, die sich jetzt in Paris befinden. Das eine zeigt auf einer länglichen Platte unter einer Löwenmaske eine nackte weibliche Figur in Frontalansicht, ein in der griechischen Kunst dieser Zeit undenkbares Motiv, das auf syrische Vorbilder zurückgeht. Über diese Platte ist ein zweites Blech mit zwei Köpfen in Frontalansicht gesetzt, von dem seitlich ein Gehänge aus kurzen Kettenenden, Rosetten und Knospen herabhängt. Den Abschluß bildet schließlich eine reich granulierte Rosette, die einen Hakenansatz verdeckt. Noch üppiger ist der Dekor des zweiten Stücks, auf dessen Grundplatte ein vollplastischer Löwe aus Goldblech gesetzt ist, der einen Vogel ergreift. Den oberen Abschluß bilden Rosetten, während plastische Greifenköpfe die unteren Ecken füllen. Ein reiches Gehänge aus menschlichen Köpfen, kurzen Ketten und Knospen ist am unteren Rand befestigt.

Diese sehr fremdartig wirkenden Zierbleche illustrieren recht deutlich die Situation der inselgriechischen Goldschmiede der zweiten Hälfte des 7. Jahrhunderts. An orientalischen Vorbildern lernen sie, das flache, zweidimensionale Goldblech in vollplastische naturalistische Formen umzusetzen. Zusammen mit der Technik übernehmen sie die Ikonographie der Vorbilder, das heißt orientalische Themen und Dekorationsmotive. Diese sind griechischen Vorstellungen im Grunde fremd. Das führt zu dem Nebeneinander von souveräner Beherrschung der Goldschmiedetechnik und fehlendem klaren, künstlerischen Konzept.

Den Schmuckblechen stilistisch wie technisch eng verwandt sind eine Art *Schieber*, die auf Bänder aufgezogen werden konnten (Abb. 52). Sie zeigen die schon erwähnte Bienengöttin der Schmuckbleche oder Sphingen in Frontalansicht. Die Oberseite ist getrieben und der Kontur des Motivs folgend aus Goldblech ausgeschnitten. Wie bei den Schmuckblechen sind die Details durch Granulationslinien angegeben. Die Rückseite ist ein flaches Blech mit einer bandartigen Öse. Die Verwendung dieser Ornamente ist nicht ganz klar. Vielleicht wurden sie auf textile Bänder gezogen als Halsschmuck getragen, aber es ist auch nicht ausgeschlossen, daß sie direkt am Gewand befestigt wurden oder eine ähnliche Funktion hatten wie manche inselgriechischen Rosetten, die auf Bänder gezogen die Stirn schmückten.

Kopfputz scheint eine wichtige Rolle gespielt zu haben. Auf Rhodos, Thera, Melos und Kos wurden zahlreiche *Diademe* oder Teile von ihnen gefunden (Abb. 53–55). In ihrer einfachsten Form sind es schlichte Goldbänder mit punzierten Rosetten. Aufwendigere Stücke bestehen aus Goldblechstreifen, auf die separat gearbeitete Omphalosrosetten gesetzt sind (Abb. 53). Ein Fragment im Benaki Museum läßt vermuten, daß ursprünglich noch wesentlich prachtvollere Diademe existierten. Es ist ein Goldblech, auf dem getriebene schreitende Sphingen mit aufgesetzten Rosetten abwechseln. Üppige Granulation unterstreicht die dekorative Wirkung.

53 Rosettengeschmücktes Diadem von Kamiros auf Rhodos. Elektron, L 24 cm. Boston, Museum of Fine Arts, Inv. 99.436.
Zweite Hälfte des 7. Jh. v. Chr.

In den Bereich der Diademe gehören auch einzelne Rosetten unterschiedlicher Größe und Qualität, die ursprünglich auf Stoffbänder oder Schnüre, also ein vergängliches Material, gezogen waren und die deshalb auf ihrer Rückseite eine flache Öse haben (Abb. 54). Daß damit orientalische Vorbilder nachgeahmt werden, zeigt die Darstellung von Rosettendiademen in der neuassyrischen Kunst und auf phönizischen Elfenbeinen. Sehr gut illustriert zum Beispiel eine auf Samos gefundene Elfenbeinstatuette das Tragen solcher Rosetten. Ein etwas späteres Beispiel ist eine dreifache Fuchsschwanzkette aus einem skythischen Grabfund des 6. Jahrhunderts, dem sogenannten Melgunov Schatz. Neun granulierte Rosetten mit dreifacher Öse auf der Rückseite sind auf sie geschoben (Abb. 55). In einem Grab in Praisos auf Kreta wurden drei große, silberne Rosetten noch in situ auf der Stirn der Toten gefunden. Das Band, das sie ursprünglich hielt, war aus vergänglichem Material.

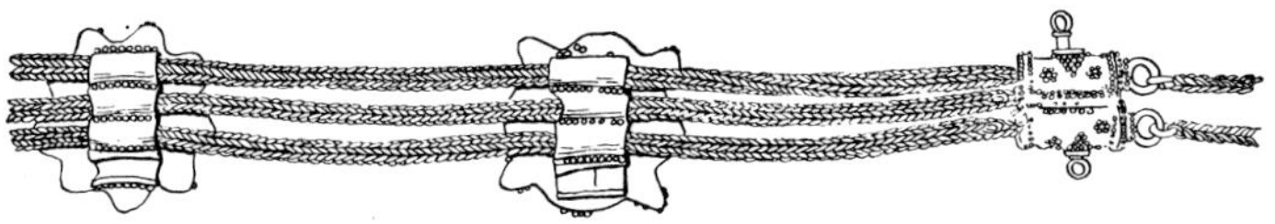

55 Halskette oder Kopfschmuck mit Goldrosetten. Rückseite. Südrußland, Melgunow Schatz. Leningrad, Eremitage. 6. Jh. v. Chr.

Durch einen besonders reichen plastischen Dekor zeichnen sich mehrere, im Durchmesser fast fünf Zentimeter große Rosetten aus (Abb. 54). Da die meisten auf der Insel Melos gefunden wurden, wurde die Existenz einer melischen Werkstatt vermutet, die sich auf ihre Herstellung spezialisierte. Sie werden deshalb gern als melische Rosetten bezeichnet, obwohl kein Grund besteht anzunehmen, daß ähnliche Stücke nicht auch in anderen Zentren hergestellt worden sind. Stilistisch zumindest entsprechen sie den üblichen inselgriechischen Goldschmiedearbeiten. Die Rosetten bestehen aus einem entsprechend zugeschnittenen Grundblech, bei dem durch Treibarbeit die Blütenform leicht angedeutet ist. Aufgesetzter Kordeldraht und Granulation verstärkt den naturalistischen Effekt. Individuell verschieden sind dann auf die einzelnen Blütenblätter zusätzliche Ornamente gesetzt. Dies können Granulationskugeln, separat gearbeitete Rosetten, Sterne, menschliche Köpfe in en face Ansicht, vollplastische Greifen, Stier- oder Schlangenköpfe sein, und sogar kleine Bienen und Fliegen (Taf. VI).

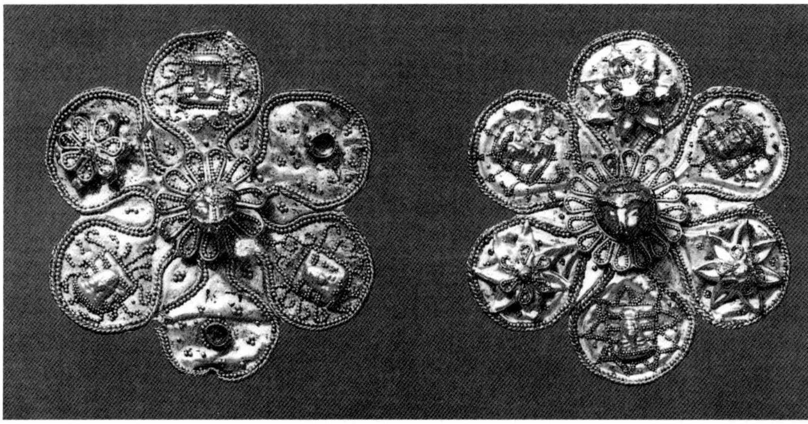

54 Sog. Melische Rosetten. Teile von Diademen. Inselgriechisch. Gold. Dm 3,3 bzw. 4,3 cm. Zur Funktion vgl. Abb. 55. Kopenhagen, Nationalmuseum, Inv. 475. Bologna, Museo Civico, Inv. P 301. London, British Museum, BMCJ 1231. 650–600 v. Chr.

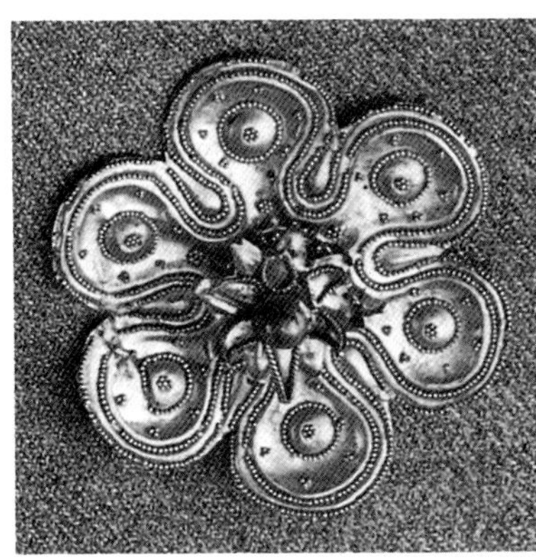

56 a. Ohrgehänge mit Greifenköpfen. Elektron. b. Rosette mit Greifenkopf. Elektron, Dm 4,3 cm. Boston, Museum of Fine Arts, Inv. 99.378/9. Zweite Hälfte 7. Jh. v. Chr.

Der typische *Ohrschmuck* des 7. Jahrhunderts ist auf den griechischen Inseln die nach unten offene Spirale. In ihrer einfachsten Form ist es ein zu einem leicht in sich selbst gedrehten Omega gebogener Gold-, Elektron-, Silber- oder Bronzedraht. Seine Enden sind nach oben zurückgebogen und durch Riefelung oder eine manschettenartige Verdickung, oft auch durch aufgesetzte kleine Blechscheiben verziert. Solche Spiralen begegneten uns bereits in rhodischen Gräbern des 8. Jahrhunderts, später auch in Ephesos.

Etwa von der Mitte des 7. Jahrhunderts an wird die nach unten ebenfalls offene, haarnadelartig bis zu einer Länge von sieben Zentimetern gezogene Spirale sehr populär (Abb. 56–59). Ihre zurückgebogenen Enden tragen aufgesetzte runde Blechscheiben. Daraus entwickeln sich dann krönende Zierscheiben mit schmükkenden Drähten, Granulation, Rosetten und sogar plastischen Greifenköpfen (Abb. 57). Eine dritte Zierscheibe konnte den oberen Scheitel der Spirale verdecken, in den ein kleiner Ring einge-

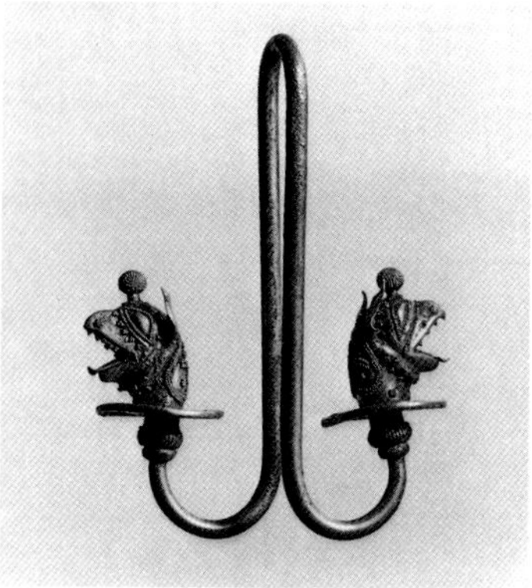

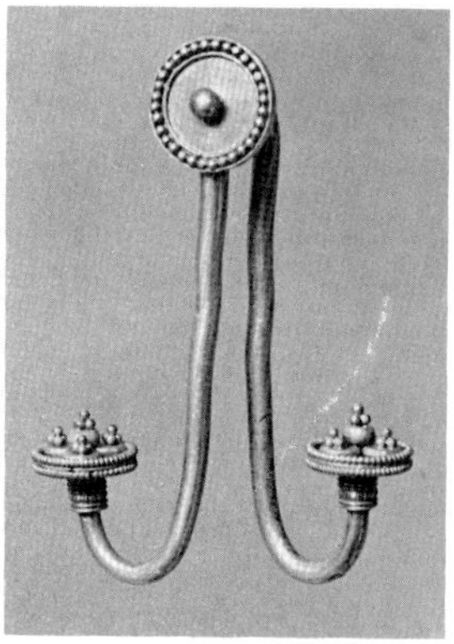

57 Ohrgehänge mit Greifenkopf von der Insel Melos. Gold, H 6 cm. Berlin, Antikenmuseum, Inv. GI 141. Zweite Hälfte 7. Jh. v. Chr.
58 Ohrgehänge von der Insel Melos. Gold, H 7,4 cm. Berlin, Antikenmuseum, Inv. Nr. GI 140. Zweite Hälfte des 7. Jh. v. Chr.
59 Ohrgehänge. Inselgriechisch. Gold, H 4,9 cm. Hamburg, Museum für Kunst und Gewerbe, Inv. 1924,4. 650–600 v. Chr.

60 Fragment einer melischen Amphora. Weibliche Figur mit Ohranhängern ähnlich denen Abb. 57–59. Berlin, Staatliche Museen. Spätes 7. Jh. v. Chr.

hängt wurde. Er diente der Befestigung des Gehänges am Ohr (Abb. 58–59). Darstellungen auf melischen Amphoren des späten 7. Jahrhunderts erwecken den Eindruck, daß die langgezogenen Spiralen so getragen wurden, daß nur ihr eines Ende sichtbar war, während das zweite vom Haar verdeckt wurde (Abb. 60). Dies ist jedoch wenig wahrscheinlich, denn beiden Enden ist bei der Herstellung die gleiche Sorgfalt gewidmet worden. Allerdings sind die Paare so gearbeitet, daß die leichte Drehung innerhalb der Spiralen sich danach richtet, ob sie für das linke oder rechte Ohr gedacht sind.

Die meisten auf Rhodos gefundenen *Halsketten* setzen sich aus Fayencegliedern und -perlen ägyptischer oder phönizischer Provenienz zusammen. Dazu kommen gerippte Goldperlen, ein Standardtyp archaischer Goldschmiedekunst. Elfenbein, Bein und Bernstein – so reichlich vorhanden in Griechenland und im westlichen Kleinasien – waren entweder Mangelware oder wurden nicht geschätzt. Wie schon die bemalten Terrakotten des 7. Jahrhunderts zeigten, kombinierte man Perlenketten gern mit einem größeren zentralen Anhänger (vgl. Kap. 9). Häufig ist das der T-förmige, mit Filigran und Granulation verzierte Goldblechanhänger, der bereits im Zusammenhang mit den Funden aus dem Heiligtum der Artemis Orthia erwähnt wurde (Abb. 45).

Die wohl prachtvollste Halskette dieser Epoche wurde im Aphrodite Heiligtum von Arsos auf Zypern gefunden (Abb. 61. Taf. VII). Sie ist aus vierzig Goldperlen zusammengesetzt, bei denen nicht wie sonst üblich das Goldblech gerippt ist. Vielmehr deuten Granulationsreihen eine Riefelung an. Ihr zentraler Anhänger ist ein viereinhalb Zentimeter hoher Zylinder aus rötlichem Achat, über dessen Enden Goldblechhülsen mit einem dichten Muster granulierter Rhomben und Dreiecke gestülpt sind. In die Kette eingefügt wird der Anhänger mittels einer zylindrischen Goldblechöse, an die sich eine kleine Biene, flankiert von zwei Uräusschlangen mit den Kronen Ober- und Unterägyptens lehnt.

Trotz dieses eindeutig ägyptischen Motivs gehört die Kette von ihrer Ornamentik wie von der Technik her in den Bereich der

61 Halskette von Arsos auf Zypern. Inselgriechisch. Granulierte Goldperlen. Achatanhänger in reich verzierter Goldfassung, vor der Öse Uräusschlange. L 33 cm, H des Anhängers 4,5 cm. s. Taf. VII. Nikosia, Cyprus Museum.
Spätes 7. Jh. v. Chr.

inselgriechischen Goldschmiedekunst des 7. Jahrhunderts. Der plastische Dekor mit seiner Licht- und Schattenwirkung und der additive Aufbau aus vielen kleinen Einzelornamenten verraten den gleichen Geist wie die rhodischen Schmuckbleche und die melischen Prunkrosetten (vgl. Taf. V. VI. Abb. 54).

Eine etwas schlichtere Variante des zylinderförmigen Anhängers ist der bereits erwähnte Glasanhänger aus der Gegend von Tarent (Abb. 43). Anstelle des Achats haben wir hier einen blau-gelb gestreiften, wohl phönizischen Glaszylinder, dessen Goldfassung mit ihrem einfachen Zungenmuster einen völlig anderen Geist als inselgriechischer Schmuck verrät. Der Vergleich zwischen den beiden Stücken illustriert deutlich die unterschiedlichen stilistischen Strömungen in der früharchaischen Goldschmiedekunst.

Daß das Repertoire inselgriechischen Halsschmucks größer gewesen sein wird, als die wenigen erhaltenen Beispiele vermuten lassen, zeigen zwei rhodische Ketten. Die eine ist ein Zufallsfund von Kamiros, die andere ein Fragment unbekannter Provenienz im Britischen Museum. Beide sind bandartige Fuchsschwanzketten, auf denen in regelmäßigen Abständen kleine granulierte Goldblechrosetten befestigt sind. Goldkapseln mit getriebenen Löwenmasken auf ihrer Vorderseite bilden den Abschluß. Die gleichen Matrizen, mit deren Hilfe diese Masken hergestellt wurden, nutzte der rhodische Goldschmied auch für die Produktion von Schmuckblechen. Kleine Ösen auf den Rückseiten der Kapseln sprechen dafür, daß die Ketten quer über die Brust getragen und mit Nadeln am Gewand befestigt wurden. Mit einer originalen Länge von ca. 6 Zentimetern wären sie zu kurz, um um den Hals gelegt zu werden.

V Schmuckblech von Rhodos. Geflügelte Herrin der Tiere mit zwei Löwen. Darüber Rosette mit plastischem Löwenkopf. Gold. H 6 cm. Berlin, Antikenmuseum, Misc. 8943. Zweite Hälfte 7. Jh. v. Chr.

VI Rosette aus Melos. In ihrer Mitte Vogel mit ausgebreiteten Schwingen, auf den sechs Blütenblättern abwechselnd nach außen gewandte Greifenköpfe und nach innen gerichtete Bienen. Goldblech, Filigran und Granulation. Dm 4,6 cm. Athen, Nationalmuseum. Zweite Hälfte 7. Jh. v. Chr.

VII Kette aus Arsos/Zypern. Goldperlen und goldgefaßter Achatzylinder. Vor der Öse Uräusschlange. vgl. Abb. 61. H des Anhängers 4,5 cm. Nikosia, Cyprus Museum. Zweite Hälfte 7. Jh. v. Chr.

VIII Kette aus Melonenperlen, Blütenknospen und vasenförmigem Anhänger. Von Zypern. vgl. Abb. 88. Gold. L 28,5 cm. Kunsthandel.
Erste Hälfte 5. Jh. v. Chr.

62 Ägyptisierender Fingerring aus einem Grab von Kamiros auf Rhodos. Gold, Dm 2,4 cm. London, British Museum, BMCR 15. Zweite Hälfte 7. Jh. v. Chr.

Armreifen gehören nicht zu den besonders häufig vorkommenden Schmuckformen des 7. Jahrhunderts. Goldarmreifen waren wegen des notwendigen hohen Materialaufwands zu kostspielig und so finden wir auch auf den Inseln vor allem Armschmuck aus Bronze. Von Rhodos kommen schlichte Reifen aus Bronze oder versilberter Bronze, auf deren offene Enden hülsenartig goldene Löwenköpfe geschoben sind.

Als *Fingerringe* finden wir einfache Reifen aus Bronze, Silber oder Gold. Dazu kommen aus rhodischen und zyprischen Gräbern der zweiten Hälfte des 7. Jahrhunderts die ersten Kartuschenringe (Abb. 62). Dies ist ursprünglich eine ägyptische Form, die von den Phöniziern übernommen wurde, durch die sie wiederum die griechischen und etruskischen Goldschmiede kennenlernten. Sie besteht aus einer längsovalen, kastenförmigen Platte mit eingravierter figürlicher Darstellung, die zwischen die Enden eines runden Reifen eingefügt ist. Außer Importen wie dem abgebildeten Stück, wurde in einem Grab in Ialysos, das durch keramische

Beifunde in die Zeit kurz vor 600 datiert wird, der vielleicht älteste griechische Kartuschenring gefunden. Er ist aus Silber und trägt auf der Platte in der zu dieser Zeit üblichen bustrophedonen Schreibweise einen Hinweis auf seine Besitzerin: Elephantidos eimi.

12. Kapitel

SCHMUCK DER ARCHAISCHEN ZEIT
ca. 600 – ca. 480 v. Chr.

Obwohl nur verhältnismäßig wenig Schmuck dieser Zeit im Original erhalten ist, können wir uns durchaus ein Bild von der Goldschmiedekunst und den bevorzugten Formen der archaischen Epoche machen. Die wenigen Funde werden durch oft recht genaue Wiedergaben von Schmuckstücken in der bildenden Kunst ergänzt. Gehen wir von diesen Darstellungen aus, so muß sich das 6. und frühe 5. Jahrhundert geradezu durch eine Begeisterung für Schmuck ausgezeichnet haben. Auf Terrakottafiguren sind Schmuckstücke aufgemalt, bei Bronzefiguren mitgegossen. Eine besonders ergiebige Quelle ist natürlich die Vasenmalerei. Und nicht vergessen werden sollten Münzen, auf denen weibliche Köpfe häufig Hals- und Ohrschmuck tragen. Die Koren der Akropolis in Athen trugen farbig aufgemalten oder im Relief angegebenen Schmuck und manchmal war er sogar separat aus Metall gearbeitet, wie die für seine Befestigung vorgesehenen Löcher im Marmor der Statuen zeigen.

Halsschmuck, Ohrschmuck in einer Vielfalt von Formen, Spiralarmreifen und Fingerringe sind vertreten. Dazu kommen Diademe und Kränze. Fibeln und Nadeln verlieren ihre Bedeutung, je mehr der auf den Schultern geschlossene Chiton den Peplos ablöst. Aber es dauert noch einige Zeit, bis sie ganz verschwinden. Formal wie stilistisch werden die verschiedenen Strömungen der Goldschmiedekunst des 7. Jahrhunderts fortgesetzt und gleichzeitig auf einen gemeinsamen Nenner gebracht. Die klaren Linien und ausgewogenen Formen, die bereits den Schmuck des 7. Jahrhunderts aus Griechenland selbst bestimmten, dominieren. Ergänzend kommt dazu eine größere technische Souveränität, deren Ergebnis die Fähigkeit ist, aus planem Goldblech dreidimensionale Ornamente zu gestalten. Dies und die Tendenz zu einem reichen, naturalistischen Dekor ist der Beitrag vor allem der inselgriechischen Goldschmiede.

War das 7. Jahrhundert noch eine Epoche des Lernens und auch der Experimente, so folgt jetzt die Zeit der Konsolidierung, in der eine Reihe von Standardtypen entsteht, die in den folgenden zwei Jahrhunderten zum festen Repertoire griechischer Goldschmiedekunst gehören. Dazu zählen kegelförmige Ohranhänger (Abb. 63. 73ff.), scheibenförmiger Ohrschmuck (Abb. 72) und eichelförmige Kettenanhänger (Abb. 68) ebenso wie Schlangenarmreifen und bestimmte Ringformen.

Als *Halsschmuck* haben wir nach wie vor eng um den Hals gelegte Bänder aus Stoff, die mit eingewebten oder aufgestickten Mustern verziert sind. Rote und grüne Farbspuren sind an den Halsbändern mehrerer Koren von der Akropolis erhalten. Eine Terrakottafigur aus Ephesos trägt ein mit einem Mäander verziertes Band. An den Bändern hängt entweder ein größerer Einzelanhänger oder mehrere kleinere, die alle in der Form und Größe übereinstimmen. Ein typisches Beispiel für den Halsschmuck der ersten Hälfte des 6. Jahrhunderts ist das rot bemalte Band mit drei gleichmäßigen gelben – also ursprünglich wohl goldenen – Anhängern, das die um 570/560 datierte sogenannte Berliner Göttin trägt (Abb. 63). Die spitzovale Form kennen wir in Originalen aus Bronze, Bein oder Bernstein. Daneben gibt es ovale Anhänger und kugelige, die an winzige Aryballoi erinnern. Das sind Formen, die wir bereits aus früharchaischer Zeit kennen. Alle haben entweder einen horizontal durchbohrten, zylindrischen Hals, der als Öse fungiert (Abb. 64. 65) oder aber die schon aus dem späten 7. Jahrhundert bekannte T-förmige Öse (vgl. Abb. 45).

Nur ausnahmsweise erhalten sind vertikal gerippte Anhänger mit Filigranauflagen. Ein typisches Beispiel dafür – und einer der wenigen erhaltenen goldenen Anhänger – kommt aus einem Tarentiner Grab des 6. Jahrhunderts (Abb. 64), ein ähnliches aus dem Poseidon Heiligtum von Isthmia. Ihr Dekor ist noch verhältnismäßig schlicht, aber schon gegen Ende des 6. Jahrhunderts können wir mit reicher verzierten Stücken rechnen, deren Körper Golddrahtpalmetten und -ranken überziehen (Abb. 65).

63 Sog. Berliner Göttin. Attische Kore von Keratea mit Ohrschmuck und Halsband. Berlin, Staatliche Museen. Ca. 570–560 v. Chr.

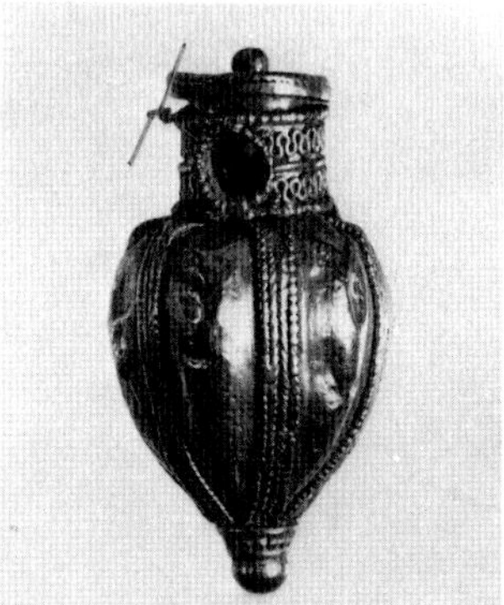

64 Anhänger aus Tarent. Goldblech und Filigran. H 2,5 cm. Tarent, Museo Archeologico Nazionale. 6. Jh. v. Chr.
65 Anhänger. Goldblech und Filigran. H ca. 2,4 cm. Athen, Museum Benaki, Inv. 1526. Spätes 6. Jh. v. Chr.

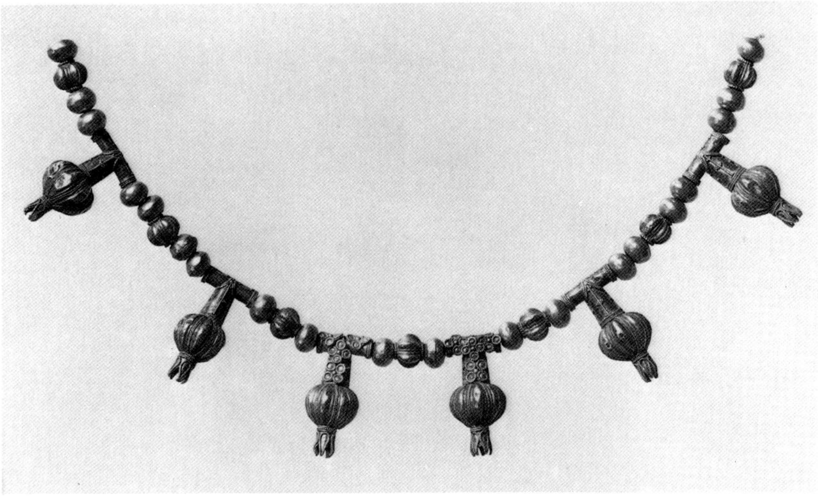

66 Halskette mit Granatapfelanhängern an T-förmigen Ösen. Aus Eretria auf Euboia. Gold. L 27 cm, H eines Anhängers 3,3 cm. Berlin, Antikenmuseum, Inv. GI 11. Mitte 6. Jh. v. Chr.

Goldene Einzelanhänger wurden aber nicht nur an Bändern getragen, sondern auch mit Perlenketten, der zweiten Halsschmuckform dieser Epoche, kombiniert. Ein Beispiel dafür ist eine Halskette aus schwarzen und weißen Fayenceperlen und einem Goldanhänger mit T-förmiger Öse, die in einem archaischen Depot in Toccra auf der Kyrenaika gefunden wurde.

Schon um die Mitte des 6. Jahrhunderts wird der Halsschmuck phantasievoller. So trägt die in diese Zeit datierte Phrasikleia, eine attische Kore, die erst vor wenigen Jahren in der Nähe von Athen gefunden wurde, eine im Relief ausgearbeitete Halskette, die abwechselnd aus größeren, ovalen Anhängern an T-förmigen Ösen und kleineren, kugeligen Perlen mit Querösen besteht. Wie dieser eindrucksvolle Halsschmuck im Original ausgesehen haben wird, zeigt eine in Eretria gefundene Kette, die gleichzeitig das hohe Niveau der griechischen Goldschmiedekunst dieser Epoche illustriert (Abb. 66). Zwischen melonenförmige und glatte Gold-

67 Halskette aus gerippten Perlen und Schmuckblechen mit getriebenen Frauenköpfen. Aus Ruvo/Unteritalien. Gold. H eines Anhängers ca. 2 cm. Tarent, Museo Archeologico Nazionale. Erste Hälfte 6. Jh. v. Chr.

perlen sind große T-förmige Ösen mit stilisierten Granatäpfeln als Anhänger gesetzt. Perldraht und Granulation unterstreichen die einzelnen, sorgfältig ausgearbeiteten Details, so daß die Kette trotz ihrer klaren, ja strengen Gliederung reich und prunkvoll wirkt.

Einen eher retardierenden und provinziellen Eindruck macht dagegen eine in Ruvo in Süditalien gefundene Kette, die ebenfalls um die Mitte des 6. Jahrhunderts entstanden ist (Abb. 67). Zwischen ihre geriefelten Goldblechperlen, ein Typ der schon im 8. und 7. Jahrhundert verbreitet ist, sind an zylindrischen Ösen rechteckige Goldbleche mit getriebenen Frauenköpfen eingefügt, die an rhodische Schmuckbleche des 7. Jahrhunderts erinnern (vgl. Abb. 50. Taf. V). Sie belegen, daß die Tradition der inselgriechischen Schmuckformen noch für eine gewisse Zeit fortgeführt wurde. Anschließen läßt sich der aus getriebenen Löwenmasken zusammengesetzte Halsschmuck eines in Delphi gefundenen archaischen Gold-Elfenbeinstandbildes, das allerdings etwas später entstanden ist.

Um die Mitte des 6. Jahrhunderts kommen zu den bisher genannten Anhängerformen als völlige Neuschöpfung stilisierte Eicheln. Aus zwei getriebenen Goldblechhälften zusammegesetzt und in ihrer oberen Partie straffiert, gehen sie in einen zylindrischen Hals und dann in eine perlartige Öse über (vgl. Abb. 68). Auf den Hals können kleine Zierornamente wie Rosetten oder Kreise gesetzt sein. Das älteste datierte Beispiel sind die Eichelanhänger aus einem Mädchengrab in Gordion in Phrygien aus der Zeit um 560. Nich viel später wird eine Gruppe von Halsketten entstanden sein, die in Gräbern von Eretria gefunden wurden (Abb. 68). Sie vereinen alle wichtigen Schmuckglieder archaischer Halsketten: melonenförmige Perlen, ovale Anhänger und schließlich die Eicheln. Diese müssen sehr schnell großen und auch dauerhaften Anklang gefunden haben und sie bewahren sich ihre Popularität bis in das späte 5. Jahrhundert.

Ein weiteres charakteristisches Schmuckelement dieser Epoche ist der zwischen die aufgereihten Anhänger eingefügte einzelne Tierkopfanhänger. Das kann ein Löwenkopf sein – wie bei der einen Kette von Eretria, ein Stier- oder auch ein Widderkopf (Abb. 69). Bei allen ist eine gewisse Variation der Detailangaben zu beobachten. Manchmal sind die Stirnlocken sehr abstrakt durch Granulationsdreiecke angedeutet, manchmal etwas naturalistischer durch aufgesetzte Filigrankreise und kleine Goldperlen. Gemeinsam ist ihnen eine breite zylindrische Öse, die durch aufgesetzte Zierbleche verdeckt wird. Daran schließt sich bei den Ketten von Eretria ein zweites Blech mit zwei winzigen, getriebenen Frauenköpfen in Frontalansicht an, deren Abhängigkeit von früheren inselgriechischen Schmuckblechen des 7. Jahrhunderts nicht zu übersehen ist (vgl. Abb. 51 ff.).

Daß Tierkopfanhänger zum festen Formenbestand gehört haben müssen, bestätigen Darstellungen auf Vasen. Eine plastische Vase in Form einer Frauenbüste aus dem zweiten Viertel des 6. Jahrhunderts, jetzt im Britischen Museum, zeigt an einer einfachen Perlenkette einen Stierkopf, den wir uns ähnlich wie die von Eretria vorstellen müssen (vgl. Abb. 68). Ebenfalls ein Stierkopf hängt von einer Kette aus Zierperlen herab, die auf den Hals einer um 520 datierten Caeretaner Hydria gemalt ist.

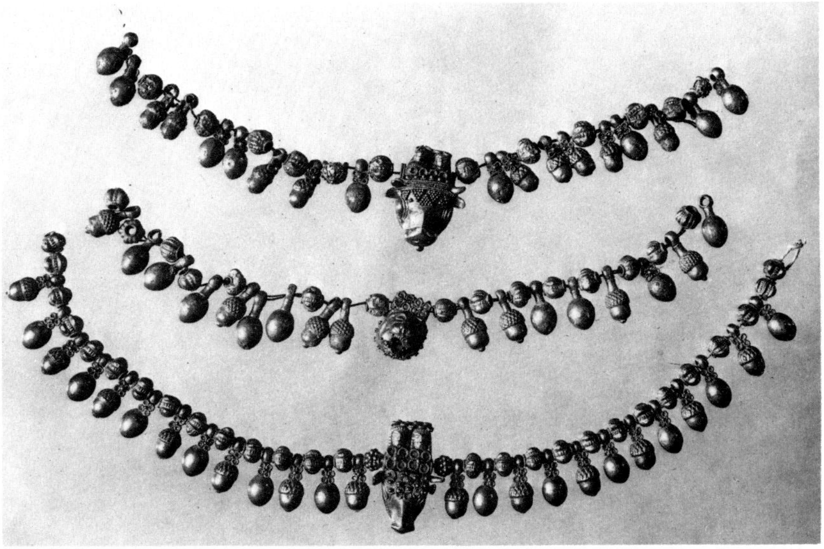

68 Drei Halsketten aus Eretria auf Euboia. Gold. H eines Anhängers ca. 1,5 cm. Athen, Nationalmuseum. Spätes 6. Jh. v. Chr.

69 Halskette aus Granulations- und Melonenperlen. Als zentraler Anhänger ein Widderkopf mit reich verzierter Öse. Aus Eretria. Gold. L 26 cm, H des Widderkopf 1,5 cm. Berlin, Antikenmuseum, Inv. GI 15. Spätes 6. Jh. v. Chr.

Aus Eretria soll auch eine Halskette aus melonenförmigen und vollständig granulierten Goldperlen und einem Widderkopfanhänger kommen, die zu den bedeutendsten Schmuckstücken dieser Zeit gehört (Abb. 69). In allen Details verrät sie das hohe künstlerische Niveau griechischer Goldschmiede der zweiten Hälfte des 6. Jahrhunderts.

An das Ende der archaischen Epoche bringen uns zwei Halsketten aus Grabhügeln von Duvanli in Bulgarien. Hier, im antiken Thrakien, existierten vor allem an der Küste griechische Kolonien, in denen Kunsthandwerker meist nach eigenen Vorstellungen, manchmal auch unter Berücksichtigung lokaler Ideen für die thrakische Oberschicht arbeiteten. Die Kette aus dem Muschowitza-Hügel, einer in das späte 6. bzw. frühe 5. Jahrhundert datierten Grabanlage ist ein unverfälschtes Produkt griechischer Goldschmiedekunst (Abb. 70). Sie verbindet gerippte Goldperlen, die allerdings nicht mehr die sorgfältige Arbeit der Melonenperlen von Eretria (Abb. 69) zeigen, mit runden, leicht gewölbten Anhängerscheiben an typisch archaischen Zylinderösen. Die in dieser Zeit immer wieder festzustellende Tendenz zu floralem Dekor, ein Erbe der inselgriechischen Goldschmiede, zeigt sich in den separat gearbeiteten Rosetten, die umgeben von einer Randbordüre aus granulierten Dreiecken auf die Scheibenmitte gesetzt sind.

Aus der gleichen Werkstatt wird eine Halskette aus dem Arabadshijska-Hügel von Duvanli stammen, obwohl dieser erst gegen die Mitte des 5. Jahrhunderts datiert wird. Sie ist alternierend aus bikonischen Perlen mit Filigranauflagen und gewölbten Scheiben, ähnlich denen der Kette aus dem Muschowitza-Hügel, zusammengesetzt. Ihr Zentrum nimmt ein etwas kleinerer Anhänger mit T-förmiger Öse ein. Die filigranbesetzten bikonischen Perlen erinnern an die der zyprischen Kette von Arsos (Abb. 61. Taf. VII), und diese Übereinstimmung läßt vermuten, daß sie einen verbreiteten Typ repräsentieren.

Noch abwechslungsreicher als der Halsschmuck ist in archaischer Zeit der *Ohrschmuck*. Mit einem Haken am Ohr befestigte kegelförmige Anhänger (Abb. 73), Reifen mit und ohne Anhänger

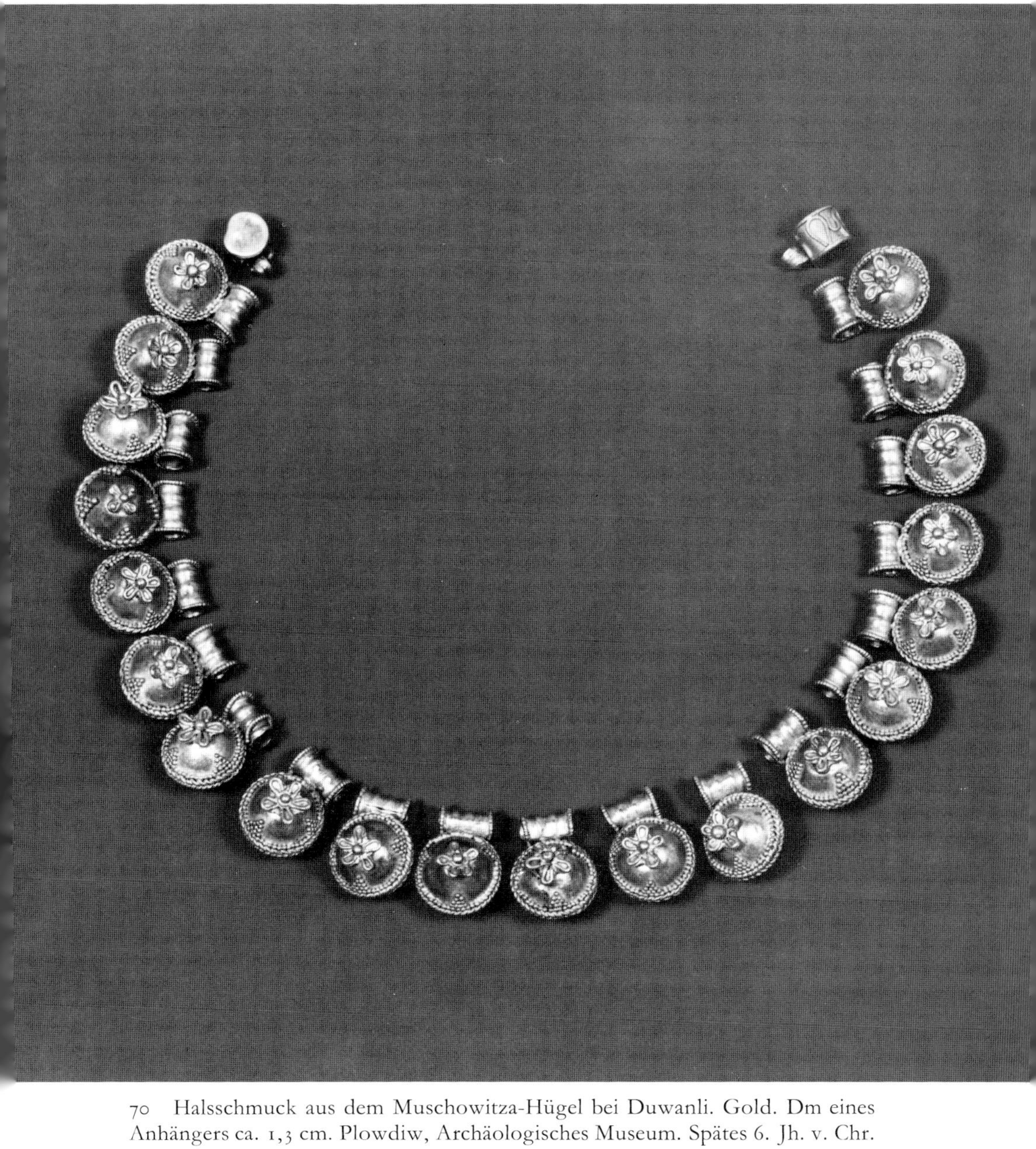

70 Halsschmuck aus dem Muschowitza-Hügel bei Duwanli. Gold. Dm eines Anhängers ca. 1,3 cm. Plowdiw, Archäologisches Museum. Spätes 6. Jh. v. Chr.

72 Attische Tetradrachme. Athena mit großem Scheibenohrring. Basel, Münzen und Medaillen AG. Mitte des 6. Jh. v. Chr.

73 Korinthischer Stater. Athena mit einem Ohranhänger ähnlich dem von Abb. 74. Basel, Münzen und Medaillen AG. Gegen 490 v. Chr.

(Abb. 77), Spiralen (Abb. 79. 80) und runde Zierscheiben (Abb. 72) ähnlich den modernen Ohrsteckern mit einem kleinen Stift auf der Rückseite sind die Grundformen. Dazu kommen einige Varianten, die nur aus der Vasenmalerei bekannt sind. Daß es sich dabei nicht um Phantasieprodukte der Vasenmaler handelt, ist anzunehmen und wird zudem durch spätere Originale gleicher Form bestätigt. Ein Beispiel dafür ist der Ohrschmuck einer Mänade auf einer um 530 datierten Amphora des Amasis-Malers, der aus einem kleinen Steg – oder einer Platte – besteht, von dem flankiert von zwei kurzen Perlketten ein ovaler Anhänger herabhängt. Ähnliche Stücke begegnen uns im Original erst im 4. Jahrhundert, aber es ist keine Frage, daß ihre Vorläufer bereits im späten sechsten existierten.

Die Berliner Göttin (Abb. 63) trägt schlichte, kegelförmige Anhänger mit einer kleinen Goldkugel an der Spitze und einem breiten Haken, der durch das Ohrläppchen führt. Daß wir sie uns aus Gold gearbeitet denken müssen, verrät die gelbe Bemalung. Unter Verzicht auf Detailangaben scheinen sie eine Ohrschmuckform wiederzugeben, die uns zum ersten Mal in dem in früharchaische Zeit datierten Fundkomplex von Argos in der Samm-

71 Ausschnitt einer Schale des Oltos. Weibliche Figur mit Ohrschmuck und Schlangenarmreif. Tarquinia, Museo Nazionale. Um 520/510 v. Chr.

lung Stathatos begegnete (vgl. Kap. 9). Es sind kegelförmige Anhänger, die aus großen, hohlen Kugeln und Zierdrähten zusammengesetzt sind. Ihren oberen Abschluß bildet eine quadratische Platte, an der gleichzeitig der lange Haken befestigt ist.

Für das frühe 6. Jahrhundert ist das Vorkommen dieses Typs durch ein silbernes Paar aus einem Grab in Isthmia belegt. In Bein oder Bronze gearbeitet kennen wir die Form aus den griechischen Heiligtümern. Wie weit verbreitet sie bereits gegen Ende des 6. Jahrhunderts gewesen sein muß, dokumentiert die Vasenmalerei. Auf einer um 520/510 datierten Schale des Oltos hängt ein solcher Kegel als Anhänger von einer runden Scheibe herab (Abb. 71). Auf einem Stamnos in Würzburg aus der Zeit gegen 500 wird sie mit einer omegaförmigen Spirale kombiniert (Abb. 81). Im frühen 5. Jahrhundert begegnet sie uns auf korinthischen Münzen (Abb. 73). Die weitere Entwicklung zeigt ein schon reicher verziertes Einzelstück unbekannter Provenienz im Benaki Museum, das mit seinem schlangenförmigen Haken, dem

Zungenmuster um die Platte und den applizierten Rosetten in das spätere 5. Jahrhundert gehören wird (Abb. 74). Dies ist die kanonische Form, die bis in das späte 4. Jahrhundert beibehalten und nur durch zusätzlichen Dekor ergänzt wird (Abb. 75).

Reifen mit einem schlichten Anhänger tragen unter anderem die in die Mitte des 6. Jahrhunderts datierte Phrasikleia und auch noch die Arethusa auf dem berühmten Demareteion von Syrakus aus der Zeit um 479 v. Ch. (Abb. 90). Nur selten sind sie im Original erhalten. Eine der wenigen Ausnahmen ist ein einzelner Ohrring im Benaki Museum (Abb. 76), dessen Spiralreif durch den Hals eines spitzovalen Anhängers geführt ist. Im Aufbau entspricht er archaischen Kettenanhängern (Abb. 64. 65) und es ist vorstellbar, daß die gleichen Stücke für beide Schmuckformen verwendet wurden.

Eine Weiterentwicklung früharchaischer Ohrreifen mit Filigranmanschetten stellen zehn goldene Ohrreifen aus dem in das späte 6. Jahrhundert datierten Muschowitza-Hügel von Duwanli dar (Abb. 77). Es sind nach unten hin leicht verdickte, halbrunde Reifen mit einem Dekor aus Filigran, Granulation und aufgesetzten Rosetten, die in einen Bügel aus dünnerem Golddraht übergehen. Sie stammen sicher aus der gleichen Werkstatt wie der mitgefundene Halsschmuck (Abb. 70).

Eine bisher nur in der Vasenmalerei und in der Großplastik der zweiten Hälfte des 6. Jahrhunderts belegte Ohrringform ist der glatte Reif mit drei Anhängern. Es ist eine Form, die uns bereits im 9. Jahrhundert in Lefkandi begegnete (Abb. 28), dann aber fehlt und plötzlich um 540 an der sogenannten Lyoner Kore und zehn Jahre später auf einer Amphora des Amasis-Malers wieder auftaucht. In allen Fällen sind am Reifen granulierte Anhänger starr befestigt.

Auf den ersten Blick entspricht dieser Form der auffällige Ohrschmuck auf einer um 515 datierten Amphora des Andokides-Malers (Abb. 78). Dargestellt sind aber drei in kleinen Kugeln endende Anhänger, die auf einen Drahtreifen gezogen, also nicht starr befestigt sind. Dazu kommt über dem obersten Anhänger ein kleines Ornament, das eigentlich nur als Rosette interpretiert werden kann.

74 Pyramidenförmiger Ohranhänger. Gold mit Filigran und Granulation. H 3,5 cm. Athen, Museum Benaki. Spätes 5. Jh. v. Chr.
75 Ohranhänger ähnlich Abb. 74. Gold mit Filigran und Granulation. H 3 cm. Basel, Münzen und Medaillen AG. 4. Jh. v. Chr.
76 Ohrreif aus Spiraldraht und vasenförmiger Anhänger. Gold, H 3,6 cm. Athen, Museum Benaki. Erste Hälfte 5. Jh. v. Chr.

77 Ohrreifen mit granuliertem Dekor und applizierten Blüten. Aus dem Muschowitza-Hügel bei Duwanli. Gold. Dm ca. 3,2 cm. Plowdiw, Archäologisches Museum. Spätes 6. Jh. v. Chr.

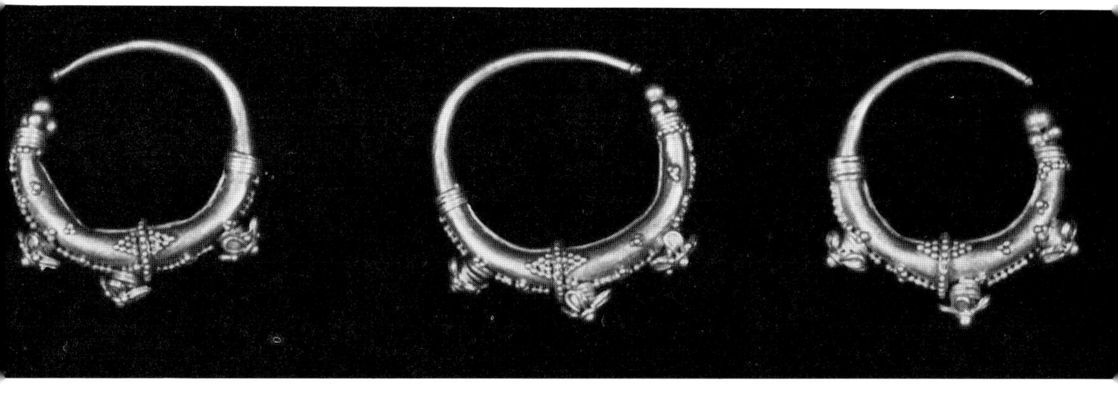

78 Ausschnitt einer Bauchamphora des Andokides-Malers. Am Kopf der weiblichen Figur Ohrreif mit Anhängern und applizierter Blüte (?). Berlin, Antikenmuseum. Um 515 v. Chr.

79 Omega-Spiralen mit Granulationspyramiden an den Enden. Ohrschmuck ▷ aus dem Muschowitza-Hügel bei Duwanli. Gold. H 3,6 cm. Plowdiw, Archäologisches Museum. Spätes 6. Jh. v. Chr.

80 Reich granulierte Goldspiralen. Ohrschmuck aus dem Arabadshijska-Hügel ▷ in Duwanli. H ca. 3 cm. Plowdiw, Archäologisches Museum. Erste Hälfte 5. Jh. v. Chr.

81 Ausschnitt eines Stamnos des Michigan-Malers. Am Ohr der Mänade ▷ Omega-Spiralen ähnlich Abb. 79 mit traubenförmigem Anhänger. Würzburg, Martin von Wagner Museum. 510/500 v. Chr.

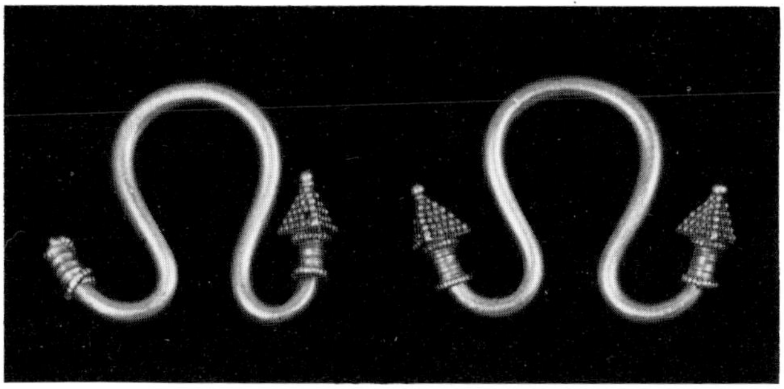

79

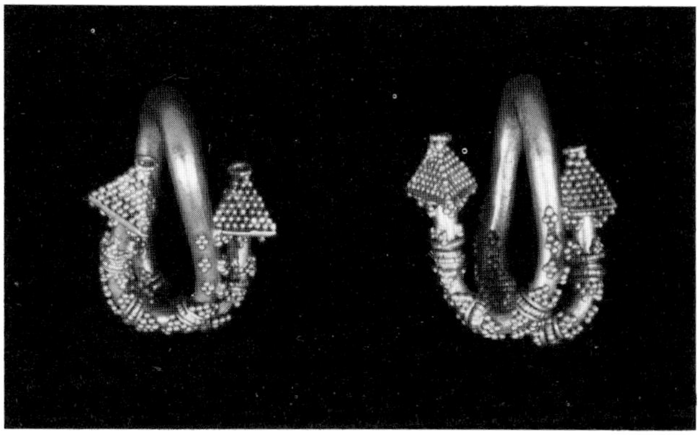

80

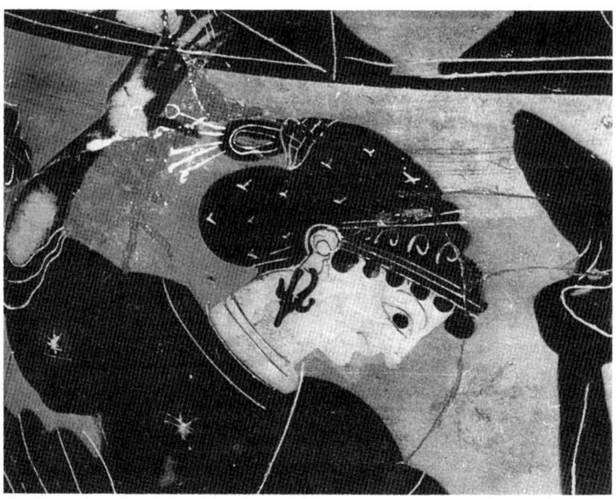

81

Schon gegen Ende des 7. Jahrhunderts sind die langen Ohrspiralen mit aufgesetzten Zierscheiben aus der Mode gekommen (vgl. Abb. 56ff.). Gehalten hat sich dagegen die Omegaspirale. Sie ist entweder nach unten offen (Abb. 79) oder zu einem Kreis gelegt (Abb. 80). Stets sind auf ihre Enden kleine Manschetten mit granulierten Pyramiden geschoben. Reiche Granulation kann zudem auch die Spirale überziehen, oder diese wird, wie auf einer in das auslaufende 5. Jahrhundert datierten Vase in Würzburg, mit einem kegelförmigen Anhänger kombiniert (Abb. 81). So überraschend es ist, so geht aus dieser Darstellung doch eindeutig hervor, daß der dicke Draht der Spirale direkt durch das Ohrläppchen geführt wurde. Datierte Paare kommen aus den thrakischen Grabhügeln des späten 6. und frühen 5. Jahrhunderts, weitere Stücke wurden in Griechenland selbst, auf den Inseln, in Kleinasien und sogar auf Sardinien gefunden.

Gehen wir von der bildenden Kunst aus, so ist die bei weitem beliebteste Ohrschmuckform der archaischen Zeit eine runde Zierscheibe, die mit einem kleinen, auf ihrer Rückseite angebrachten Stift am Ohr befestigt wird. Im Original kennen wir nur ein einziges silbernes Paar des 6. Jahrhunderts, das auf Rhodos gefunden wurde. Um so häufiger sind sie an Skulpturen, in der Vasenmalerei und auf Münzen dargestellt (Abb. 72). Mehrere Koren von der Akropolis tragen am Ohr Zierscheiben, die im Original einen Durchmesser von etwa vier Zentimetern gehabt haben müssen. Sie sind mit eingravierten oder gemalten Ornamenten wie Rosetten oder Voluten verziert. Rote, blaue und grüne Farbreste zeigen, daß es sich dabei nicht um Metallscheiben gehandelt haben kann. Als Material kommt nur Bein oder Elfenbein in Frage. Und das erklärt, warum sie im bekannten Denkmälerbestand zu fehlen scheinen. In den meisten griechischen Heiligtümern wurden tatsächlich runde, beinerne Scheiben unbestimmter Verwendung gefunden, von denen eine größere Anzahl Ohrschmuck gewesen sein wird. Metallspuren, die auf der Rückseite einzelner Scheiben von Perachora festgestellt wurden, sind die Reste des kleinen Bronzestiftes, mit denen sie am Ohr befestigt wurden.

Armschmuck dieser Epoche ist mit ganz wenigen Ausnahmen nur in Bronze erhalten. In der Form wird er sich nicht von den goldenen oder silbernen Exemplaren unterschieden haben. Armbänder sind selten im Vergleich zu den in einer oder mehreren Windungen gelegten Reifen mit profilierten offenen Enden, die oft zu stilisierten Schlangenköpfen gestaltet sind. Sie führen eine Form fort, die in der griechischen Goldschmiedekunst bereits auf eine gewisse Tradition zurückblickt. Ihre jetzt einsetzende große Beliebtheit, die sich durch die doppelte Funktion als Schmuck und Amulett erklärt, spiegeln noch mehr als die Funde die zahlreichen Wiedergaben in der Plastik und in der Vasenmalerei wieder.

Die Berliner Göttin trägt an ihrem linken Handgelenk einen Reifen mit zweifacher Windung und offenen, anscheinend unverzierten Enden. Am Armreifen der um 540 entstandenen Kore 685 sind dagegen die Schlangenköpfe deutlich zu erkennen. In der Vasenmalerei deuten verdickte Enden regelmäßig Schlangenköpfe an (Abb. 71).

Die Fülle der Darstellungen wird durch einige Fundstücke ergänzt. Vor allem aus Nordgriechenland, aus Olympia und von Sizilien kennen wir bronzene Schlangenarmreifen des 6. und frühen 5. Jahrhunderts. Ein Paar aus massivem Gold aus dem in das frühe 5. Jahrhundert datierten Kukowa-Hügel von Duvanli entspricht gleichzeitigen Bronzearmreifen. Die Details der Schlangenköpfe sind ornamental mit Hilfe von Filigran und Goldkugeln wiedergegeben. Bei anderen Stücken finden wir plastisch modellierte Köpfe und gravierte Schuppen. Einen besonders schönen bronzenen Schlangenreif des späten 6. Jahrhunderts aus Olympia ziert vom Kopfansatz bis auf den Reifen hin ein eingraviertes Palmettenornament. Und schon hier wie auch noch bei hellenistischen Armbändern deutet ein Mittelgrad den Schlangenleib an.

Rechnen können wir in dieser Epoche auch mit Armreifen, die in Löwenköpfen enden. Ein Beispiel dafür ist ein goldenes Paar aus dem bereits erwähnten Mädchengrab von Gordion aus der Zeit um 560 (Abb. 82). Auch hier wird an eine schon länger

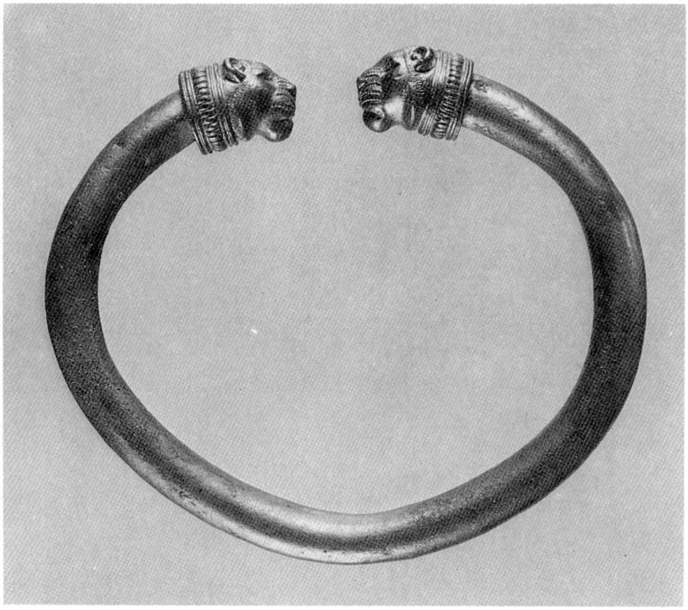

82 Goldener Armreif mit Löwenköpfen. Aus einem Mädchengrab von Gordion/Kleinasien. Dm 7,9 cm. Philadelphia, University Museum, Inv. 5-28-50. Um 560 v. Chr.

bestehende Tradition angeknüpft. Erste Beispiele für die Übernahme dieser ursprünglich orientalischen Form begegneten uns um 700 in Cumae (Abb. 30) und auf Rhodos.

Der typische *Fingerring* der ersten Hälfte des 6. Jahrhunderts ist der Kartuschenring, der auf ägyptische bzw. phönizische Vorbilder zurückgeht und schon gegen Ende des 7. Jahrhunderts von griechischen Goldschmieden übernommen wurde (vgl. Abb. 62). In seiner Grundform besteht er aus einer längsovalen Platte, die zwischen die Enden eines runden Reifs gesetzt ist. Schon früh versuchen die griechischen Goldschmiede, diese einfache Form zu variieren. Die Platte wird an den Längsseiten mit leichtem Schwung eingezogen, sie ist nicht mehr oval, sondern rechteckig oder sie wird durch Querrillen an ihren Schmalseiten gegliedert.

83 Fingerring. Auf der Platte eingravierter Delphin. Silber. Dm 2,1 cm. Privatbesitz. Zweite Hälfte 6. Jh. v. Chr.

Ein eigenständiger griechischer Entwurf scheinen Ringe zu sein, deren runder Reif in seinem oberen Teil so abgeflacht ist, daß eine rhombenförmige kleine Platte entsteht, in die der Dekor, meist ein laufendes Tier, eingraviert ist (Abb. 83). Solche meist silbernen Ringe wurden in Griechenland selbst, in Unteritalien, auf Sizilien und auch in Etrurien hergestellt. Eine seltenere Variante sind Ringe mit gleichmäßig dickem Reif, deren ovale Platte durch eine leichte Vertiefung der Oberfläche entsteht. Gegen Ende der archaischen Zeit wird die rhombenförmige bzw. rundliche Platte auch separat hergestellt und zwischen die Enden eines schlichten, schmalen Reifen gesetzt. Nur wenig verändert wird diese Form bis in das 4. Jahrhundert beibehalten.

Neben diesen verhältnismäßig einfachen Ringen, die oft aber durch die reizvolle Gravur der Platte bestechen, gibt es reicher verzierte Schmuckringe. Dazu gehören Stücke, deren Reifenden in plastische Löwenprotome übergehen, die zwischen ihren vorgestreckten Pranken die Platte halten, oder Ringe mit einer Platte in Form eines böotischen Schildes.

Bereits im 6. Jahrhundert werden Gemmen zu Ringen verarbeitet. Erinnert sei an den Ring des Polykrates mit einer Smaragdgemme. Gehen wir von den erhaltenen Originalen aus, so müßte es sich dabei um einen skaraboiden Stein gehandelt haben, also um die abstrahierte Wiedergabe des ursprünglich ägyptischen Skarabäus mit einer flachen Seite, in die ein Bild geschnitten ist. Der in seiner Längsachse durchbohrte Stein war auf einen Draht gezogen, den die beiden Enden eines Gold- oder Silberbügels hielten, ähnlich wie bei dem abgebildeten, auf Zypern gefundenen Ring (Abb. 84). Ein frühes griechisches Beispiel dieses Typs kommt aus einem um 550 datierten Grab in Ialysos auf Rhodos. Werden solche Bügelringe an der Hand oder als Anhänger getragen, so zeigt die gewölbte Seite nach oben, werden sie in die Hand genommen, kann die geschnittene Seite zum Betrachter gedreht werden.

Etwa um 500 treten die ersten Ringe mit einem geschnittenen Stein in kastenartiger Goldblechfassung auf. Ein frühes Beispiel dafür ist ein zyprischer Ring mit einer Karneolgemme, die das Bild eines Löwen zeigt (Abb. 85). Den Rand der Fassung zieren Filigranvoluten, eine dicke, kordelartige Fuchsschwanzkette dient als Reif. Sogar noch etwas älter ist ein Fingerring, dessen ausgezackter Rand einen gewölbten Skarabäus hält (Abb. 86). Ein fast identisches Stück wurde in dem durch Keramik in die Zeit um 530 datierten Grab 254 von Ialysos gefunden.

Goldene *Diademe*, von denen nicht immer klar ist, ob sie nur Totenschmuck waren oder auch von Lebenden getragen wurden, bestehen ähnlich wie im 7. Jahrhundert aus schmalen Goldblechstreifen mit einem Dekor punzierter Rosetten. In die erste Hälfte des 6. Jahrhunderts lassen sich solche Stücke aus Gräbern von Ialysos datieren. Auch die in dieser Zeit entstandenen Gold–Elfenbeinstandbilder von Delphi trugen ähnlichen Schmuck. Etwas später entstanden ist ein Diadem mit nebeneinandergesetzten punzierten Palmetten aus Grab 10 von Amathus. Bereits in das frühe 5. Jahrhundert gehört ein Stück aus Eretria mit metopenartig angeordneten getriebenen Szenen und kleinen Goldperlen als Anhängern.

Kränze kennen wir vorerst nur aus der Vasenmalerei und der Großplastik. Aber es ist anzunehmen, daß es Goldkränze ähnlich

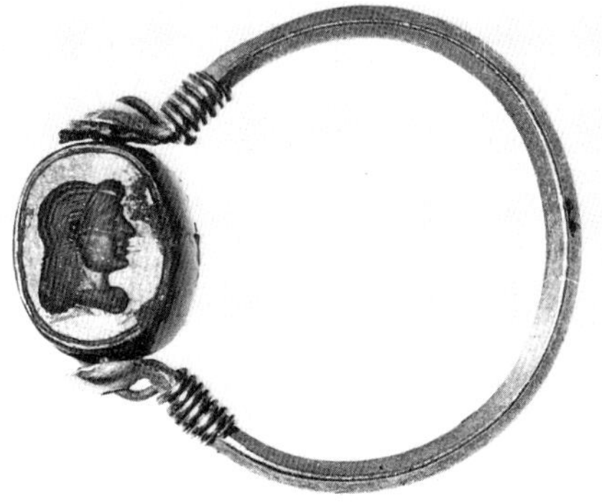

84 Goldener Drehring mit skaraboider Gemme. Sardonyx mit eingeschnittenem Frauenkopf. Aus Marion/Zypern. Dm 2 cm. Nikosia, Cyprus Museum, Inv. J 388. Frühes 5. Jh. v. Chr.

85 Goldener Fingerring mit kordelartigem Reifen und gefaßter Gemme. Karneol mit eingeschnittenem Löwenbild. Nikosia, Cyprus Museum, Inv. 1960/VI-21/1. Um 500 v. Chr.

86 Goldener Fingerring mit gefaßtem Karneolskarabäus. Von Zypern. Privatbesitz. Um 530 v. Chr.

dem des späten 7. Jahrhunderts aus dem Heiligtum der Artemis Orthia (Abb. 46) auch im 6. Jahrhundert gab. Sie spielten im griechischen Leben eine wichtige Rolle und sicher waren sie nicht immer aus frischem Grün. Aus Gold mag der reizvolle, stark stilisierte Kranz des um 550 datierten Reiters Rampin gewesen sein und ebenso die an einem Band befestigten Blätter der Artemis auf einer Amphora des Andokides-Malers (Abb. 78).

13. Kapitel

DIE FRÜHE KLASSIK UND DIE ANFÄNGE DES REICHEN STILS
ca. 480 – ca. 400 v. Chr.

Viele Ideen, die bereits in der archaischen Goldschmiedekunst in ersten Anfängen zu erkennen waren, erleben ihre volle Entfaltung im 5. Jahrhundert. Manches, vor allem die souveräne Handhabung des Goldes, erinnert an die inselgriechische Goldschmiedekunst der zweiten Hälfte des 7. Jahrhunderts. Inspiriert durch den Naturalismus orientalischer Vorbilder standen die Goldschmiede der griechischen Inseln vor dem Problem der Herstellung plastischen, naturalistischen Dekors wie Blüten, Vögel, Tierköpfe. Es wäre einfach für sie gewesen nach dem Vorbild der Bronzebildner die dreidimensionalen Motive in Formen zu gießen. Aber Gold war für den dafür notwendigen Materialaufwand zu kostbar. So mußten sie Wege finden, plastische Formen in dünnes Goldblech umzusetzten, ihren Schmuck gewissermaßen hohl aufzubauen. Sie lösten das Problem durch die Auflösung der Ornamente in unzählige Einzelteile aus Goldblech, Golddraht oder Granulationskugeln, die dann wieder zu einer geschlossenen Einheit zusammengefügt wurden (vgl. Kap. 11).

Die Entwicklung des 6. Jahrhunderts wurde durch eine Straffung der Formen, durch klare Linien und ein klares künstlerisches Konzept bestimmt, ohne daß dabei die neu entdeckte Plastizität verloren ging. Die Goldschmiede des 5. Jahrhunderts setzen ihre künstlerischen Ideen mit Hilfe der gleichen technischen Mittel um, wie ihre inselgriechischen Vorgänger, vereinfacht gesagt durch Auflösung der Ornamente und additiven Aufbau. Neu ist die Anreicherung des Dekors durch farbiges Email, das den Schmuck belebt, die Auflösung der Oberfläche mit lebhaften Licht- und Schatteneffekten, die Freude an einem manchmal geradezu barockem Dekor. Ähnliche Entwicklungen können wir in allen Sparten der Kunst und des Kunstgewerbes dieser Zeit beobachten. Der reiche Stil, der von der zweiten Hälfte des 5. Jahrhunderts an für die griechische Goldschmiedekunst charakteristisch ist, ist durch den gleichen Geist geprägt wie die Plastik und die Malerei dieser Zeit.

Schmuckfunde des 5. Jahrhunderts kennen wir vor allem aus den Randgebieten der griechischen Welt. Südrußland ist dabei besonders ergiebig. Dort, an der Nordküste des Schwarzen Meeres, bestanden seit dem späten 7. Jahrhundert griechische Kolonien, deren Wohlstand auf dem Handel mit den angrenzenden skythischen Stämmen beruhte. Griechische Kunsthandwerker arbeiteten für reiche skythische Fürsten, und wenn auch an die lokalen Vorstellungen gelegentlich Konzessionen gemacht werden mußten, so ist der in den skythischen Tumuli gefundene Schmuck vor allem durch griechische Ideen und griechisches Handwerk geprägt. Selbst rein skythische Schmuckformen wie Torques, Pektoral und Gewandbesatz zeigen in vielen Fällen unverkennbar die Handschrift griechischer Goldschmiede.

Das gleiche gilt für die Funde aus thrakischen Fürstengräbern im heutigen Bulgarien, denen wir bereits die Kenntnis zahlreicher Schmuckstücke des 6. Jahrhunderts verdankten (vgl. Kap. 12). Bis in das sagenhafte Kolchis am östlichen Ufer des Schwarzen Meeres reichte der Einfluß griechischer Goldschmiedekunst, wie die reichen Funde aus Vani im heutigen Georgien zeigen. Dazu kommen Funde von Zypern, Rhodos und Unteritalien, während Griechenland selbst kaum vertreten ist. Dank den Schmuckdarstellungen auf attischer Keramik wissen wir aber, daß der von den Athenerinnen getragene Schmuck sich nur wenig von dem unterschieden haben kann, den wir in Originalen kennen.

Auch auf unteritalischen Vasen ist oft Schmuck angegeben, und eine nicht zu unterschätzende Quelle sind die Frauenköpfe auf den Münzen zahlreicher Städte. So läßt sich an Hand der umfangreichen und gut datierten Münzprägung von Syrakus der Typenwandel des Ohrschmucks im Verlauf des 5. Jahrhunderts verfolgen.

Gehen wir von den Darstellungen in der bildenden Kunst aus, so scheinen sich auf den ersten Blick die Formen des *Halsschmucks* nicht grundlegend gegenüber denen der vorhergehenden Epoche geändert zu haben. Nach wie vor finden wir eng um den Hals gelegte Bänder mit einem einzelnen Anhänger, Perlenketten, die im Nacken durch eine Schnur gehalten werden, und schließlich Ketten mit aufgereihten Anhängern. Diese können spitzoval, kugelig, eichel- oder knospenförmig sein, aber stets ist an einer Halskette ausschließlich eine einzige Form vertreten, von der sich nur ein größerer, zentraler Anhänger absetzt.

Wie frühklassischer Halsschmuck im Original ausgesehen hat, zeigt unter anderem ein zyprischer Fundkomplex, zu dem außerdem Ohranhänger, Ohrspiralen und Armreifen gehören. Ein Einzelanhänger verdeutlicht, welche Phantasie griechische Goldschmiede jetzt, d. h.im zweiten Viertel des 5. Jahrhunderts selbst in einem provinziellen Gebiet wie Zypern entwickeln (Abb. 87).

87 Anhänger mit getriebener Sphinx und Filigrandekor. Aus einem zyprischen Fund. Gold, H 2,9 cm. Kunsthandel.
Erste Hälfte 5. Jh. v. Chr.

Er zeigt eine Sphinx mit ausgebreiteten Flügeln, die ein Diadem mit ähnlichen Filigranvoluten wie der im letzten Kapitel erwähnte Fingerring (Abb. 85) und ein Halsband mit einem einzelnen Anhänger trägt, den man sich ähnlich wie den Sphinx-Anhänger selbst denken muß. Auf seiner Rückseite sind drei Ösen befestigt,

88 Kette aus Melonenperlen und Blütenknospenanhängern. Aus einem zyprischen Fund. H des zentralen, vasenförmigen Anhängers ca. 3 cm. s. Taf. VIII. Kunsthandel. Erste Hälfte 5. Jh. v. Chr.

durch die eine Kette oder ein Band geführt werden kann. Es scheint sich um einen auf Zypern besonders beliebten Typ zu handeln, denn dort wurden mehrere ähnliche Anhänger gefunden. In anderen Gegenden finden wir vorzugsweise kleine, vollplastische Tierköpfe aus Goldblech. So hängt zum Beispiel am Hals der Arethusa auf einer Münze von Syrakus ein kleiner Löwenkopf (Abb. 100). Nicht von Sizilien, aber aus Unteritalien kennen wir solche Stücke im Original.

Stilistische Gründe sprechen für einen zeitlichen Ansatz des Sphinxanhängers in das zweite Viertel des 5. Jahrhunderts und damit gewinnen wir eine Datierung des gesamten zyprischen Fundkomplexes, die auch für die anderen Schmuckstücke überzeugt. Als erstes ist die Halskette zu nennen (Abb. 88. Taf. VIII), die in ihrem Wechsel von melonenförmigen Perlen und knospenförmigen Anhängern die Tradition der Halsketten von Eretria fortführt (vgl. Abb. 68). Neu ist allerdings die Form der Anhänger, die hier zum ersten Mal auftritt. Wo sie ursprünglich entstan-

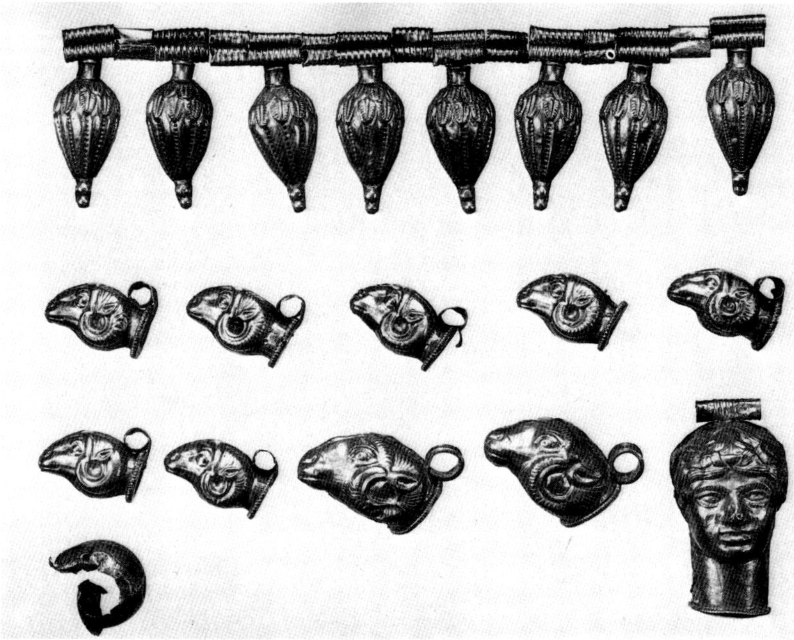

89 Fund von Roccanova/Unteritalien. Blütenknospen, Widderköpfe und einzelner Frauenkopf. Teile eines Halsschmuckes. H des Frauenkopfs 2,5 cm. Tarent, Museo Archeologico Nazionale. Spätes 5. Jh. v. Chr.

den ist, wissen wir nicht. Zypern mit seinem eher provinziellen Goldschmiedehandwerk erscheint wenig wahrscheinlich. Auf jeden Fall sind die knospenförmigen Anhänger eine der erfolgreichsten Erfindungen frühklassischer Goldschmiede, wie ihre weite Verbreitung und das Beibehalten des Typs bis in die zweite Hälfte des 4. Jahrhunderts zeigt. Sie sind in der in die Zeit zwischen 475 und 425 datierten zweiten Bestattung des Kurgans der Sieben Brüder im Gebiet zwischen dem Unterlauf des Kubans und der Nordküste des Schwarzen Meeres vertreten. Und daß sie auch schon früh im Westen bekannt waren, zeigt ein Halsschmuck aus einem Grab der zweiten Hälfte des 5. Jahrhunderts von Roccanova in Süditalien (Abb. 89). Er ist abwechselnd aus Blütenknospen, kleinen Widderköpfen und einem plastischen Frauenkopf zusammengesetzt.

90 Dekadrachme von Syrakus. Am Kopf der Arethusa Ohrreif und Halsschmuck mit einem kleinen Delphin als zentralem Anhänger. Um 470 v. Chr.

Immer noch gehört zu einem Halsschmuck ein zentraler Anhänger, der sich in seiner Form von den anderen unterscheidet. Bei der zyprischen Kette ist es eine kleine Spitzamphora mit granulierten Rauten und Filigranornamenten, deren Drahthenkel nur noch im Ansatz erhalten sind (Abb. 88). Sie kann ihre Herkunft von den schlichten Anhängern des 6. Jahrhunderts mit spitzovalem Körper und zylindrischem Hals nicht leugnen (vgl. Abb. 64. 76). Den Mittelpunkt der Kette von Roccanova bildet der erwähnte Frauenkopf, ein Motiv, das in der unteritalischen Goldschmiedekunst des 4. Jahrhunderts häufig wiederkehrt, aber auch aus Südrußland bekannt ist. Auf dem im Jahre 479 v. Chr. entstandenen Demareteion von Syrakus ist ein kleiner Delphin in eine Reihe spitzovaler Anhänger eingefügt (Abb. 90). Das mag eine bewußte Bezugnahme auf die das Münzbild umge-

91 Halsschmuck aus Goldblechen mit Palmettendekor und Rosetten. Aus einem zyprischen Fund. vgl. Taf. IX b. Kunsthandel. Erste Hälfte 5. Jh. v. Chr.

benden Delphine sein, geht aber sicher auf ein tatsächliches Vorbild zurück. Die typisch griechische Komposition zeigt auch eine Halskette aus einem Frauengrab der Mitte des 5. Jahrhunderts in Vani/Georgien. Sie ist aus Goldperlen, zahlreichen kleinen granulierten Schildkröten und einer einzelnen, größeren als zentralem Anhänger zusammengesetzt.

Mit dem zweiten Halsschmuck des zyprischen Fundes wird ein völlig neuer Typ eingeführt (Abb. 91. Taf. IXb). Er besteht aus großen Goldblechen mit getriebenen Palmetten und aufgesetzten Rosetten, die so ineinander geschoben und durch Schnüre miteinander verbunden werden, daß der Eindruck eines geschlossenen Bandes entsteht. An den unteren Rändern hängen Kettenenden mit kleinen Goldblechanhängern. Diese Komposition wiederholt im Grunde die Verbindung eines textilen, verzierten Bandes mit einer Anhängerreihe, die für archaischen Halsschmuck charakteristisch war (vgl. Abb. 63). Auch dies wird kaum eine Erfindung zyprischer Goldschmiede sein. Wir haben vielmehr die etwas flüchtige Wiederholung einer Schmuckform vor uns, die im zweiten Viertel des 5. Jahrhunderts in der griechischen Welt bereits eine gewisse Verbreitung erfahren haben dürfte und die gleichzeitig der Prototyp eines Halsschmucks ist, der den Höhepunkt seiner Entwicklung im 4. Jahrhundert sieht (vgl. Taf. XI).

Die wichtigste Neuerung, die das zyprische Halsband verrät, besteht darin, daß die Anhänger – so einfach sie in diesem Fall auch sind – nicht mehr wie bisher starr in eine Halskette eingefügt werden, sondern beweglich von dem geschlossenen Band herabhängen. Darin dokumentiert sich ein Bruch mit festen Traditionen der archaischen Goldschmiedekunst. Im Gegensatz zu den starren Anhängern früherer Ketten (Abb. 66. 68) schwingen die in bewegliche Ösen gehängten bei jeder Bewegung der Trägerin mit, sodaß ein Spiel von Licht und Schatten entsteht, das den Glanz und die Farbe des Goldes verstärkt.

Auch hier wissen wir nicht, wann und wo ein Goldschmied den Bruch mit der Tradition vollzogen hat, aber seine Idee muß schnell von anderen aufgegriffen und nachgeahmt worden sein. So wiederholt ein Halsschmuck aus dem in die Mitte des 5. Jahrhunderts datierten Tumulus II von Nymphaeum auf der Krim das Prinzip des geschlossenen Bandes mit beweglichen Anhängern (Abb. 92). Er ist zusammengesetzt aus hülsenartigen Gliedern aus geriefeltem Elektronblech, auf die Rosetten aufgesetzt sind und von denen mit Drahtösen befestigte, spitzovale Anhänger herabhängen, die an die der Kette auf dem Demareteion erinnern (Abb. 90). Die nächste Parallele dazu kommt wieder von Zypern. Es sind Ketten, die die Elektronglieder nahezu identisch in Gold wiederholen, sie aber mit Glasgliedern der gleichen Form verbinden, auf denen eine runde Erhebung die Rosette andeutet. Da kaum anzunehmen ist, daß die entscheidenden Impulse für die Entwicklung der Goldschmiedekunst dieser Epoche von Zypern ausgingen, erhebt sich die Frage, wie weit sich die Kreativität der griechischen Goldschmiede in Südrußland auf die gesamte griechische Welt auswirkte bzw. von welchen Zentren sowohl die südrussischen wie die zyprischen Goldschmiede ihre Vorbilder bezogen.

In das dritte Viertel des 5. Jahrhunderts wird der Kurgan 17 von Nymphaeum datiert, aus dem eine weitere Variante der geschlossenen Halsbänder mit Anhängern kommt. Jedes einzelne Glied besteht aus zwei übereinandergesetzten Goldvoluten, zwi-

92 Halsband aus Nymphaeum, Grab III. Zum Teil rosettenverzierte hülsenartige Glieder und tropfenförmige Anhänger. Elektron. L 25 cm. Oxford, Ashmolean Museum, Inv. 1885.502. Mitte 5. Jh. v. Chr.

schen die eine blau emaillierte Rosette gesetzt ist. Von der unteren Volute hängen je drei bewegliche Anhänger herab. Den Abschluß des Bandes bilden zwei längliche Goldblechornamente, deren äußere Kontur durch ihren Palmettendekor bestimmt wird. Dies ist ein frühes Beispiel für ein Verschlußornament, dem wir bis in das späte 4. Jahrhundert häufiger begegnen werden.

An das Ende des 5. Jahrhunderts bringt uns dann ein Blütenhalsband aus Rosetten, Palmetten, großen Eicheln und kleinen, spitzovalen Tropfen, das im Tumulus IV von Nymphaeum gefunden wurde (Abb. 93). Mit diesem Halsschmuck wird ein Typ eingeführt, der an die Beschreibung einer vergoldeten Halskette aus Blüten in einer Inventarliste des Jahres 434 v. Chr. erinnert und der den Höhepunkt seiner Beliebtheit im 4. Jahrhundert sieht.

Die Eichelanhänger des Blütenhalsbands aus Nymphaeum, eine Idee der Goldschmiede des 6. Jahrhunderts (vgl. Abb. 68), müs-

93 Blütenhalsband mit Eichelanhängern. Aus Nymphaeum, Grab IV. Gold. L 31 cm. Oxford, Ashmolean Museum, Inv. 1885.482. Mitte 5. Jh. v. Chr.

sen gegen Ende des 5. Jahrhunderts besonders populär gewesen sein. Das Gold-Elfenbeinstandbild der Athena Parthenos trug einen Halsschmuck mit solchen Anhängern, sie sind für das Jahr 408/407 v. Chr. in Tempelinventaren von Eleusis und Perge erwähnt, in Theaterstücken wird auf sie angespielt und auf einem um 410 datierten Tarentiner Krater trägt eine Mänade ein Halsband mit großen, aufgereihten Eicheln (Abb. 94), auf die der Maler durch Vergoldung besonders aufmerksam macht.

Mit den bisher aufgeführten Formen ist das Repertoire frühklassischen Halsschmucks keineswegs erschöpft. Besonders verbreitet dürften Halsketten aus kugeligen Goldperlen gewesen sein. Sie begegnen uns immer wieder in der Vasenmalerei und auf Münzen, kommen aber selten aus datierten Fundzusammenhängen. Eine Ausnahme ist eine Kette aus dem in die erste Hälfte des 5. Jahrhunderts datierten Kukowa-Hügel von Duvanli (Abb. 95). Glatte und mit Filigranornamenten überzogene Goldperlen wechseln miteinander, zwei keulenförmige Zierglieder bilden den Abschluß. Nahezu unverändert werden Form und Dekor bis in das späte 4. Jahrhundert beibehalten.

94 Ausschnitt eines Volutenkraters des Karneia-Malers. Am Hals der Mänade Eichelanhänger wie auf Abb. 93, an den Armen Schlangenarmbänder. Tarent, Museo Archeologico Nazionale. Um 410 v. Chr.

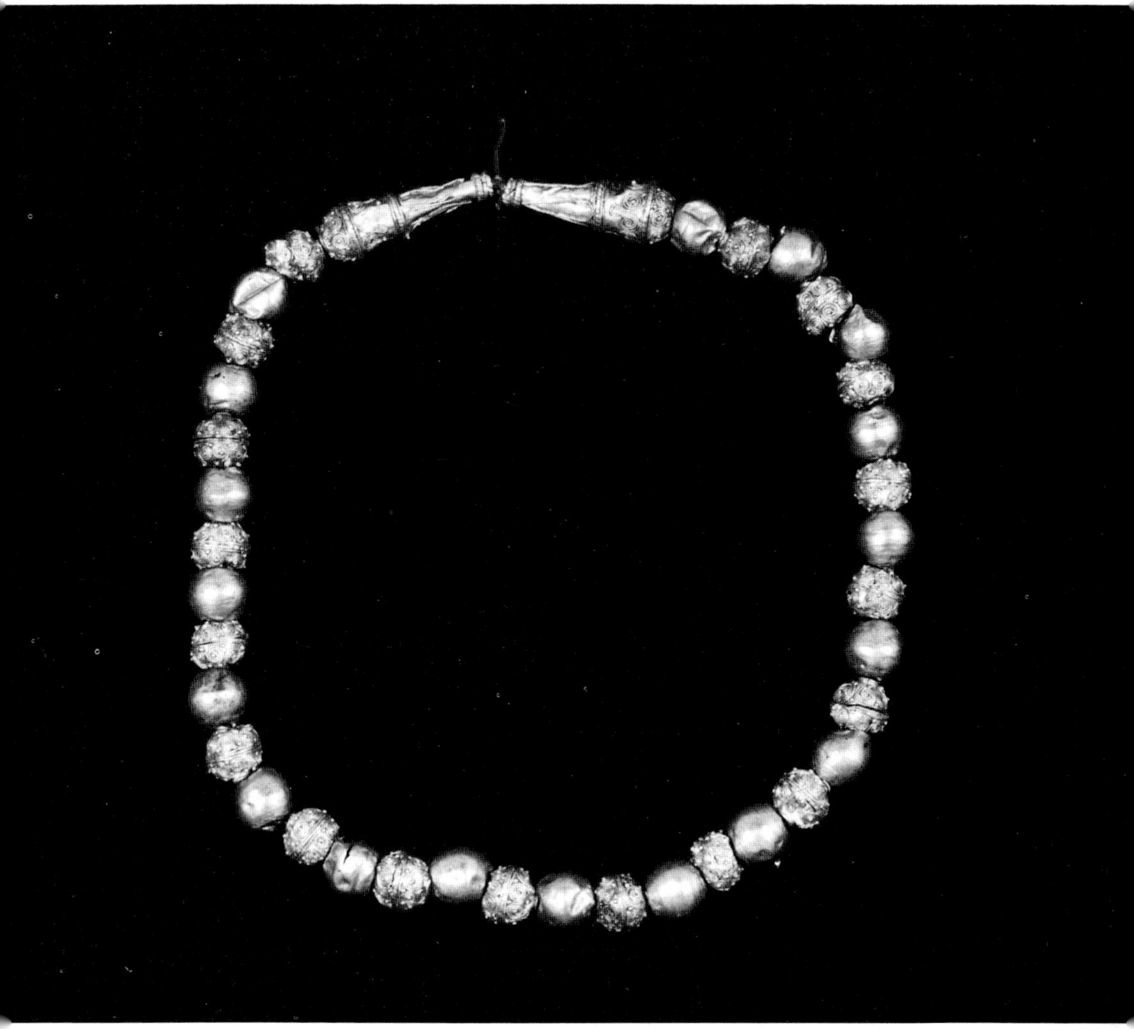

95 Halskette aus 36 teils glatten, teils mit Filigran verzierten Goldperlen und keulenartigen Endgliedern. Aus dem Kukowa-Hügel bei Duwanli. Sofia, Archäologisches Museum. Frühes 5. Jh. v. Chr.

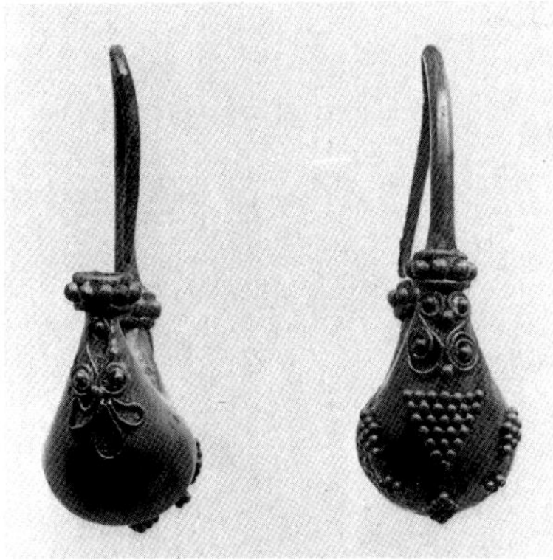
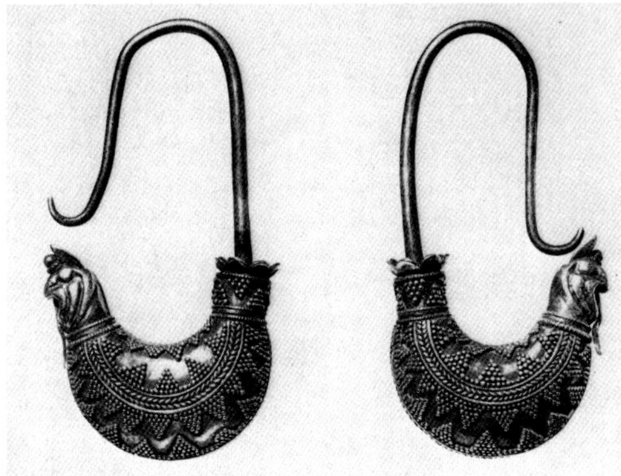

96 Kahnförmige Ohranhänger. Aus einem zyprischen Fund. Silber, vergoldet. H ca. 2,5 cm. Kunsthandel. Erste Hälfte 5. Jh. v. Chr.
97 Kahnförmige Ohranhänger mit Filigran, Granulation und plastischen Hahnenköpfen. Aus Nymphaeum, Grab I. Gold, H 6 cm. Oxford, Ashmolean Museum, Inv. 1885.468. Zweite Hälfte 5. Jh. v. Chr.

Mehr noch als bei jeder anderen Schmuckform entfaltet sich die Phantasie der Goldschmiede dieser Epoche beim *Ohrschmuck*. Die wichtigsten Grundformen, die wir im Original kennen, sind Spiralen mit offenen Enden, kegelförmige Anhänger mit Haken, runde Ohrstecker und die anscheinend neu eingeführten Bügelohrringe. Dazu kommen einige Typen, die wir uns nur auf Grund von Abbildungen vorstellen können, so etwa den schlichten Reifen mit Granulationstraube am Ohr der Penthesileia auf der namengebenden Schale des Penthesileia-Malers oder das florale Ornament, das die Mänade auf dem Tarentiner Krater trägt (Abb. 94).

Bügelohrringe sind eine alte Ohrschmuckform des Nahen Ostens, die uns bereits im Basisfund des Artemis Heiligtums von Ephesos begegnete (vgl. Abb. 47). Für das 6. Jahrhundert fehlen entsprechende Fundstücke aus dem griechischen Bereich, was nicht bedeutet, daß die Form nicht existiert haben kann. Der in das zweite Viertel des 5. Jahrhunderts datierte zyprische Fundkomplex enthält ein Paar aus vergoldetem Silber mit Granulation

98 Kahnförmige Ohranhänger mit granuliertem Dekor. Aus dem Arabadshijska-Hügel in Duvanli. Gold, Br ca. 2,5 cm. Plowdiw, Archäologisches Museum. Erste Hälfte 5. Jh. v. Chr.

und aufgelegten Drahtvoluten (Abb. 96). Noch reicher verziert ist ein Paar aus Nymphaeum, das in der Mitte des 5. Jahrhunderts entstanden sein wird (Abb. 97). Den Körper, der an der einen Seite in einen Hahnenkopf übergeht, überzieht seiner Kontur folgend ein Muster aus Zierdrähten und granulierten Dreiecken.

Granulierte Linien und Spiralen beleben auch die Oberfläche von Bügelohrringen aus dem gegen die Mitte des 5. Jahrhunderts datierten Arabadshijska-Hügel von Duvanli (Abb. 98). Noch reicher ist der Dekor bei einem Paar aus einem Grab des späten 5. Jahrhunderts von Eretria, das sich jetzt im Britischen Museum befindet (Abb. 128). Dichte Filigranornamente überziehen den Körper, von dem vier Muscheln herabhängen, kleine Rosetten decken die Bügelansätze, eine weiß und grün emaillierte Rosette

99 Tetradrachme von Syrakus. Arethusa mit Omegaspiralen als Ohrschmuck. Basel, Münzen und Medaillen AG. Gegen 435 v. Chr.
100 Tetradrachme von Syrakus. Arethusa mit Omegaspiralen und Halsband mit Löwenkopfanhänger. Basel, Münzen und Medaillen AG. Gegen 435 v. Chr.

ist am Bügel befestigt und in die nach oben offene Wölbung ist eine winzige Sirene gesetzt. Ein sehr ähnliches Paar wurde in Akanthos gefunden. Sie sind Beispiele für den reichen Stil, der sich gegen Ende des 5. Jahrhunderts in der Goldschmiedekunst durchzusetzen beginnt und dessen wesentliches Merkmal die Fülle dekorativer Ornamente ist, die an einem einzigen Objekt vereinigt werden.

Ein gewisser Modewandel, die wechselnde Vorliebe für den einen oder anderen Typ, läßt sich recht gut an Hand der Münzen von Syrakus verfolgen. Anfangs trägt die Arethusa einen schmalen Reifen mit tropfenförmigem Anhänger (Abb. 90). Gegen die Mitte des Jahrhunderts wird er durch einen kleinen Bügelohrring mit verdicktem Körper und kurzem Anhänger aus aufeinandergesetzten Granulationskugeln abgelöst. Vom dritten Viertel des 5. Jahrhunderts an finden wir häufig die einfache Omegaspirale (Abb. 99. 100). Ursprünglich eine Form des 7. Jahrhunderts, ist sie anscheinend nie völlig in Vergessenheit geraten. In archaischer Zeit begegnete sie uns mit Granulationspyramiden auf den hochgezogenen Enden (Abb. 79), in der ersten Hälfte des 5. Jahr-

101 Ohrspiralen mit aufgeschobenen Löwenköpfen aus Goldblech. Aus einem zyprischen Fund. Vergoldete Bronze. Dm ca. 2,5 cm. Kunsthandel. Erste Hälfte 5. Jh. v. Chr.

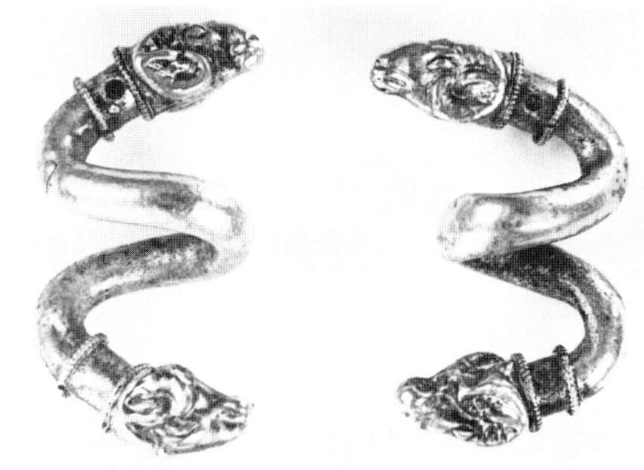

102 Ohrspiralen mit Widderkopfenden. Gold, H ca. 1,6 cm. Modern in die Länge gezogen. Privatbesitz. Mitte 5. Jh. v. Chr.

103 Tetradrachme von Syrakus. Arethusa mit Halsband und Widderkopfspirale als Ohrschmuck. Basel, Münzen und Medaillen AG. Um 405 v. Chr.

hunderts überwuchert Granulation den Reifen (Abb. 80). Auf lykischen Münzen dieser Zeit wird sie mit einem scheibenförmigen Ohrstecker verbunden. Auf Zypern, in Süditalien und auf Sizilien dagegen entstehen Spiralohrringe, die in Tierköpfen enden.

So gehören zu dem schon mehrfach erwähnten zyprischen Fundkomplex Ohrspiralen aus vergoldeter Bronze, auf deren Enden kleine Löwenköpfen aus Goldblech geschoben sind (Abb. 101). Bei kostbareren Stücken geht das eine Ende der Spirale in einen Greifenkopf über, während das andere ornamental verziert ist. Die italischen und sizilischen Goldschmiede bevorzugen Widderkopfenden, wie wir durch Originale (Abb. 102) und von Münzen (Abb. 103) wissen.

Über die Funktion dieser Spiralen herrscht unter den Wissenschaftlern, die sich mit ihnen beschäftigt haben, keine Einigkeit. Trotz der Wiedergabe auf Münzen, aus denen nicht nur hervorgeht, daß sie am Ohr getragen, sondern sogar durch das Ohrläppchen geführt wurden, sind sie immer wieder als Haarornamente interpretiert worden.

Die scheibenförmigen Ohrstecker, im 6. Jahrhundert die vermutlich häufigste Form von Ohrschmuck, scheinen etwas aus der Mode gekommen zu sein, ohne jedoch völlig zu verschwinden. Ein Paar aus einem Grab der dreißiger Jahre des 5. Jahrhunderts von Eretria, mit einer mehrschichtigen Rosette auf der Scheibe, ist ein Beispiel für die Anpassung der Form an die Ideen spätklassischer Goldschmiedekunst.

Die charakteristischen Tendenzen der Goldschmiedekunst des späten 5. Jahrhunderts, reicher Dekor, die Auflösung der Oberfläche durch unzählige Einzelornamente, das Wechselspiel von Licht- und Schatten, kommen besonders deutlich bei einem einzelnen Ohranhänger unbekannter Provenienz zum Ausdruck, der im Grunde sehr einfach aufgebaut ist (Abb. 104). Ein schlichter Haken trägt eine vielblättrige Blüte, an die sich nach unten hin eine Palmette anschließt. Auf dieser sitzt eine kleine separat gearbeitete Biene, die an den durch dichte Granulation wiedergegebenen Staubgefäßen der Blüte saugt. Die seitlichen Muschelanhänger, ähnlich denen der Bügelohrringe von Eretria und Akanthos

104 Ohranhänger. Eine Blüte verdeckt den Haken, unter ihr eine Palmette, auf der eine Biene sitzt. Gold. H 4,5 cm. Angeblich aus Ephesos. Hamburg, Museum für Kunst und Gewerbe, Inv. 1957,54 St. 79/79. Spätes 5. Jh. v. Chr.

(vgl. Abb. 128), sind ein auch noch in der ersten Hälfte des 4. Jahrhunderts beliebter zusätzlicher Dekor.

Stilistisch und technisch dem Bienenohrring verwandt sind zwei *Nadeln* in Boston, die aus einem Grab von der Westküste der Peloponnes kommen sollen, das durch mitgefundene weißgrundige Lekythen in das späte 5. Jahrhunderts datiert wird (Abb. 105. 106). Nadeln sind nun eine in dieser Zeit nur noch selten vorkommende Schmuckform. Gelegentliche Darstellungen in der Vasenmalerei scheinen bewußt einen anachronistischen Effekt anzustreben. Um so mehr überrascht die künstlerische Qualität der beiden Stücke, die vollplastische Tierfiguren, reiche vegetabile Ornamente und architektonische Formen vereinen. Die Anhäufung von Einzelmotiven, das vielschichtige Übereinander, die barocke Pracht dieser Nadeln sind wie der Bienenohrring beispielhaft für die Anfangsphase des reichen Stils.

Das Repertoire des *Armschmucks*, zu dem bisher vor allem schlichte Reifen, Spiralen und Schlangenarmbänder gehören,

105 Sog. Sphinx-Nadel. Kurze Goldnadel mit zwei kugeligen Ornamenten als oberem Abschluß. Auf diesen reicher Dekor aus separat gearbeiteten Blättern und Blüten, Bienen, Löwen und Sphingen. Von der Peloponnes. Gold. H 11,8 cm, Zierkopf 4,2 cm. Boston, Museum of Fine Arts, Inv. 96.717. Spätes 5. Jh. v. Chr.

wird im 5. Jahrhundert durch Reifen mit vollplastischen Tierköpfen an den offenen Enden erweitert. Diese Form ist den griechischen Goldschmieden schon lange vertraut. Früheste Beispiele waren die Löwenkopfreifen aus Gräbern von Cumae (Abb. 30) und Rhodos. Dazu kam ein Paar aus einem in die Mitte des

106 Sog. Kapitell-Nadel. Über dem Kapitell Pinienzapfen, umgeben von separat gearbeiteten Blättern, Blüten und Ranken. Dazu Bienen und Löwen. Von der Peloponnes. Gold, erhaltene H 7,5 cm. Boston, Museum of Fine Arts, Inv. 96.718. Spätes 5. Jh. v. Chr.

6. Jahrhunderts datierten Grab von Gordion (Abb. 82), aber weitere Zwischenstufen fehlen. Es ist deshalb unklar, ob die im 5. Jahrhundert populär werdenden Tierkopfarmreifen eine bereits vorhandene griechische Tradition fortführen oder ob sie das Ergebnis einer erneuten Inspiration sind, die durch das Vorbild

der achaemenidischen Tierkopfarmreifen ausgelöst wurde (Abb. 107). Sollte dies der Fall sein, so haben sich die griechischen Goldschmiede schnell von den Vorbildern gelöst, um eigenen Vorstellungen zu folgen.

Zu dem in das zweite Viertel des 5. Jahrhunderts datierten zyprischen Fundkomplex gehören zwei Paare aus vergoldeter Bronze mit goldenen Wildziegenköpfen (Taf. IX a). Bei dem einen bildet ein glatter Wulst den Abschluß der separat gearbeiteten Köpfe (Abb. 108). Das Fell ist am Hals durch feine Strichelung angedeutet – ein in der achaemenidischen Goldschmiedekunst undenkbarer Naturalismus – Ohren und Hörner sind separat gearbeitet. Der Goldschmied des zweiten Paares hat erkannt, daß außer dem Tierkopf der „Kragen", der den Übergang zum Reifen bildet, Platz für weitere künstlerische Entfaltung bietet und ihn mit einem blau und grün emaillierten Rautenmuster verziert (Abb. 109). Auch hier fällt das in der achaemenidischen Goldschmiedekunst unbekannte Bemühen um den Eindruck von Lebendigkeit auf.

Nicht wesentlich später als die beiden zyprischen Paare dürften Armreifen aus Grab IV von Nymphaeum entstanden sein, auf deren vergoldete Bronzereifen Widderköpfe geschoben sind. Den Übergang deckt ein Zierkragen mit dem typischen Spiraldekor des 5. Jahrhunderts (vgl. Abb. 85. 87). Wiederum von Zypern kommen vergoldete Bronzearmreifen mit Widderköpfen, deren Augen ursprünglich grün emailliert waren (Abb. 110). Hier ziert ein einfaches Zungenmuster den Übergang. Einen Anhaltspunkt für ihre Datierung ergibt sich aus dem Vergleich mit einem Rhyton des Sotades-Malers in Hamburg aus den Jahren 460/450 mit einem überraschend ähnlichen Widderkopf.

Das schon erwähnte Frauengrab in Vani/Georgien, das ebenfalls in die Mitte des 5. Jahrhunderts datiert wird, enthielt ein Paar goldene Armreifen mit vollplastischen Wildschweinen. Ihr betonter Naturalismus und die Art der Arbeit verraten die Hand eines griechischen Goldschmieds.

Ein Grab in Kertsch, dem antiken Pantikapaion auf der Krim, das wohl noch in das 5. Jahrhundert zu datieren ist, enthielt ein Paar Armreifen, deren goldene Löwenköpfe durch die sorgfältige

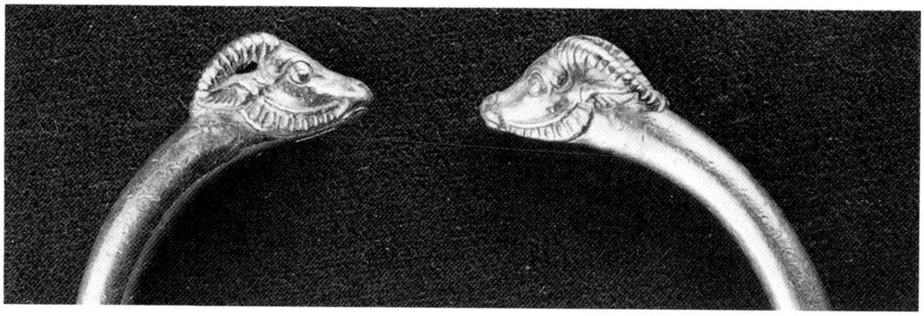

107 Achaemenidischer Armreif mit Antilopenköpfen. Gold, Dm 7,5 cm. Basel, Münzen und Medaillen AG. 5. Jh. v. Chr.

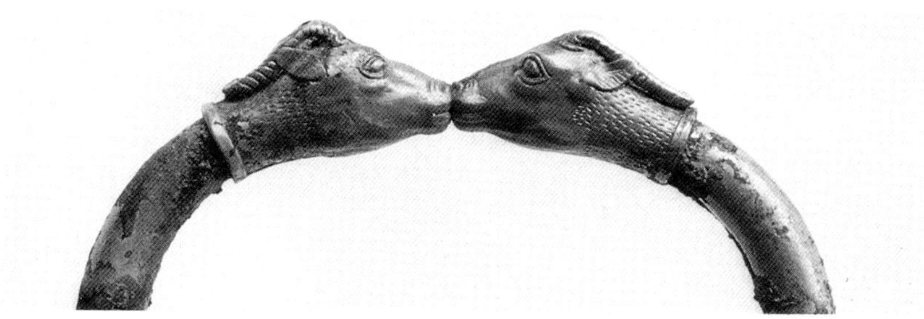

108 Armreif mit aufgeschobenen Wildziegenköpfen aus Goldblech. Aus einem zyprischen Fund. Vergoldete Bronze. s. Taf. IXa. Dm 7,6 cm. Kunsthandel. Erste Hälfte 5. Jh. v. Chr.

109 Armreif mit Wildziegenköpfen. Aus einem zyprischen Fund. Vergoldete Bronze. Tierköpfe aus Goldblech mit blau und grün emailliertem Zierkragen. Dm 7,5 cm. Kunsthandel. Erste Hälfte 5. Jh. v. Chr.

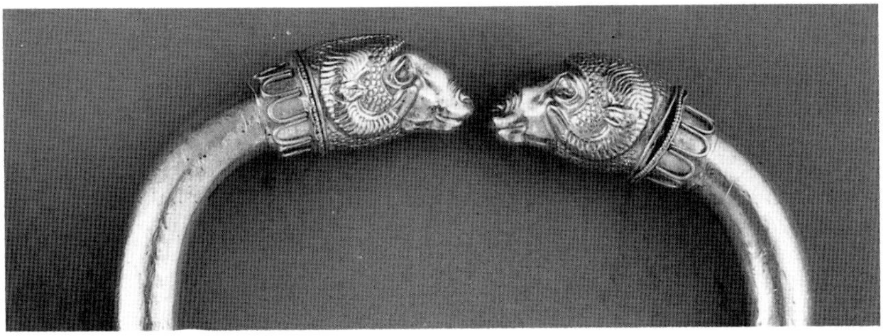

110 Armreifen mit Widderköpfen. Von Zypern. Bronze, vergoldet. Widderköpfe aus Goldblech mit grünem Email in den Augen. Dm 8,4 cm. London, British Museum, BMCJ 1985/6. Mitte 5. Jh. v. Chr.

111 Silberner Armreif mit goldenen Löwenköpfen. Aus Kertsch. Leningrad, Eremitage. Zweite Hälfte 5. Jh. v. Chr.

Wiedergabe der Details auffallen (Abb. 111). Da Löwen ein außerordentlich häufig vorkommendes Thema griechischen Kunstgewerbes sind, lag es wohl nahe, sie auch in der Goldschmiedekunst zu verwenden. Und daß dies nicht zum ersten Mal geschah, zeigen die Reifen von Cumae (Abb. 30) und Gordion (Abb. 82). Aufschlußreich ist ein Vergleich der Kertscher Löwenköpfe mit denen späterer Armreifen (vgl. Abb. 139. 140).

Schlangenarmreifen dieser Zeit sind nur selten im Original erhalten. Zu den wenigen Ausnahmen gehören ein silberner, zweifach gewundener Reif mit gravierten Schuppen und Schlangenkopfenden aus einem nordgriechischen Kindergrab des späten 5. Jahrhunderts und ein Armband aus der zweiten Bestattung des

Kurgans der Sieben Brüder, das aus einer kurzen, dicken Fuchsschwanzkette besteht, auf deren Enden Schlangenköpfe aus Goldblech geschoben sind.

Trotzdem müssen sie außerordentlich populär gewesen sein, denn nur so läßt sich ihre häufige Wiedergabe in der attischen und unteritalischen Vasenmalerei erklären. Ein besonders eindrucksvolles Beispiel sind die mehrfach gewundenen Schlangenreifen am Arm der Mänade auf dem Krater des Karneia-Malers (Abb. 94). Auch hier haben wir an beiden Enden Schlangenköpfe. Erst im 3. Jahrhundert beginnen die Goldschmiede den Armreifen als kompletten Schlangenleib mit Kopf- und Schwanzende aufzufassen (vgl. Abb. 201).

Goldene oder silberne Drehringe mit Skarabäen, Siegelringe mit gravierten Platten und, weniger häufig, ausgesprochene Schmuckringe sind die Formen der *Fingerringe* des 5. Jahrhunderts. An der Konstruktion der schon im letzten Kapitel beschriebenen Drehringe hat sich nichts geändert. Die Datierung der einzelnen Stücke beruht deshalb auch nicht auf ihrer Form, sondern auf dem Stil der in die Unterseite des Skarabäus eingravierten Darstellung.

Die Siegelringe, in deren flache, ovale oder runde Platte ein Bild eingraviert ist, bestehen ganz aus Gold oder Silber. Ihr Reif ist anfangs noch verhältnismäßig schmal, wird dann aber zunehmend kräftiger, und gleichzeitig tendiert die Platte zur völligen Rundung. Drei Ringe aus Thrakien illustrieren die Entwicklungsstufe des späten 5. Jahrhunderts (Abb. 112).

Bei den Schmuckringen ist die Platte nicht Träger einer bildlichen Darstellung, sondern selbständiges Schmuckelement (Abb. 113). Dementsprechend wird sie auf ihrer Oberseite und am Rand mit Rosetten und Ranken, Granulation und Filigranornamenten verziert und, um Platz für zusätzlichen Dekor zu schaffen, wird sie erhöht. Gedrehte Drähte oder eine Fuchsschwanzkette bilden den Reifen. Ein Ring aus einem rhodischen Grab des späten 5. Jahrhunderts entspricht dem abgebildeten Exemplar.

Zu den *Diademen*, die nach wie vor aus dünnen Goldblechen mit punzierten Ornamenten bestehen, kommen im 5. Jahrhundert

112 Drei Fingerringe aus thrakischen Gräbern. Gravierter Dekor. Gold. Dm ca. 2,6 cm. Sofia, Archäologisches Museum. Um 400 v. Chr.

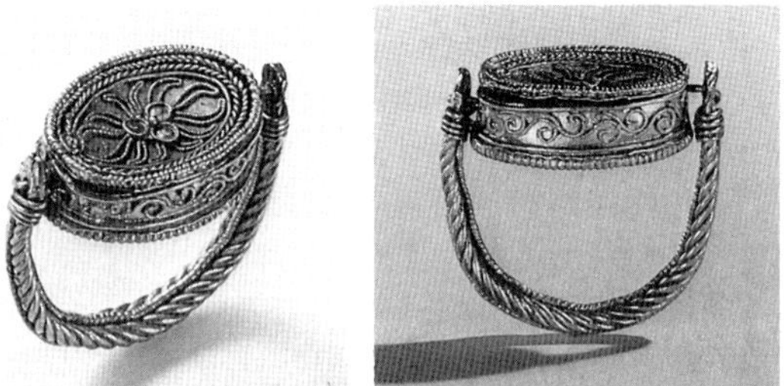

113 Ring mit drehbarer Platte. Auf der Vorderseite Palmettenornament, auf der Rückseite knieender Eros. Aus Kephallenia. Gold. Dm 2,25 cm, L der Platte 1,7 cm. Pforzheim, Schmuckmuseum, Inv. 1960,180. 4. Jh. v. Chr.

recht naturalistische *Kränze* aus Gold, vergoldeter Bronze oder Silber. Ein attisches Grab der Mitte dieses Jahrhunderts enthielt einen goldenen Myrtenzweig. Gegen Ende des 5. Jahrhunderts wird ein vergoldeter Bronzekranz mit Terrakottaperlen datiert, der in Olynth gefunden wurde. Die große Bedeutung der Kränze nicht nur im Totenkult, sondern im griechischen Leben überhaupt, zeigt sich in ihrer häufigen Wiedergabe in der Vasenmalerei.

14. Kapitel

DER REICHE STIL
ca. 400 – ca. 330 v. Chr.

Wohl aus keiner Epoche der griechischen Goldschmiedekunst steht uns eine derartige Fülle an qualitätvollem Material zur Verfügung, wie aus dem 4. Jahrhundert. Das verdanken wir vor allem der skythischen Sitte, den verstorbenen Fürsten reiche Beigaben in die Gräber zu geben. So blieben zahlreiche Arbeiten hervorragender Goldschmiede aus den griechischen Kolonien an der Nordküste des Schwarzen Meeres in den skythischen Tumuli erhalten. Im Hinblick auf den Goldschmuck besonders aufschlußreich sind die Funde aus dem Kekuvatski Grab und dem Tumulus von Kul-Oba, beide bei Kertsch auf der Krim, dem antiken Pantikapaion, und noch in die erste Hälfte des Jahrhunderts zu datieren.

In die zweite Hälfte gehören die Funde aus dem in die Jahre 340/330 datierten Pawlowski Kurgan im Kubangebiet, die reichen Bestattungen der Demeterpriesterin und der sogenannten Dritten Dame von der Großen Blisnitza auf der Halbinsel Taman, die Grabfunde von Tolstaja Mogila bei Ordzonikidze und von Temir Gora bei Kertsch.

Erste hellenistische Schmuckformen enthält neben spätklassischen der Kurgan von Karagodeuasch im Kubangebiet und der Grabfund von Theodosia auf der Krim.

Unter den Funden aus Thessalien und Makedonien sind als Stützpunkte der Chronologie vor allem die Gräber A und B von Homolion wichtig, die den Übergang von der Mitte zur zweiten Hälfte des 4. Jahrhunderts repräsentieren, und Grab Z von Derveni.

Aus Thrakien sind die Funde aus dem Mogilanska Hügel bei Wraza, datiert in das zweite Viertel des 4. Jahrhunderts, aus dem durch attische Keramik in die Mitte des Jahrhunderts datierten

Tumulus 6 von Galata sowie aus dem Maltepe-Hügel, datiert durch zwei Tetradrachmen Alexanders d. Gr., zu nennen.

Kleinasien ist mit Fundgruppen von Sardis, Madytos in der Troas und Trapezunt vertreten, die allerdings nicht aus Grabungen stammen, sondern durch den Kunsthandel nach Pforzheim bzw. New York gelangt sind.

Eine umfangreiche Gruppe von Schmuckstücken im Britischen Museum soll aus einem Grab von Kyme in der Aeolis stammen. Es ist anzunehmen, daß das Material tatsächlich aus dem westlichen Kleinasien kommt, aber es stellt keinen geschlossenen Komplex dar. Besonders zuverlässig datiert sind mehrere Grabfunde von Tarent. Dazu kommen Funde von Korinth, Eretria, Rhodos und Sizilien, ohne daß damit die Liste vollständig wäre.

Daß sich der in Athen getragene Schmuck nicht von dem unterschied, der uns aus anderen Gegenden bekannt ist, dokumentieren Halsketten und Ohranhänger, die in vergoldetem Relief attische Schwarzfirniskeramik der Mitte des 4. Jahrhunderts zieren (vgl. Abb. 118. 119).

Die Fülle des Materials verlockt zu Überlegungen, wo dieser Schmuck hergestellt wurde und von wem. Wir wissen so gut wie nichts über die Werkstätten und die Goldschmiede, aber wir können davon ausgehen, daß sie dort arbeiteten, wo eine Nachfrage bestand. Schmuck ist reiner Luxus und seine Produktion setzt entsprechende wirtschaftliche Verhältnisse voraus. Nur wo diese gegeben waren, konnten sich Zentren der Goldschmiedekunst entwickeln. Das heißt in den Städten Griechenlands, Unteritaliens, Siziliens oder Kleinasiens ebenso wie in den griechischen Siedlungen am Schwarzen Meer.

Von wenigen lokalen Eigenheiten abgesehen, zeigt griechischer Goldschmuck vom 4. Jahrhundert an einen ausgesprochen internationalen Charakter. Das heißt, Schmuckfunde aus Kleinasien, Nordgriechenland oder Sizilien unterscheiden sich weder stilistisch noch typologisch. Trotzdem könnten detaillierte Untersuchungen sicher zur Unterscheidung einzelner Werkstätten führen, auch wenn diese nicht immer genau zu lokalisieren sein werden. So lange aber der größte Teil des Fundmaterials in griechischen und russischen Museen überhaupt nicht oder nur unzureichend publiziert ist, müssen solche Überlegungen meist unfundierte Spekulationen bleiben.

Noch stärker als im 5. Jahrhundert sind die Goldschmiede jetzt bemüht, dem Material seine Kompaktheit zu nehmen, ihm durch Auflösen der Fläche, durch ein lebhaftes Spiel von Licht und Schatten Leben einzuhauchen. Dies führt dazu, das einzelne Schmuckstück mit einer Fülle zusätzlicher Ornamente anzureichern, ja zu überladen, deshalb die Bezeichnung *reicher Stil.* Bei aller Vielfalt, ja oft Überfülle des Dekors geht jedoch nie die klare, elegante Form, der Rhythmus der Linie verloren.

Noch ausgeprägter als im 5. Jahrhundert ist die Begeisterung für naturalistische Motive. Rosetten, Blüten, Ranken, Blätter und Palmetten bestimmen das Bild. Dazu kommt eine immer prägnanter hervortretende Vorliebe für Miniaturreliefs und Miniaturplastiken, die mit den floralen Ornamenten verbunden werden. Erste Beispiele dafür waren der Bienenohrring (Ab. 104), die Bostoner Nadeln (Abb. 105) und die Sirenenohrringe von Eretria (Abb. 127), alle noch aus dem späten 5. Jahrhundert. Für die erste Hälfte des 4. Jahrhunderts sind vier winzige Goldreliefs mit waffentragenden Nereiden auf der Zierscheibe der Ohranhänger von Kul–Oba (Abb. 129) zu nennen, die Peleus und Thetis bzw. eine Sirene darstellenden Reliefs an einem Ohrgehänge aus Eretria und die Sirenen an den Ohranhängern aus dem Mogilanska–Hügel.

Als nächste folgen die Seepferdchen der Bügelohrringe von Homolion (Taf. XIV. XV), die wie der figürliche Dekor der oben genannten Stücke noch in das Gesamtensemble des Schmuckstücks eingefügt sind. Der endgültige Schritt zur selbständigen Plastik ist dann mit den frei schwebenden Niken der Ohranhänger aus dem Pawlowski Kurgan (Abb. 162) vollzogen.

Dank des reichen Fundmaterials, der Wiedergaben in der Vasenmalerei und den Beschreibungen in Inventarlisten von Heiligtümern kennen wir die Vielfalt des *Halsschmucks* dieser Zeit recht gut. Im Grunde handelt es sich dabei um Variationen stets wiederkehrender Grundformen. Ketten aus runden Goldperlen, die schon im vorhergehenden Kapitel genannten Blütenbänder mit und ohne Anhänger (vgl. Abb. 93) und bandartige Fuchsschwanzketten mit mehr oder weniger reichem Anhängerschmuck sind die wichtigsten Formen.

Gehen wir von den Münzen (Abb. 114) und der Vasenmalerei aus, so müssen schlichte Ketten aus Goldperlen, die eng um den Hals gelegt und von einer Schnur gehalten wurden, besonders populär gewesen sein. Dies ist verständlich, denn da sie einfach

114 Dekadrachme von Syrakus. Arethusa mit Ohrschmuck und Perlenkette. Basel, Münzen und Medaillen AG. Gegen 400 v. Chr.

und mit wenig Materialaufwand herzustellen sind, werden sie für einen verhältnismäßig breiten Abnehmerkreis erschwinglich gewesen sein. Jede Perle besteht aus zwei hohlen Goldblechhalbkugeln, die entweder unverziert bleiben oder einen zusätzlichen Dekor aus aufgelegten Golddrahtornamenten haben. Beliebt ist der Wechsel von verzierten und glatten Perlen. Den Abschluß bilden stets keulenartige Goldblechglieder, die ebenfalls glatt oder verziert sein können. Eines der frühesten erhaltenen Beispiele einer solchen Perlenkette kommt aus dem in das frühe 5. Jahrhundert datierten Kukowa–Hügel von Duwanli (Abb. 95). Spätere Stücke, die wir im Original aus einem Grabfund von Abdera, aus dem Maltepe–Hügel in Thrakien, aus Tumulus 6 von Galata, aus mehreren Gräbern von Tarent und aus Syrakus (Abb. 115) kennen, unterscheiden sich von ihr in keiner Beziehung.

Ebenfalls eine Form des 5. Jahrhunderts führen die nach Aussage der erhaltenen Stücke, ihrer Nachahmungen in vergoldeter Terrakotta und der bildlichen Darstellungen sehr verbreiteten

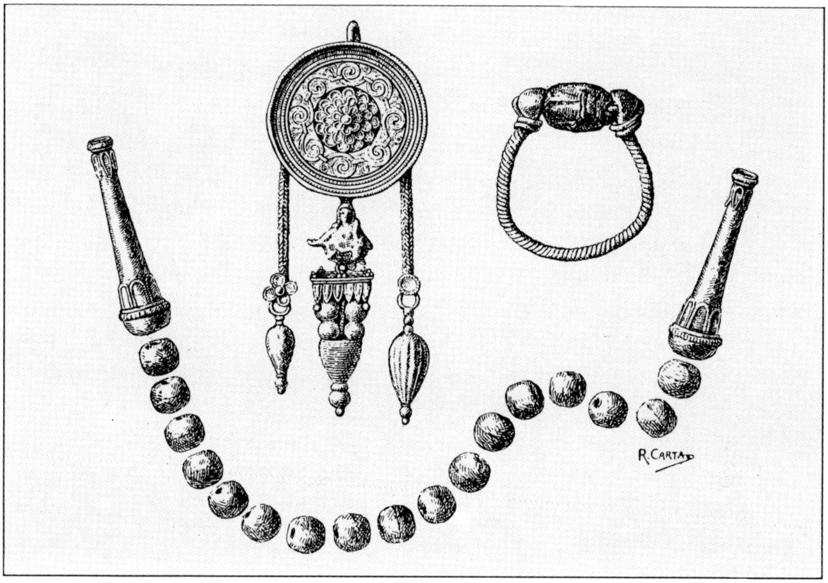

115 Fund von Syrakus (Damnusi). Goldener Ohrschmuck ähnlich Abb. 131, goldene Halskette ähnlich Abb. 95, goldener Drehring mit Karneolskarabäus. Zweite Hälfte 4. Jh. v. Chr.

Blütenbänder fort (Taf. XI, vgl. Abb. 93). Sie werden jetzt aus mehrschichtigen Goldrosetten zusammengesetzt, zwischen die Lotosblüten so eingefügt werden, daß ein geschlossenes Band entsteht. Zusammengehalten wird es durch eine Schnur, die durch Ösen auf der Rückseite der einzelnen Glieder läuft. Von den einzelnen Schmuckelementen können Anhänger herabhängen.

Besonders wenn die Blüten und Blätter eines solchen Halsschmucks farbig emailliert waren, müssen sie sehr natürlich gewirkt haben. Mit welcher Farbenfreudigkeit wir dabei rechnen können, zeigt ein Band unbekannter Provenienz im Britischen Museum. Seine Blüten waren ursprünglich blau emailliert, die Lotosblüten grün, seitlich schloß sich ein Palmetten- und Rankenornament an.

Wie die Perlenketten wurden auch die Blütenbänder dicht am Hals getragen und zwar so, daß der Nacken frei blieb. Das erklärt

116 Halsband aus Goldperlen, Palmetten und tropfen- bzw. knospenförmigen Anhängern. In der Mitte kleiner Stierkopf. Aus dem Tumulus von Karagodeuasch in Südrußland. Gold. L 45 cm. Leningrad, Eremitage. 340/330 v. Chr.

ihre geringe Länge. Am Hals der Sphinx eines silbernen Rhytons der ersten Hälfte des 4. Jahrhunderts aus dem Schatzfund von Borowo in Bulgarien ist ein Blütenhalsband mit spitzovalen Anhängern eingraviert. Sie erinnern an die Blütenknospen, die zwischen die plastischen Frauenköpfe eines Halsbands aus Tarent gesetzt sind, und das wohl in die gleiche Zeit gehört (Taf. XI).

Etwas später, gegen die Mitte des 4. Jahrhunderts werden die Blütenbänder von Temir Gora und aus einem weiteren Kertscher Grab entstanden sein. Bei dem ersten wechseln große Eichelanhänger mit kleinen lanzettförmigen, bei dem zweiten spitzovale, gerippte Tropfen mit winzigen Pansmasken. Die Mitte beziehungsweise die zweite Hälfte des 4. Jahrhunderts repräsentieren Blütenbänder aus Grab A von Homolion und Grab Z von Derveni, beide also thessalischen Ursprungs. Gemeinsam sind ihnen die starren, fast kugeligen Anhänger, die in Derveni glatt, in

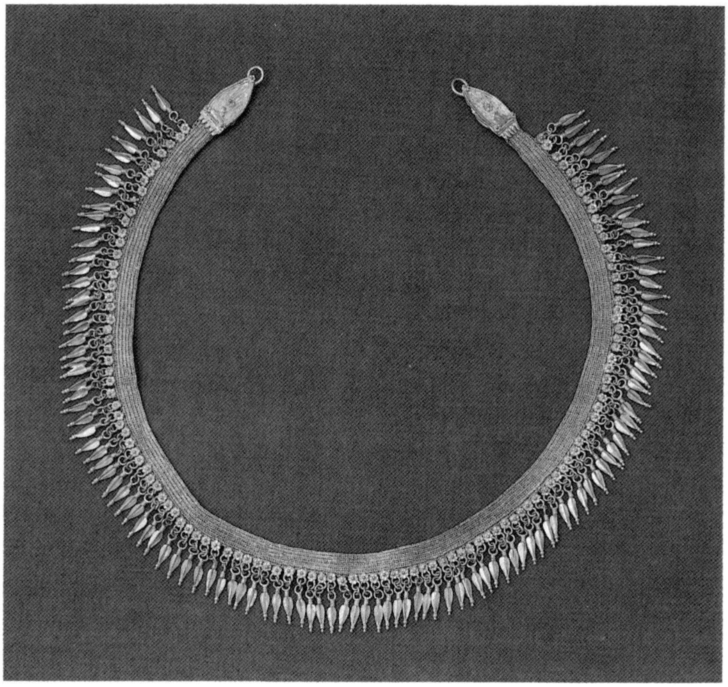

117 Halsband mit Speerspitzenanhängern. Gold. L 32 cm. Hamburg, Kunsthandel. Zweite Hälfte 4. Jh. v. Chr.

Homolion mit Golddrahtornamenten verziert sind, und die extrem langen Endglieder mit großen Filigranpalmetten.

In das späte 4. Jahrhundert scheinen die Halsbänder aus den skythischen Tumuli von Ryzanowka und Deev zu gehören, die wohl lokale Imitationen dieser sehr verbreiteten Form sind. Das eine ahmt in getriebenem Goldblech sehr genau die griechischen Vorbilder nach, bei dem anderen sind plastische, schwimmende Enten zwischen den floralen Dekor gesetzt.

Eine sehr aufgelockerte Form des Blütenbandes zeigt eine Kette aus dem in die zweite Hälfte des 4. Jahrhunderts datierten Kurgan von Karagodeuasch im Kubangebiet (Abb. 116). Große Lotusblüten wechseln mit Goldperlen, von denen abwechselnd Blütenknospen und kleine, spitzovale Tropfen herabhängen. Dadurch entsteht der Eindruck eines duftigen Spitzenmusters, in dessen Mitte als eher retardierendes Element ein Stierkopfanhänger eingefügt ist.

Wohl der Inbegriff spätklassischer griechischer Goldschmiedekunst sind die flachen, wie geflochten wirkenden Bänder aus feinem Golddraht, deren Enden in ovalen Zierkapseln stecken (Abb. 117). Nicht nur heute wird solch eine Kette gerne als Flechtband bezeichnet. Ein Schatzinventar des Artemisheiligtums von Brauron aus dem Jahre 342/341 führt einen „Plokion" genannten Halsschmuck auf, das bedeutet etwas Geflochtenes, und damit kann nur dieser Kettentyp gemeint sein. Technisch ist diese Bezeichnung allerdings unrichtig, denn die Bänder sind keineswegs geflochten, sondern aus zahllosen Schlaufen aus feinstem Golddraht nach dem Prinzip moderner Fuchsschwanzketten zusammengefügt. Im auffälligen Kontrast zu ihrer Schlichtheit steht ihr unruhiger, manchmal sehr reicher Anhängerschmuck, auf den im einzelnen noch eingegangen wird (Abb. 117. 118. 120. Taf. XII. XIII).

Die Kettenenden werden von spitzovalen Goldblechkapseln gehalten, die ein Dekor aus Ranken, Blüten und Palmetten schmückt. Etwa vom Ende des dritten Viertels des 4. Jahrhunderts an finden wir auch getriebene Löwenmasken an Stelle der vegetabil verzierten Kapseln, wie zum Beispiel bei der Halskette aus dem Pawlowski Kurgan.

Die geringe Länge der meisten Ketten erklärt sich wie bei den Blütenhalsbändern dadurch, daß sie nur so lang zu sein brauchten, wie sie von vorn zu sehen waren. Im Nacken wurden sie mit Schnüren gehalten, die durch die Ösen an den Kapselenden geführt wurden. Vermutungen, daß die Ketten quer über die Brust drapiert und mit Fibeln auf den Schultern befestigt wurden, werden nicht durch Darstellungen in der bildenden Kunst gestützt.

Die um die Mitte des Jahrhunderts einsetzende außerordentliche Popularität dieser Ketten zeigt sich nicht nur in der großen Anzahl erhaltener Stücke, sondern wird ebenso überzeugend durch ihre Verwendung als Dekor attischer Schwarzfirniskeramik dokumentiert. Ein Beispiel dafür ist der große Kelchkrater aus der Zeit um 340, um dessen eine Seite ein vergoldetes Halsband

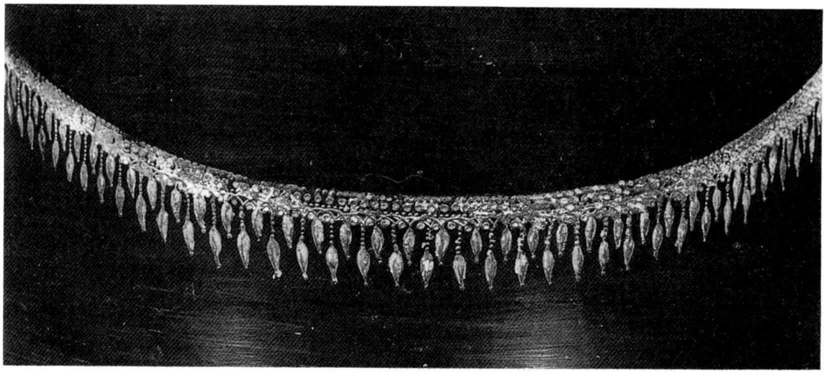

118 Ausschnitt eines attischen Kelchkraters mit vergoldeter Halskette. Okayama, Kurashiki Ninagawa Museum. Um 340 v. Chr.

118a Attischer Krater mit vergoldetem Dekor. s. Abb. 118, 119.

119 Rückseite des Kelchkraters Abb. 118. Vergoldete Halskette mit Amulettanhängern.

mit reichem Anhängerschmuck drapiert ist (Abb. 118). Die andere ziert eine Halskette, von der zahlreiche Amulette herabhängen (Abb. 119). Sie ist das erste datierte Beispiel eines Typs, den wir erst aus späterer Zeit in Originalen kennen (vgl. Abb. 186). Bewundernswert ist die Lösung, die der Vasenmaler gefunden hat, um beide Ketten miteinander zu verbinden. Die Schnüre, mit denen sie im Nacken gehalten werden, sind auf den Seiten des Gefäßes dekorativ verknotet.

Höhepunkte des reichen Stils sind Halsbänder mit einem dichten Kettennetz, das in mehreren Ebenen unterschiedlich große Anhänger trägt (Abb. 120. Taf. XII/XIII). Verwendet wird dafür vor allem eine späte Form knospenförmiger Anhänger, die uns zum ersten Mal bei der Kette aus dem zyprischen Fundkomplex der ersten Hälfte des 5. Jahrhunderts begegnete (Taf. VIII. Abb. 88). Im Gegensatz zu den frühen Beispielen sind sie jetzt reich gegliedert und mit winzigen Granulationskugeln verziert. Ebenfalls beliebt sind glatte oder gerippte tropfenförmige Anhänger, die oft mit den Blütenknospen kombiniert werden. Die Ansätze des Kettennetzes decken kleine Rosetten, Doppelrosetten und manchmal winzige Pegasosprotomen. Auch in das Netz selbst sind Rosetten eingefügt. Solche prunkvollen Ketten fanden sich unter anderem in den Gräbern der Demeterpriesterin und der Dritten Dame von der Großen Blisnitza, in Theodosia (Abb. 120), in Trapezunt an der Südküste des Schwarzen Meeres (Taf. XII. XIII), in Madytos in der Troas und auf der Insel Melos. Entstanden sein werden sie um die Wende vom dritten zum vierten Viertel des 4. Jahrhunderts.

In die gleiche Zeit wie die Einführung der flachen Goldbänder – um die Mitte des 4. Jahrhunderts – fällt die Erfindung einer Anhängerform, die schnell großen Erfolg hat. Es ist der Speerspitzenanhänger, der aus einem lanzettförmigen Grundblech besteht, auf dessen Mitte hochkant ein halbes Blech gleicher Form gesetzt ist (Abb. 117). Daß sie bereits in der Antike mit Speerspitzen verglichen wurden, belegt ein delisches Schatzinventar aus dem Jahre 279, in dem zwei hormoi logchotoi erwähnt werden, das heißt Halsketten mit speerspitzenförmigen Anhängern. Durch das aufrecht gestellte halbe Blech wird eine Brechung des

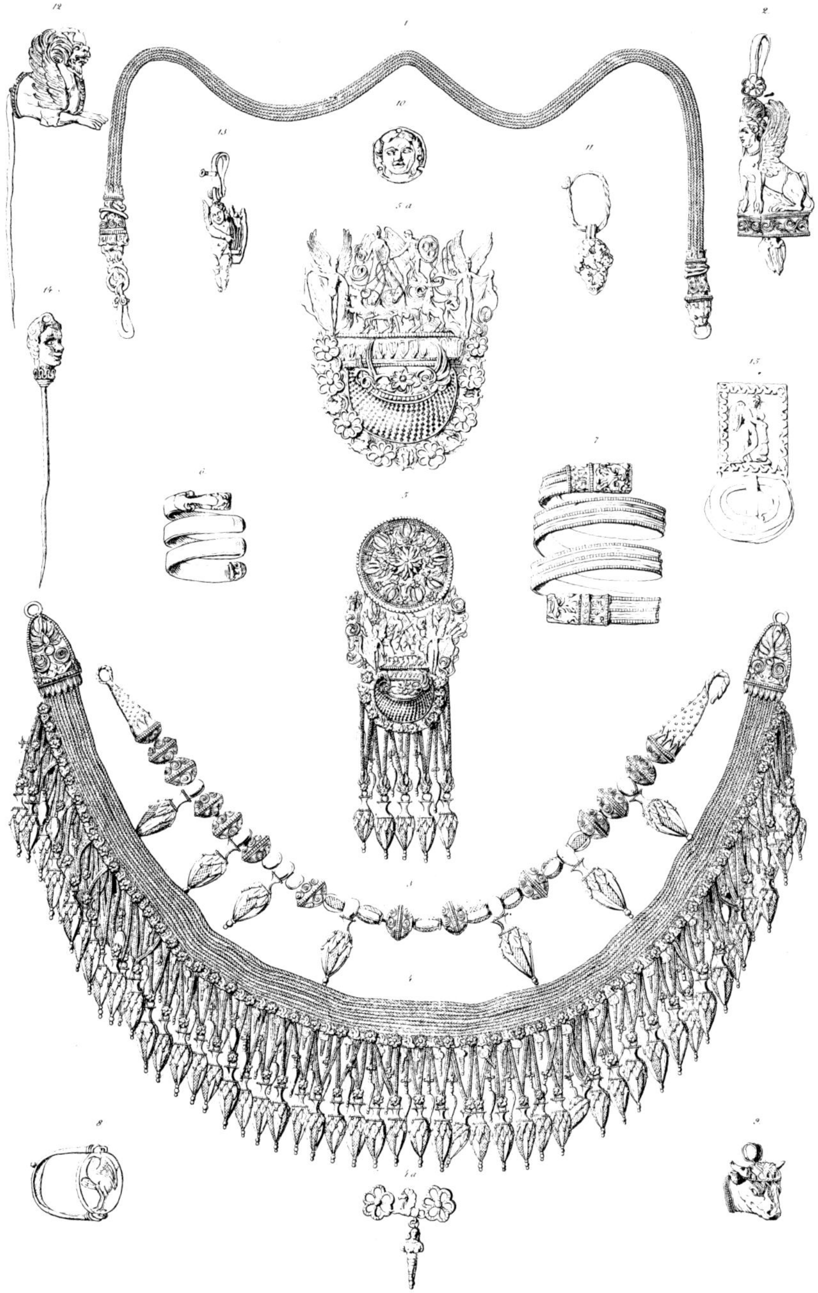

120 Prachtvoller Goldschmuck aus einem Grab in Theodosia/Krim. (etwa 1:2). Leningrad, Eremitage. Ca. 340–325 v. Chr.

Lichts bewirkt und damit ein dekorativer Effekt erzielt, der wesentlich größer ist, als es die im Grunde einfache Konstruktion vermuten läßt.

Spätestens vom dritten Viertel des 4. Jahrhunderts an beginnt die neue Form sich durchzusetzen. Zahlreiche Halsketten mit einer dichten Reihe lanzettförmiger Speerspitzen sind erhalten. Sie werden direkt mit Hilfe von kleinen Ösen am Goldband befestigt, und der einzige zusätzliche Dekor sind winzige, manchmal blau emaillierte Rosetten, die die Ansätze decken. In dieser Beschränkung kündigt sich im Grunde schon das Ende des reichen Stils an. Die üppigen Formen werden auf ihre Grundstrukturen reduziert, auf die Fülle von Einzelornamenten wird zu Gunsten abstrakter Effekte wie dem Licht- und Schattenspiel der Speerspitzen verzichtet. Daß die Entwicklung aber nicht konsequent und gradlinig verläuft, zeigt die Tatsache, daß gerade in der Spätphase des reichen Stils, also einige Zeit nach der Erfindung der Speerspitzen, Halsbänder mit besonders reichem Gehänge und knospenförmigen Anhängern entstehen. Dann allerdings verschwinden die Blütenknospen völlig, während die Speerspitzenkette von den frühhellenistischen Goldschmieden beibehalten wird.

Aus der Fülle der zahlreichen erhaltenen Exemplare sollen hier nur einige Speerspitzenketten aus gesicherten Fundzusammenhängen erwähnt werden. Der Typ ist in mehreren südrussischen Bestattungen vertreten wie etwa dem Grab der Demeterpriesterin von der Großen Blisnitza, dem Pawlowski Kurgan und dem Kurgan von Karagodeuasch. Weitere Stücke fanden sich in einem Grab in Pella und in Grab Z in Derveni, in Korinth, Kleinasien und Unteritalien.

Nach dem gleichen Prinzip konstruiert wie die Goldbänder sind kordelartige Halsketten, die ebenfalls bald nach der Mitte des 4. Jahrhunderts auftauchen. Die feinen Golddrahtschlaufen, aus denen sie zusammengefügt sind, werden nicht bandartig, sondern wie bei modernen Fuchsschwanzketten radial angeordnet.

Ein frühes Beispiel ist ein ungewöhnlicher Halsschmuck aus Kyme in der Aeolis, der aus zwei Fuchsschwanzketten besteht, die durch eine bikonische Goldperle zusammengehalten werden

121 Halsschmuck mit bikonischer Perle als Schieber und Quastenanhängern. Aus Kyme/Aeolis. Gold. L 30,5 cm. London, British Museum, BMCJ 1955. Mitte 4. Jh. v. Chr.

122 Halsschmuck mit blattförmigem Schieber und Blütenquasten. Aus Kleinasien. Gold, Reste grünen Emails auf den Blüten. L ca. 20 cm. Pforzheim, Schmuckmuseum, Inv. 1959/92 c. Zweite Hälfte 4. Jh. v. Chr.

(Abb. 121). Je ein Ende, an dem Ösen befestigt sind, wird in den Nacken gelegt, die beiden anderen erst durch die größere, dann durch kleinere bikonische Perlen geführt. Den unteren Abschluß bilden zwei Goldquasten aus kurzen Ketten und filigranverzierten Perlen. Durch Schieben der großen Perle läßt sich die Länge variieren.

Ganz ähnlich aufgebaut ist eine zweite Kette gleicher Provenienz, deren Quasten in offenen goldenen Blüten enden. Bei einer weiteren, allerdings bandartigen Kette dieses Typs, die aus Mytilene kommen soll, sind es geschlossene Blüten.

Die Konstruktion dieser drei Ketten wiederholt ein Halsschmuck, der zu dem Fundkomplex aus Sardis gehört (Abb. 122).

123 Pektoral aus der Großen Blisnitza/Taman. Skythischer Brustschmuck aus einer griechischen Werkstatt. Gold. Dm 18,4 cm. Leningrad, Eremitage. Zweite Hälfte 4. Jh. v. Chr.

Als Schieber fungiert ein herzförmiges Blatt mit einer Filigranpalmette. An den Quasten hängen sehr natürliche goldene Blüten mit Resten grünen Emails. Die nächste Parallele zu dem blattförmigen Schieber zeigt ein aus Kyme stammender Ohranhänger, ein Blatt, daß die Verbindung von Zierscheibe und kegelförmigem Anhänger deckt (Taf. XX).

Direkte Hinweise für die Datierung dieser Halsschmuckform fehlen. Einen Anhaltspunkt gibt der Filigrandekor der Ketten von Kyme (Abb. 121) und Mytilene, der an Arbeiten des zweiten Viertels des 4. Jahrhunderts, etwa an die Ohranhänger aus dem in die Zeit zwischen 380 und 350 datierten Mogilanska-Hügel erinnert. Der Halsschmuck aus Sardis wird etwas später entstanden sein, das heißt im dritten Viertel des 4. Jahrhunderts oder Anfang des vierten.

Ausschließlich für ihre skythischen Kunden fertigten griechische Goldschmiede große *Pektorale*, die kragenartig um den Hals gelegt und wie griechischer Halsschmuck im Nacken mit einer Schnur geschlossen wurden. In ihrem Dekor vereinen sie griechische Ornamentik mit Szenen, die dem Alltagsleben der Skythen entnommen sind. Ein Beispiel dafür ist das Pektoral mit den Haus- und Weidetieren aus der Großen Blisnitza (Abb. 123). Aus der gleichen Werkstatt stammt eines der bedeutendsten Kunstwerke griechischer Goldschmiede, ein Pektoral, das in der Tolstaja Mogila bei Ordzonikidze gefunden wurde. In einer inneren Zone zeigt es Skythen und ihre Herdentiere. Die mittlere schmückt eine rein griechische Goldranke mit emaillierten Blüten, Palmetten und plastischen Vögeln und in der äußeren spiegeln kämpfende Tiergruppen die Gefahren der Steppe wider. Den Rahmen dieser Pektorale bilden Reifen aus gedrehten Goldröhren, um die Perldrähte gewunden sind. Dies ist eine Konstruktion, die die griechischen Goldschmiede sonst für die Herstellung von Armreifen verwenden (vgl. 136. 138). Nahezu identisch sind die Abschlüsse, die mit ihren filigranverzierten Kragen, dem kurzen Kettenband und den Löwenmasken an griechische Halsketten dieser Epoche erinnern.

IX a Armreif aus vergoldeter Bronze und goldenen Wildziegenköpfen. vgl. Abb. 108. Von Zypern. Dm ca. 7,5 cm. Kunsthandel. Erste Hälfte 5. Jh. v. Chr.

IX b Teile eines Halsschmucks. Goldbleche mit Palmettendekor, applizierten Rosetten und kleinen Anhängern. vgl. Abb. 91. Von Zypern. Kunsthandel. Erste Hälfte 5. Jh. v. Chr.

X Halskette mit Löwenkopfenden, Goldquasten und geschnittenem Karneolzylinder (stehende Frau neben Kranich) in teilweise emaillierter Goldfassung. L der Kette 41 cm, des Zylinders 3,7 cm. London, Victoria and Albert Museum, Inv. 122-1864. Um 340/330 v. Chr.

XI Blütenhalsband mit Frauenkopfanhängern. Aus Tarent. Gold. L 30,6 cm. London, British Museum, BMCJ 1952. Erste Hälfte 4. Jh. v. Chr.

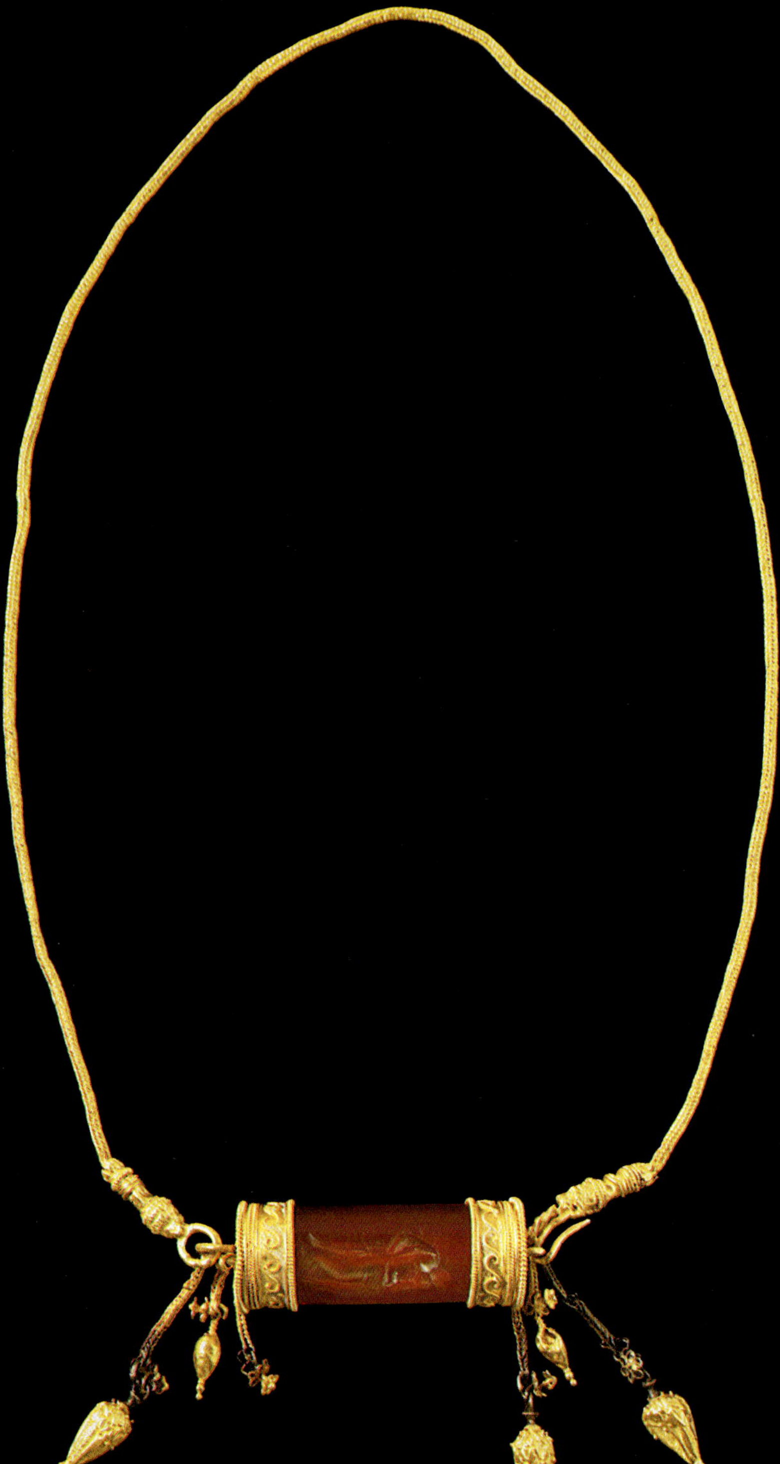

XII/XIII Halsband mit reichem Gehänge aus tropfenförmigen Anhängern und stilisierten Blütenknospen. Am Ansatz der kurzen Ketten Doppelrosetten und winzige Pegasosprotomen. Aus Trapezunt (?). Gold. L 34,3 cm. Slg. Schimmel. Um 340/330 v. Chr.

XIV/XV Ohrreifen mit kahnförmigen, filigranverzierten Anhängern, plastischen Seepferdchen und Sicherungsketten, die um das Ohr gelegt werden. Aus Homolion/Thessalien. Gold. H 4 cm. Saloniki, Archäologisches Museum. Mitte 4. Jh. v. Chr.

XVI Silberner Fingerring mit drehbarer Platte aus dunkelblauem Glas und Bergkristall. Dazwischen, ausgeschnitten aus feinem Goldblech, auf einem Seepferd sitzende Thetis mit den Waffen des Achill. Aus Homolion/Thessalien. L der Platte 2,5 cm. Saloniki, Archäologisches Museum. Mitte 4. Jh. v. Chr.

124 Spiralohrringe mit profilierten Enden. Silber. H 3,7 cm. Berlin, Antikenmuseum, Inv. Misc. 8472. Spätes 5./4. Jh. v. Chr.

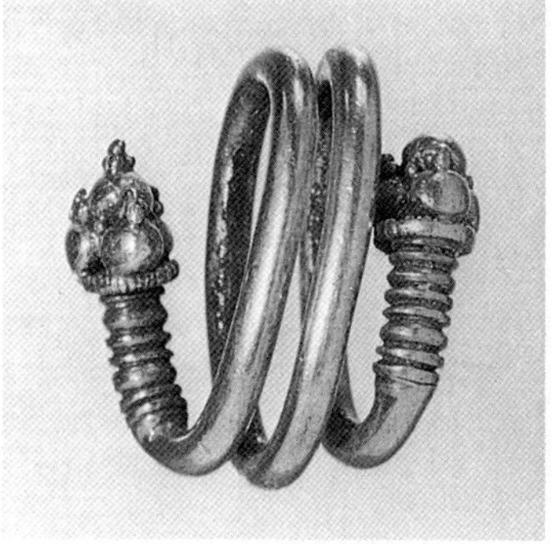

125 Ohrspirale mit Granulationstrauben auf den Enden. Silber, vergoldet. H 2,6 cm. Berlin, Antikenmuseum, Inv. 30219,383. Erste Hälfte 4. Jh. v. Chr.

Auf dem Gebiet des *Ohrschmucks* werden die Grundformen des 5. Jahrhunderts vorerst noch beibehalten. So finden wir Spiralen, kahnförmige Bügelohrringe, Zierscheiben und kegelförmige Anhänger wieder. Aber es ist erstaunlich, wie die Goldschmiede des 4. Jahrhunderts sie so umzuwandeln verstehen, daß die ursprünglichen Vorbilder sich oft nur noch ahnen lassen.

Silberne Ohrspiralen mit knospenartigem Abschluß an den profilierten Enden kommen aus Gräbern von Halae in der Lokris und Tarrha auf Kreta und werden in die Zeit um 400 bzw. in die Mitte des 4. Jahrhunderts datiert (vgl. Abb. 124). Auf dem im Zusammenhang mit den Blütenhalsbändern erwähnten Rhyton von Borowo aus der ersten Hälfte des 4. Jahrhunderts trägt die Sphinx Spiralohrringe mit kleinen Granulationstrauben als Abschluß. Auch diese Variante kennen wir im Original (Abb. 125). Aus Süditalien kommen dicke Spiralen, die hohl aus Goldblech aufgebaut sind und in Widder- oder Frauenköpfen enden. Neben schlichten Modellen gibt es vor allem aus der zweiten Hälfte des Jahrhunderts mit Goldranken und -blüten überzogene Paare.

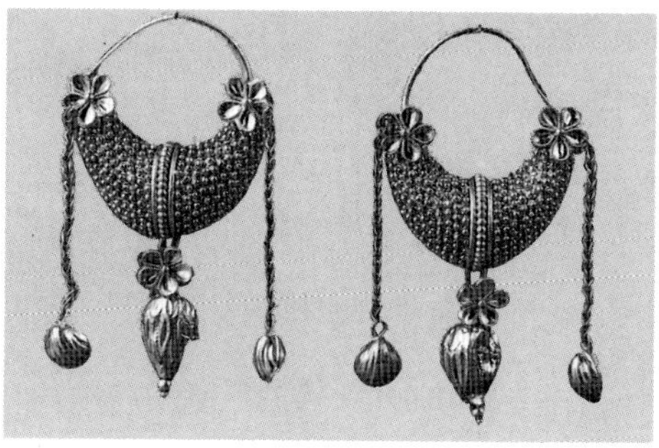

126 Kahnförmiger Ohranhänger aus Unteritalien. Gold. H ca. 3,5 cm. Kunsthandel. Erste Hälfte 4. Jh. v. Chr.
127 Kahnförmiger Ohranhänger mit Filigranornamenten. Aus Tarent. Gold. H 3 cm. Basel, Münzen und Medaillen AG. Zweite Hälfte 4. Jh. v. Chr.

Bügelohrringe machen im 4. Jahrhundert wohl den auffälligsten Wandel durch. Es gibt nebeneinander schlichte Exemplare, die sich kaum von früheren unterscheiden, und prachtvolle, ja kühne Abwandlungen des Grundtyps. Aus Tarentiner Gräbern der ersten Hälfte und des dritten Viertels des 4. Jahrhunderts kommen Bügelohrringe, deren kahnförmiger Körper vollständig mit Granulation überzogen ist (Abb. 126). Gleichzeitig aber setzt sich eine etwas zierlichere Form durch (Abb. 127). Ihre Dekora-

128 Kahnförmiger Ohranhänger mit weiß/grün emaillierter Rosette, kleiner Sirene und Muschelanhängern. Aus Eretria. Gold. H 6 cm. London, British Museum, BMCJ 1653. Spätes 5. Jh. v. Chr.

tion folgt stets dem gleichen Prinzip: ein Band aus Zierdrähten halbiert den Körper, und daran können sich Wellenbänder oder Ranken seitlich anschließen.

Eine etwas andere Form des Bügelohrrings zeigen zwei Paare aus Gräbern des dritten Viertels des 4. Jahrhunderts von Homolion in Thessalien. Das verhältnismäßig schlichte Paar aus Grab B wird durch Filigranbänder gegliedert. Wesentlich reicher verziert sind die in der Nachfolge der Bügelohrringe des späten 5. Jahrhunderts von Eretria (Abb. 128) und Akanthos stehenden beiden Stücke aus Grab A (Taf. XIV. XV). Ein dichtes Palmetten- und Zungenmuster folgt der Rundung des Körpers, dessen oberen Abschluß reich verzierte Manschetten bilden. Die eine hält den in einem Schlangenkopf endenden Bügel, die andere geht in einen Löwenkopf mit heraushängender Zunge über, der als Verschluß fungiert. Die nach oben offene Wölbung füllt ein Seepferdchen, eine der typischen Miniaturplastiken der Epoche.

Selbst für diese Zeit, in der ein gewisses künstlerisches und technisches Niveau nie unterschritten wird, stellt dieser Ohrschmuck eine außergewöhnliche Arbeit dar, und es ist verständlich, daß seine ursprüngliche Besitzerin ihn durch kleine Ketten, die über das Ohr gelegt wurden, zusätzlich sicherte. Daß er einen weit verbreiteten Typ repräsentiert, lassen vergleichbare Stücke in den Museen von Boston, Baltimore, Athen und Leningrad vermuten.

In der gleichen Tradition wie das Paar aus Grab A von Homolion steht eine Gruppe Ohranhänger, die sich zwar aus den Bügelohrringen entwickelt haben, aber nur noch wenig mit der ursprünglichen Form zu tun haben (Abb. 129. 130). Sie setzen sich zusammen aus einer großen Zierscheibe, dem kahnförmigen Körper der Bügelohrringe und reichem Anhängerschmuck. Am Ohr befestigt werden sie mit Hilfe eines von der Zierscheibe verdeckten Hakens. Der Bügel, mit dem der kahnförmige Anhänger am Ohr befestigt wurde, ist zwar auch noch vorhanden, dient aber nur noch als Verbindung zur Zierscheibe. Solche Stücke vereinen gewissermaßen zwei ursprünglich unterschiedliche Ohrschmuckformen zu einer einzigen, den Bügelohrring und die Zierscheibe archaischer bzw. frühklassischer Zeit (vgl. Abb. 72. 96. 97).

Ein verhältnismäßig einfaches Beispiel dieses Typs ist ein Paar aus dem Mogilanska-Hügel, das in die Zeit zwischen 380 und 350 datiert wird. Herzförmige Filigranspiralen mit eingerollten Enden überziehen in zwei Reihen den kahnförmigen Körper, von dem in gleichmäßigen Abständen Anhänger herabhängen, deren Ansätze durch Rosetten verdeckt werden. Rosetten kaschieren auch die Verbindung von Bügel und Zierscheibe. Zwischen die hochgezogenen Enden des Kahns ist das winzige Goldrelief einer Sphinx gesetzt.

Etwa gleichzeitig wird der Ohrschmuck von Kul-Oba entstanden sein (Abb. 129). Im Aufbau wie im Dekor stimmt er mit dem Paar aus dem Mogilanska-Hügel überein. Die Ornamente sind etwas freier, folgen aber immer noch der Kontur des kahnförmigen Körpers. In die Wölbung ist an Stelle der Sphinx ein Akanthosblatt gesetzt, aus dem eine Palmette aufsteigt. Filigran-

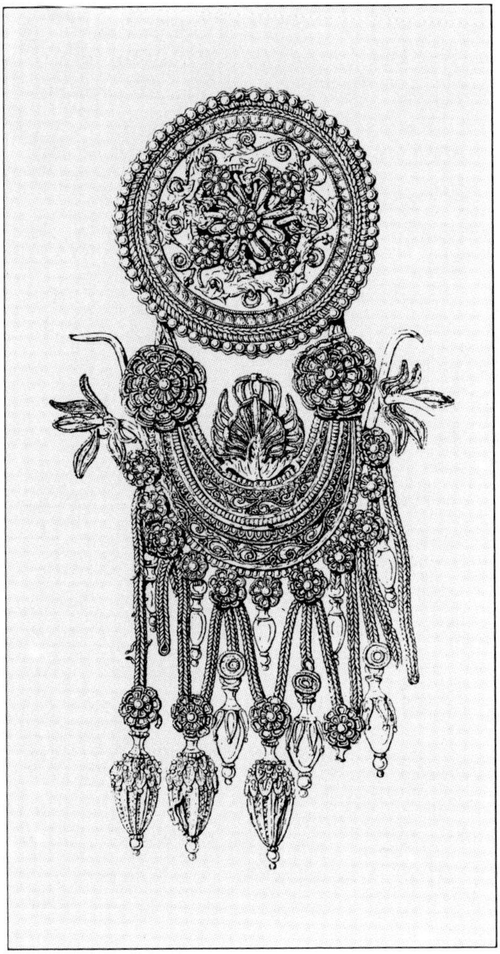

129 Ohranhänger mit reich verzierter Scheibe, kahnförmigem Anhänger und Kettengehänge. Aus dem Tumulus von Kul-Oba/Kertsch. Gold, blaues Email. H 9,5 cm. Leningrad, Eremitage. Gegen 350 v. Chr.

ranken, applizierte Rosetten und winzige Goldreliefs mit Nereiden, die die Waffen Achills tragen, zieren die große Scheibe. Blaues Email auf den Rosetten und Blättern unterstreicht den Reiz dieses Schmuckstücks, das zu den Spitzenstücken seiner Zeit gehört, und läßt es leicht und duftig erscheinen.

Dagegen ist das oben genannte Paar aus dem Mogilanska-Hügel eine provinzielle Arbeit. Aber sie dokumentiert daß der Typ des Kul-Oba Ohranhängers so bekannt und verbreitet gewesen sein muß, daß er auch von weniger bedeutenden Goldschmieden und in Randgebieten der griechischen Welt imitiert wurde.

Die weite Verbreitung und der zeitliche Ansatz der beiden Paare wird durch Darstellungen solchen Ohrschmucks auf Münzen und in der attischen Schwarzfirniskeramik gestützt. Die ersten, noch verhältnismäßig schlichten Beispiele, die aber schon fünf einzelne Anhänger aufweisen, erscheinen um 410 auf Münzen von Syrakus. Die reiche Form von Kul-Oba ist auf Prägungen von Stymphalos in Arkadien um 360 deutlich zu erkennen. Attische Keramik mit Golddekor, ähnlich dem Kantharos mit goldenen Halsketten (vgl. Abb. 118. 119), zeigt sie um 340.

Die weitere Entwicklung repräsentiert Ohrschmuck aus der Großen Blisnitza und aus einem völlig entgegengesetzten Gebiet der griechischen Welt, aus Tarent – ein Hinweis auf den internationalen Charakter griechischer Goldchmiedekunst des 4. Jahrhunderts. Das Paar aus der Großen Blisnitza und ein fast identisches aus vergoldeter Terrakotta aus einem Tarentiner Grab des dritten Viertels des 4. Jahrhunderts entsprechen im Aufbau dem aus Kul-Oba, tragen aber zusätzlich kleine Nikefiguren an den Bügelansätzen. Das gleiche Detail wiederholt ein einzelner Tarentiner Ohranhänger, dieses Mal ohne Zierscheibe (Taf. XVII). Er zeigt das in Unteritalien besonders geschätzte Perldrahtfiligran, das jetzt zu Ranken und Palmetten gelegt großzügig den ganzen Körper überzieht, also nicht mehr seiner Kontur folgt.

Eine noch spätere Stufe der Entwicklung repräsentieren Ohranhänger aus dem Fund von Theodosia, aus Grab Z von Derveni, aus Trapezunt (Abb. 130) und von Kreta. In ihrer Grundstruktur entsprechen sie dem Kul-Oba Typ, aber die Proportionen haben sich geändert. Figürlicher Dekor und üppiges Rankenwerk brauchen zwischen dem vollständig mit dichter Granulation überzogenem Kahn und der Scheibe mit ihrem überquellenden Dekor aus Ranken, Blüten und Palmetten mehr Platz als bisher. Bei dem Paar von Theodosia ist deshalb sogar ein Zwischensteg als Basis für die winzige Miniaturplastik einer wagenlenkenden Nike eingeschoben. Mit solchen Schmuckstücken erreicht der reiche Stil seinen Höhepunkt.

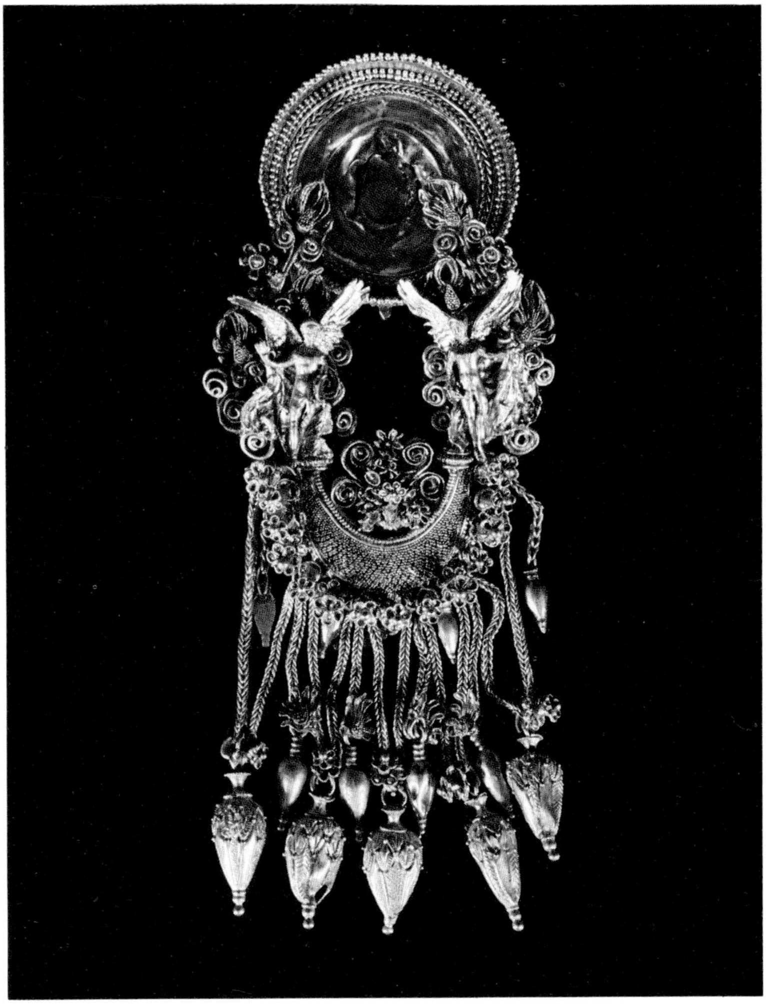

130 Ohrschmuck aus Trapezunt (?). Schlichte Zierscheibe, darunter vollständig mit Granulation überzogener kahnförmiger Anhänger. In seiner Rundung Akanthosblatt, Voluten, Blüten und Palmette, auf den hochgezogenen Enden geflügelte Knaben vor reichem Palmettendekor. Unten Kettengehänge mit Rosetten und Palmetten. Gold. H 8,3 cm. Slg. N. Schimmel. 350–325 v. Chr.

Eine nach Aussage der Münzen ebenfalls häufig vorkommende Ohrschmuckform des 4. Jahrhunderts sind die von zwei kleinen Anhängern flankierten kegelförmigen Ohrgehänge (Abb. 114). Sie sind die Weiterentwicklung eines Typs, den wir schon aus archaischer und frühklassischer Zeit kennen (vgl. Abb. 73. 74). Entsprechend den veränderten Vorstellungen wird die Grundform jetzt – ohne selbst geändert zu werden – durch zusätzlichen Schmuck angereichert. Ein Paar aus Grab 70 von Amphipolis und ein wohl aus der gleichen Werkstatt stammendes Einzelstück unbekannter Provenienz (Abb. 75) repräsentieren eine in das mittlere 4. Jahrhundert zu datierende Entwicklungsstufe.

Schon aus der Valenmalerei des 6. Jahrhunderts kennen wir Ohranhänger, die aus einer Zierscheibe und dem kegelförmigen Anhänger bestehen (vgl. Abb. 71). Vielleicht in Anlehnung an den Ohrschmuck, der die Zierscheibe mit dem kahnförmigen Körper verbindet, erlebt diese Form bald nach der Jahrhundertmitte einen großen Aufschwung (Abb. 115. 131. Taf. XX). Wie der kahnförmige Bügel ist der Kegel – der manchmal durch eine Pyramide ersetzt wird – nicht mehr eigenständiges Schmuckstück, sondern eines von mehreren Elementen innerhalb einer reichen Komposition. Flankiert von kleinen, häufig figürlichen Anhängern, fungiert er wie bei den Paaren aus Grabfunden von Syrakus (Abb. 115), Karagodeuasch und aus Kyme (Abb. 131. Taf. XX) als Basis für eine Miniaturplastik. Das kann eine kauernde Nike sein (Abb. 115. 131) oder ein tanzender Skythe wie auf einem Paar von der Großen Blisnitza. Auch floraler Dekor wie Blüten, Ranken oder das herzförmige Blatt des Ohranhängers von Kyme (Taf. XX), auf dessen Übereinstimmung mit dem Schieber des Halsschmucks aus Sardis (Abb. 122) bereits hingewiesen wurde, kommt vor.

Mit den bisher aufgeführten Ohrschmuckformen ist das Repertoire nicht erschöpft. Die schon oft zitierte Zierscheibe bot noch eine weitere Verwendungsmöglichkeit. Wie schon in archaischer und frühklassischer Zeit konnte sie als Ohrstecker benutzt werden. Zu diesem Zweck war auf ihrer Rückseite ein kleines Röhrchen angebracht, das durch das Ohrläppchen gesteckt und mit einem Gegenstück verbunden wurde (Abb. 132). Kleine Ösen,

131 Ohrschmuck. Zierscheibe, Kegelpyramide als Basis für eine knöchelspielende Nike, flankierende Anhänger. Aus Kyme/Aeolis. Gold. H 6,5 cm. London, British Museum, BMCJ 1672/3. Zweite Hälfte 4. Jh. v. Chr.

132 Filigranverzierte Ohrstecker aus Unteritalien. Gold. Dm 2,3 cm. Basel, Münzen und Medaillen AG. Mitte 4. Jh. v. Chr.

durch die eine winzige Kette oder eine Schnur geführt wurde, dienten der zusätzlichen Sicherung. Ihr Dekor entspricht dem üblichen Kanon klassischer Zierscheiben. In die Mitte ist stets eine Rosette gesetzt, die ein ornamental oder mit Ranken verzierter Rand umgibt. Solche Ohrstecker wurden in Unteritalien

133 Ohrstecker aus Marion/Zypern. Gold und Email. Dm 4 cm. Nikosia, Cyprus Museum, J 137. Um 350 v. Chr.

(Abb. 132), auf Zypern (Abb. 133), in Kyme (Abb. 134), in Ialysos auf Rhodos und im Tumlus 6 von Galata gefunden.

In das zweite Viertel des 4. Jahrhunderts datiert werden Zierscheiben mit Frauenkopfanhängern aus einem Grabfund von Cri-

134 Zwei Ohrstecker aus Kyme/Aeolis. Gold. Dm 2,8 bzw. 2,6 cm. London, British Museum, BMCJ 2059. 2060. Zweite Hälfte 4. Jh. v. Chr.

135 Ohrschmuck. Zierscheibe, Frauenkopf und flankierende Ketten. Aus Crispiano/Unteritalien. Gold, rosa, rotes und blaues Email. H 6 cm, Dm der Zierscheibe 2,7 cm. Tarent, Museo Archaeologico Nazionale, Inv. 54.115 A. Um 350 v. Chr.

spiano bei Tarent (Abb. 135). Eine Wellenlinie als Randverzierung faßt eine blau emaillierte Zone ein. Die von Perlanhängern flankierten Köpfe schmücken ein Diadem, kegelförmige Ohranhänger an Rosetten und ein Halsband. Spuren von rosa, rotem und blauem Email lassen die ursprüngliche Farbigkeit ahnen.

Diese Kombination von rosettengeschmückter Scheibe und figürlichem Anhänger könnte der direkte Vorläufer einer Form sein, die wohl bald nach der Mitte des 4. Jahrhunderts entsteht und eine der wichtigsten Ohrschmuckformen des Hellenismus wird. Die große Zierscheibe wird zu einer verhältnismäßig einfachen, kleinen Rosette reduziert, von der frei schwebend ein figürlicher Anhänger herabhängt (vgl. Abb. 162).

Wie immer gehört *Armschmuck* zu den nur selten erhaltenen Formen. Für das 4. Jahrhundert überrascht dies bis zu einem gewissen Grad, denn die zeitgenössische Vasenmalerei schwelgt förmlich in der Wiedergabe von Spiralarmbändern oder Schlangenarmreifen. Die wenigen Stücke, die wir im Original kennen, stammen meist aus den reichen südrussischen Tumuli. So trug der männliche Tote aus dem Tumulus von Kul-Oba an beiden Handgelenken prachtvolle Armreifen aus dicken, vergoldeten Bronzedrähten, die in goldenen Sphingenprotomen enden (Abb. 138). Spiralarmreifen aus dem Grab der Demeterpriesterin von der Großen Blisnitza gehen in springende Widder bzw. Löwinnen über (Abb. 139). Ein Grab von Temir Gora bei Kertsch enthielt Löwenkopfarmreifen. Prachtvoll sind Armreifen aus Eretria mit plastischen Löwenköpfen, mit farbigem Email verzierten Kragen und dem in die Vertiefungen des Spiralreifens gelegten Perldraht (Abb. 140). Ein häufiger vorkommendes Motiv sind Widderköpfe, ähnlich denen eines silbernen Armreifen aus Nordgriechenland (Abb. 141) und mehrerer Stücke von Zypern.

Schon in die allerletzte Phase spätklassischer Goldschmiedekunst, wenn nicht sogar zu den ersten Anfängen des Hellenismus bringen uns flache Goldbänder aus südrussischen und italischen Gräbern, die in Schlangenköpfen (Abb. 136) oder Löwenmasken (Abb. 137) enden. Besonders reizvoll ist ein Paar aus dem Kurgan von Karagodeuasch, dessen Goldbänder in getriebene Seepferde übergehen.

136 Armreif mit Schlangenkopfenden aus Kertsch. Gold.
Zweite Hälfte 4. Jh. v. Chr.
137 Armreif mit Löwenmasken aus Theodosia/Krim. Gold. s. Abb. 120.
Leningrad, Eremitage. 340-325 v. Chr.

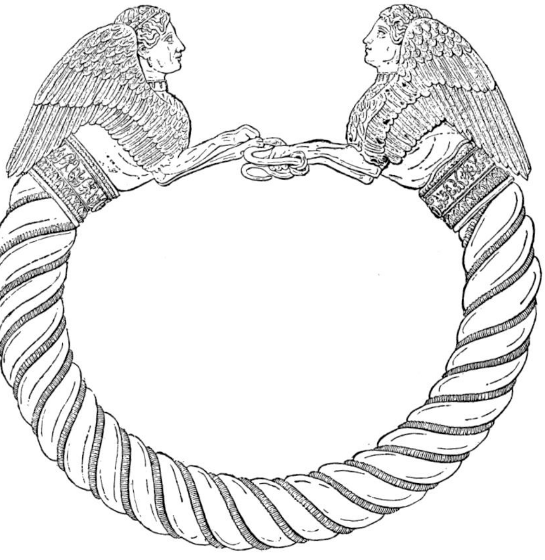

138 Armreif mit Sphinxprotomen. Gefunden am Oberarm eines Mannes im Tumulus von Kul-Oba/Kertsch. Vergoldete Bronze, Gold, Email. Dm 10,3 cm. Leningrad, Eremitage. Gegen 350 v. Chr.

139 Armreif mit springenden Löwinnen aus der Großen Blisnitza/Taman. Vergoldete Bronze, Gold. Dm 7,3 cm. Leningrad, Eremitage. Drittes Viertel 4. Jh. v. Chr.

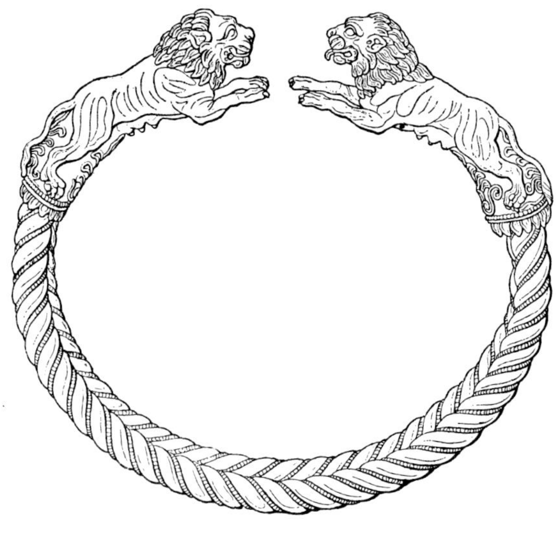

140 Armreif mit Löwenkopfenden. Gold, Email. Dm 8 cm. New York, Metropolitan Museum, Inv. 45.11.10. Joseph Pulitzer Bequest Fund, 1945. Zweite Hälfte 4. Jh. v. Chr.

141 Armreif mit Widderkopfenden. Aus Makedonien. Silber. Dm 5,5 cm. Slg. N. Schimmel. Zweite Hälfte 4. Jh. v. Chr.

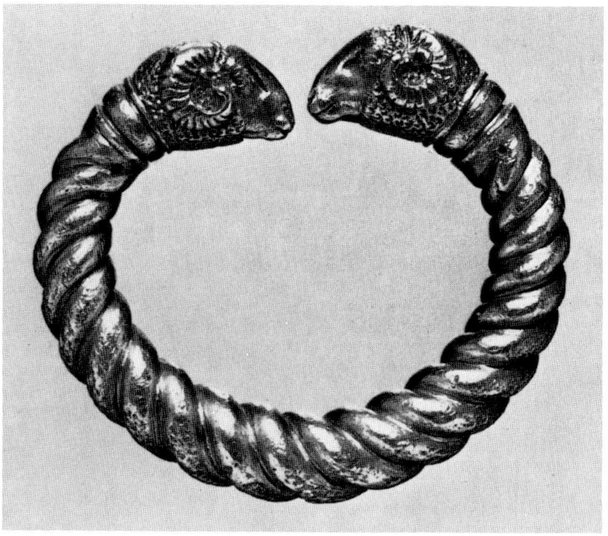

XVII Ohranhänger. Auf dem kahnförmigem Bügel Palmettenornamente in Perldrahtfiligran, dazu applizierte Rosetten, Nikefiguren und ein Kettengehänge mit Rosetten und Blütenknospen. Aus Tarent. Gold. H 9,9 cm. Tarent, Museo Archeologico Nazionale, Inv. 110.090. Zweite Hälfte 4. Jh. v. Chr.

XVIII Drehbarer Skarabäusring aus Kleinasien. Auf der Unterseite eingravierte sitzende Frau mit Vogel. Gold. H 3 cm. Pforzheim, Schmuckmuseum, Inv. 1959/92 e. Zweite Hälfte 4. Jh. v. Chr.

XIX Armschmuck mit Antilopenköpfen. Reif aus gedrehtem Goldblech- und Filigran. Aus Kleinasien. Gold. Dm ca. 7,5 cm. Baltimore, Walters Art Gallery, Inv. Nr. 57.2021/2. Spätes 4. Jh. v. Chr.

XX Ohranhänger. Floral verzierte Scheibe, Zierblatt mit Filigranpalmette, pyramidenförmiger Anhänger und flankierende Eroten. Aus Kyme/Aeolis. Gold. H 6,4 cm. Berlin, Antikenmuseum Inv. GI.165.166.
Zweite Hälfte 4. Jh. v. Chr.

Spätklassische *Fingerringe* sind vor allem Weiterentwicklungen früherer Formen. Sehr verbreitet sind massive Siegelringe aus Gold, Silber oder auch Bronze, deren immer mehr zum Rundoval tendierende Platte eine eingravierte figürliche Darstellung zeigt. In der zweiten Hälfte des Jahrhunderts beginnt sich die kreisrunde Platte durchzusetzen, die bis in den frühen Hellenismus beibehalten wird. Oft ist sie so groß, daß sie über den Reifen hervorragt.

Drehringe mit geschnittenen Skarabäen sind vor allem für die zweite Hälfte des Jahrhunderts belegt. Beispiele aus gesicherten Fundzusammenhängen kommen aus Grab Z von Derveni, aus mehreren Tarentiner Gräbern und aus einem Grabfund von Syrakus (Abb. 115).

Neu sind ganz aus Gold gearbeitete Drehringe, wie etwa der sehr lebendige Skarabäus aus dem Fund von Sardis (Taf. XVIII). Vergleichbare Stücke kommen aus dem Demetergrab der Großen Blisnitza und – in wesentlich einfacherer Form – aus Tarentiner Gräbern des dritten Viertels des 4. Jahrhunderts.

Anschließen läßt sich hier eine Gruppe besonders exquisiter Ringe, für die ein Stück aus Grab B von Homolion als Beispiel steht (Taf. XVI). Es ist ein silberner Bügelring, zwischen dessen Enden eine blaue Glaspaste gesetzt ist, die als Hintergrund für zwei feine Goldreliefs dient. Geschützt durch dünne Bergkristallscheiben zeigt das eine Thetis mit den Waffen des Achill auf einem Seepferd, das andere einen delphinreitenden Eroten. Diese Darstellung der Thetis wiederholt eine fragmentarisch erhaltene, in Gold gefaßte Elfenbeinplatte in Berlin, die aus Tarent kommen soll und vermutlich zu einem Fingerring gehörte. Ein goldener Bügelring mit blauer Glasplatte aus dem Pawlowski Kurgan entspricht in seinem Aufbau dem Ring von Homolion. Auf der einen Seite zeigt er ein Goldrelief mit Tänzerinnen, auf der anderen ein Seepferd.

Wesentlich verbreiteter als solche Kostbarkeiten werden allerdings Spiralringe aus flachen Goldbändern und Schlangenringe gewesen sein, auch wenn sie nur selten mit in Gräber gegeben wurden. Zu den wenigen erhaltenen Stücken zählen ein Schlangenring aus einem in die Mitte des 4. Jahrhunderts datierten

142 Fingerring. Gold, Granat, blaues Email.
Dm der Platte 2,3 cm. Privatbesitz.
Zweite Hälfte 4. Jh. v. Chr.

Grab von Tarrha auf Kreta und ein mehrfach gewundener Reif mit Schlangenköpfen als Enden aus der Tolstaja Mogila. Bandförmige Reifen, die in Löwenmasken enden und die gewissermaßen die Miniaturausgabe der entsprechenden Armbänder sind (vgl. Abb. 137), kommen aus südrussischen Gräbern des späten 4. und Tarentiner Gräbern des frühen 3. Jahrhunderts.

Die zweite Hälfte des 4. Jahrhunderts sieht zunehmend die Verarbeitung von ungeschnittenen Farbsteinen zu Schmuckringen. Grab Z von Derveni enthielt einen Ring mit einem Sardonyx, der von den ausgeschnittenen Zacken des ihn umgebenden Goldblechs, einer sogenannten Hundezahnfassung, gehalten wird.

Typisch für die Spätklassik ist ein Schmuckring unbekannter Provenienz (Abb. 142), der mit seinem Wellenband, das einen blau emaillierten Rand abgrenzt, an die Ohranhänger von Crispiano (Abb. 135) erinnert. Die Rosette, die bei den Ohranhängern das Zentrum bildet, wurde durch einen roten Granaten ersetzt.

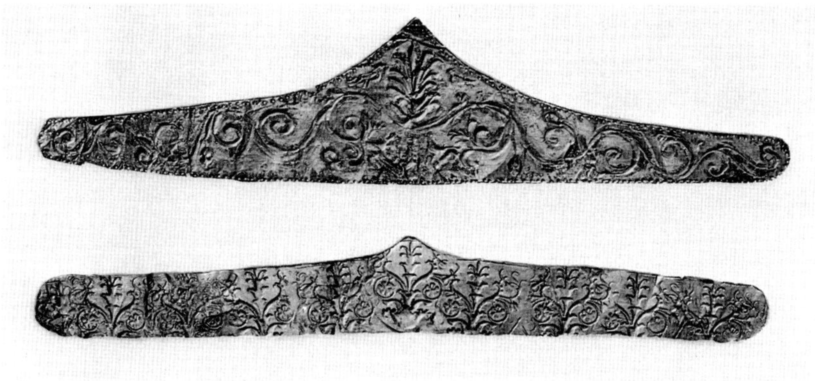

143 Zwei Giebeldiademe mit getriebenem Rankendekor. Gold. L 27,8 bzw. 27,5 cm. Basel, Münzen und Medaillen AG. Mitte 4. Jh. v. Chr.

Als *Diademe* fungieren anfangs weiterhin einfache Goldblechstreifen mit punzierten Palmetten oder figürlichen Szenen. Etwa um die Mitte des 4. Jahrhunderts beginnt sich das Giebeldiadem durchzusetzten, ein Goldblechstreifen mit spitz in die Höhe gezogenem Mittelteil und abgerundeten Ecken (Abb. 143). Verziert ist es mit getriebenen Palmetten, Blüten und Ranken, in die manchmal Figuren eingefügt sind. Teilweise sehr schöne Diademe wurden in allen Teilen der griechischen Welt gefunden, aber oft sind sie so flüchtig gearbeitet, daß sie nur für den Totenkult bestimmt gewesen sein können.

Robuster ist das Goldblechdiadem, das zusammen mit den Ohranhängern von Crispiano (Abb. 135) gefunden wurde (Abb. 144) und das das schon bekannte Wellenband als Randornament wiederholt. Die großzügigen Palmetten in Perldrahtfiligran erinnern an den Tarentiner Ohranhänger (Taf. XVII), und die aus der großen Akanthosstaude wachsenden Ranken begegnen uns häufig auf unteritalischen Vasen des dritten Viertels des

144 Kleines Diadem mit reichem Rankendekor aus Perldraht. Aus Crispiano/Unteritalien. Gold. L 10,5 cm, H 3 cm. Tarent, Museo Archaeologico Nazionale, Inv. 54.114. Um 350 v. Chr.

4. Jahrhunderts. Die halbkreisförmige Wölbung des Goldblechs läßt vermuten, daß es ursprünglich auf einen Reifen gesetzt war. Tatsächlich kennen wir einfache Bronzereifen als Diademe aus Tarentiner Gräbern. Sie wiederum erinnern an ein Diadem aus dem königlichen Grab von Vergina, das aus einem vergoldeten Silberreifen besteht.

Die große Zahl erhaltener *Kränze* spiegelt ihre Bedeutung im Alltagsleben wieder. Es gab unzählige Gelegenheiten, Kränze zu tragen oder zu stiften, sei es bei Kulthandlungen, bei Prozessionen und Festen, als Auszeichnung oder Siegespreis, als Weihgabe an die Götter. Ährenkränze wurden der Demeter dargebracht, Lorbeer dem Apoll und Efeu dem Dionysos. Viele der in Gräbern gefundenen Kränze mögen nur für den Totenkult bestimmt gewesen sein, aber sie werden denen entsprechen, die von Lebenden getragen wurden.

Wie prachtvoll sie sein konnten, zeigt der Goldkranz von Armento, der aus Eichenblättern, emaillierten Blüten, Eicheln, Trauben und einem lebhaften Rankenwerk zusammengefügt ist (Taf. XXI. Abb. 145). Seinen Mittelpunkt bildet eine Nikefigur auf einer Basis mit der Weihinschrift des Stifters.

145 Goldkranz aus Eichenblättern, Ranken, Blüten und figürlichem Dekor. Aus Armento/Lukanien. Gold und Email. H 36 cm. s. Taf. XXI. München, Staatl. Antikensammlung, Inv. 2335. Spätes 4. Jh. v. Chr.

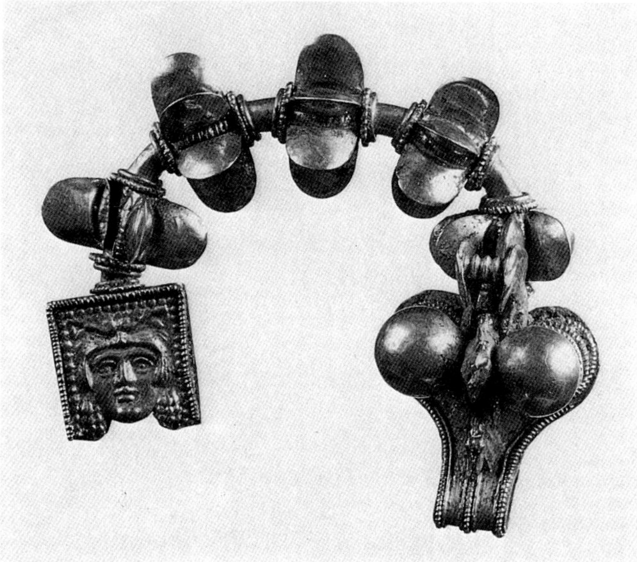

146 Windmühlenfibel aus Makedonien. Gold. Br 4,3 cm. Berlin, Antikenmuseum, Inv. 30219,453. Zweite Hälfte 4. Jh. v. Chr.

Fibeln, im griechischen Mutterland schon lange aus der Mode, halten sich in Nordgriechenland und in Unteritalien bis in die Zeit des frühen Hellenismus. Thessalische und makedonische Gräber enthalten Fibeln des sogenannten nordgriechischen Typs, der eine Weiterentwicklung der ursprünglich aus dem westlichen Kleinasien stammenden Bogenfibel ist. Deren Kennzeichen war ein manschettenartig um den Bogen gelegter Dekor. Daraus sind jetzt reich verzierte Perlen oder an Windmühlenflügel erinnernde Gebilde geworden (Abb. 146).

147 Kampanische Fibel mit applizierten Blüten, Blättern und Ranken. Gold. L ca. 8 cm. München, Staatl. Antikensammlung, Slg. Loeb 591. Zweite Hälfte 4. Jh. v. Chr.

Auf eine ganz andere Tradition gehen die in Kampanien gefundenen Fibeln zurück. Ihre Grundform ist die dort beheimatete italische Sanguisuga Fibel, die sich aus einem gewölbten Bügel – dem sie ihren Namen verdankt – dem langen Nadelhalter und einem Kugel-Blütenornament zusammensetzt (Taf. XXII b. Abb. 147). Im Unterschied zu den früheren, schlichten Formen überzieht nun eine Fülle floraler Ornamente die gesamte Oberfläche.

15. Kapitel

DIE ERSTEN ANFÄNGE DES HELLENISMUS

Im letzten Kapitel wurde versucht zu zeigen, wie die Goldschmiedekunst des 4. Jahrhunderts frühere Formen beibehält, sie miteinander zu völlig neuen Schmucktypen kombiniert und mit zusätzlichem Dekor so anreichert, daß die ursprünglichen Vorbilder kaum noch zu erkennen sind. Eindeutige Neuschöpfungen dieser Epoche waren die bandartige Fuchsschwanzkette und der Speerspitzenanhänger. Nach der Mitte des 4. Jahrhunderts kommen dazu einige weitere Neuerungen, in denen schon die ersten Anfänge der Goldschmiedekunst der folgenden Epoche, des Hellenismus, zu erkennen sind. Und zwar sind dies einmal bestimmte Schmuckformen, zum anderen dekorative Ornamente, die sich wie Leitmotive durch die hellenistische Goldschmiedekunst ziehen und ihre charakteristischen Merkmale werden.

Zu den neuen Formen gehören kordelartige Ketten, die nach dem gleichen Prinzip wie die bandartigen aufgebaut sind, also aus unzähligen feinen Golddrahtschlaufen. Diese werden aber nicht bandartig nebeneinander gesetzt, sondern wie bei modernen Fuchsschwanzketten radial angeordnet. Neu ist auch ihr Abschluß, kleine Löwenköpfe aus getriebenem Goldblech (vgl. Taf. X. XXIII). Den Übergang zwischen der eigentlichen Kette und dem Löwenkopf deckt ähnlich wie bei den Tierkopfarmreifen eine um den Hals des Tieres gelegte Goldblechmanschette, der sogenannte Zierkragen. Sie bietet Raum für aufgelegte Filigranornamente (vgl. Abb. 150).

Im Gegensatz zu den früheren Halsketten, die im Nacken mit Schnüren geschlossen wurden, hat die neue Form einen Haken- und Ösenverschluß, der von den Löwenköpfen verdeckt wird. Und ebenfalls im Gegensatz zu früheren Ketten sind sie lang genug, um vollständig um den Hals gelegt zu werden. Die beiden Löwenköpfe liegen dann vorne in der Halskuhle (vgl. Abb. 213).

Diese Ketten werden in Anlehnung an skythische Halsreifen, die sogenannten Torques, entstanden sein. Dies sind starre Reifen, die ebenfalls in zwei sich gegenüberliegenden Tierköpfen oder auch -figuren enden. Da sie von griechischen Goldschmieden für skythische Fürsten hergestellt wurden, war diesen der Typ wohl bekannt, und da er mit den schon lange in der griechischen Welt eingeführten Tierkopfarmreifen harmonierte, lag es nahe, ihn in abgewandelter Form zu übernehmen. So entsteht mit den Löwenkopfketten schon in der letzten Phase spätklassischer Goldschmiedekunst die für das 3. und 2. Jahrhundert typische Form der in Tierköpfen endenden Halsketten (vgl. Abb. 154. 156. 181ff.).

Erste Beispiele sind die Ketten aus dem Kurgan von Karagodeuasch, aus dem Grabfund von Theodosia (Abb. 120) und aus dem Maltepe–Hügel in Bulgarien, der durch zwei Tetradrachmen Alexander d. Gr. datiert wird.

Der in der Halskuhle liegende Verschluß verlangt nach einem zusätzlichen Dekor, mit dem Haken und Öse verdeckt werden. Dafür bietet sich der Heraklesknoten an, ein Motiv, daß zwar auf eine lange Tradition zurückblicken kann, aber jetzt doch etwas überraschend in der Keramik, in der Toreutik und in der Goldschmiedekunst eine wichtige Rolle zu spielen beginnt. Sein großer Erfolg erklärt sich einmal durch seine dekorative Wirkung, zum andern durch seinen Amulettcharakter, der dem in hellenistischer Zeit besonders ausgeprägten Aberglauben entgegenkommt. In der Goldschmiedekunst begegnet uns der Herakleskноten zum ersten Mal bei einer Löwenkopfkette aus Grab A von Homolion. Ihren langen Haken kaschiert ein noch verhältnismäßig unauffälliger Knoten aus starkem Golddraht mit eingerollten Enden und einem winzigen Akanthosblatt in der Mitte. Aus dem schlichten Drahtknoten wird bald ein aufwendiges Ornament aus Goldblech und appliziertem Dekor (Taf. XXIII).

Der dekorative Effekt des Herakleskнotens und die Popularität dieser Ketten führte dazu, sie um den Oberschenkel von Aphroditefiguren zu drapieren. Davon ausgehend wurde wiederholt vermutet, daß die einstigen Besitzerinnen sie ebenfalls so trugen. Es wäre jedoch falsch, aus vereinzelten Darstellungen der Göttin Aphrodite Rückschlüsse auf allgemeine Gewohnheiten zu ziehen.

Das griechische Frauengewand bedeckte die Beine. Selbst die in der Vasenmalerei mit nacktem Oberkörper gezeigten weiblichen Personen verhüllen stets ihren Unterkörper und die Beine. Welchen Zweck hätte ein Schmuckstück, das nicht gesehen werden kann, dafür aber bei jeder Bewegung herunterfällt? Für eine nackt dargestellte Göttin ergeben sich natürlich andere Möglichkeiten als für Sterbliche, in deren Gräbern solche Ketten gefunden wurden.

Die Löwenkopfkette aus dem Fund von Theodosia (Abb. 120), zeigt so enge Übereinstimmungen mit einem Halsschmuck unbekannter Provenienz in London (Taf. X), daß für beide die Entstehung in einer Werkstatt angenommen wurde. Zwischen die kleinen Löwenkopfenden der Londoner Kette ist ein großer Karneolzylinder mit dem geschnittenen Bild einer Frau und eines Kranichs gesetzt. Jedes Detail seiner exquisiten Goldfassung verrät größtes Können. Die Provenienz dieser Kette ist nicht bekannt, aber die Übereinstimmung des Wellenbandes auf der Fassung, das eine blau emaillierte Randzone abgrenzt, mit den Ohrringen von Crispiano (Abb. 135) ist bemerkenswert.

Die Querösen der Fassung halten nicht nur die Kette, sondern auch gebündelte Anhänger, die den Goldquasten der oben beschriebenen Ketten von Kyme und aus Sardis entsprechen (vgl. Abb. 121. 122). Tatsächlich sind diese ein weiteres Leitmotiv hellenistischer Goldschmiedekunst, das uns bis in das späte 2. Jahrhundert immer wieder begegnen wird. Wie die Goldschmiede in der auslaufenden spätklassischen Epoche noch damit experimentieren, zeigen die unterschiedlichen Quasten, die einmal in Perlen (Abb. 121), einmal in Blüten (Abb. 122) und schließlich in den im Grunde schon überholten Blütenknospen (Taf. X) enden. Erst in der nächsten Stufe der Entwicklung setzt sich die Form durch, die während des ganzen Hellenismus beibehalten wird. Und zwar sind dies Goldperlen, die später durch Perlen aus Farbsteinen oder Glas ergänzt werden.

Auch die plastischen Blüten der Quasten des Halsschmucks von Sardis (Abb. 122), an die sich ähnliche aus der Großen Blisnitza und aus Madytos anschließen lassen, sind ein Vorgriff auf hellenistische Ideen. Zwar ist der Schmuck des reichen Stils geprägt durch floralen Dekor, aber während die spätklassischen Goldschmiede einem festen Kanon stilisierter Blüten, Blätter, Palmetten und Ranken folgen, gilt die Neigung ihrer frühhellenistischen Nachfolger der freien, möglichst lebendigen Wiedergabe dieser Motive.

Ein frühes Beispiel für das neue Verhältnis zum vegetabilen Dekor ist die Ranke auf dem Pektoral aus der Tolstaja Mogila, die in ihrem Aufbau noch die Festigkeit früherer Ranken hat, in den zum Teil farbigen Blüten, bewegten Palmetten und plastischen Vögeln aber eine bis dahin unbekannte Lebendigkeit verrät.

Hand in Hand mit der Begeisterung für Natürlichkeit und Lebendigkeit geht die Vorliebe für die Miniaturplastik – und im Grunde sind ja auch die Goldblüten nichts anderes. Erste figürliche Miniaturplastiken begegnen uns an den Pektoralen aus der Großen Blisnitza (Abb. 123) und der Tolstaja Mogila und noch deutlicher an dem Nikeohrring aus dem Pawlowski Kurgan (Abb. 162).

Und damit sind wir bei einer weiteren rein hellenistischen Schmuckform, die zum ersten Mal in spätklassischen Fundkomplexen faßbar ist. Es ist der Ohrschmuck, der sich aus einem verhältnismäßig großen figürlichen Anhänger und einer relativ kleinen Rosette zusammensetzt, die den Haken verdeckt, mit dem er am Ohr befestigt wird. Dieser Schmuck steht im auffälligen Kontrast zu den prunkvollen Ohrgehängen des reichen Stils, die zum Teil gleichzeitig mit den frühesten Beispielen des neuen Typs entstanden sein müssen. Ihre Schlichtheit kündigt keineswegs ein Nachlassen der handwerklichen Fähigkeiten der Goldschmiede an, sondern Änderungen in der künstlerischen Auffassung. Die Qualität ist weiterhin außerordentlich hoch. Das wohl älteste uns bekannte Beispiel des neuen Typs ist die oben genannte langgewandete Nike mit großen Flügeln aus dem in die Zeit um 340/330 datierten Pawlowski-Kurgan (Abb. 162). Nicht viel später wird ein Erotenanhänger aus einem Brunnen von der Agora entstanden sein, der zusammen mit Keramik der zweiten Hälfte des 4. Jahrhunderts gefunden wurde und dessen dünner, langgestreckter Körper charakteristisch zu sein scheint für die Übergangszeit von der späten Klassik zum frühen Hellenismus.

Fassen wir die Ergebnisse zusammen, so zeigt sich, daß bereits in der letzten Phase spätklassischer Goldschmiedekunst die ersten Beispiele einiger Schmuckformen und dominierender Dekorationsmotive hellenistischer Goldschmiedekunst auftreten. Die Löwenkopfketten, aus denen später die typisch hellenistische Tierkopfkette wird, Miniaturplastiken, figürliche Ohranhänger, der Herklesknoten, Goldquasten und das Bemühen um eine möglichst natürliche Wirkung bei der Wiedergabe pflanzlichen Dekors sind charakteristische Merkmale frühhellenistischer Goldschmiedekunst, im Grunde aber Schöpfungen spätklassischer Goldschmiede.

16. Kapitel

FRÜHHELLENISTISCHE FUNDE
ca. 330 – ca. 220 v. Chr.

Die Feldzüge Alexanders d. Gr., die Eroberung des Perserreiches mit seinen immensen Schätzen und die Gründung eines graecopersischen Imperiums beeinflußten entscheidend die wirtschaftliche Entwicklung der gesamten griechischen Welt. Durch die enorme geographische Ausdehnung des griechisch-makedonischen Einflußgebiets und vor allem durch die zahlreichen Städtegründungen wurden neue Märkte für griechische Waren erschlossen, entstanden Arbeitsplätze für griechische Handwerker. Zwar brachten die langjährigen Auseinandersetzungen zwischen den Nachfolgern Alexanders nicht unbeträchtliche Belastungen für die Bevölkerung der jeweils betroffenen Gebiete mit sich, aber gleichzeitig bemühten sich die neuen Herrscher um die Förderung von Wirtschaft und Handel. Ihre Residenzen – vor allem Alexandria, Antiocheia am Orontes und Lysimacheia – wurden die Zentren, von denen die Hellenisierung der eroberten Gebiete ausging, und da sie selbst dem Luxus gegenüber nicht abgeneigt waren, profitierte von ihren Hofhaltungen nicht zuletzt auch das Kunsthandwerk.

So überrascht es nicht, daß vom späten 4. Jahrhundert an ein Ansteigen des allgemeinen Wohlstands festzustellen ist und gerade aus der Zeit des frühen Hellenismus eine bis dahin ungewohnt große Zahl von Schmuckarbeiten erhalten blieb. Es sind nicht mehr die prachtvollen Fundgruppen aus südrussischen Gräbern, denen vor allem wir unsere Kenntnis der griechischen Goldschmiedekunst des 4. Jahrhunderts verdanken. Verhältnismäßig breite Schichten können sich jetzt eine gewisse Menge Goldschmuck leisten und dementsprechend kommt recht qualitätvoller Schmuck in kleinen Mengen auch in einfacheren Gräbern vor.

Besonders groß ist die Anzahl der Schmuckfunde aus Thessalien, Makedonien, Thrakien und Unteritalien. Daß wir aus anderen Gebieten, die sicher nicht ärmer waren, keine Funde besitzen, liegt an unterschiedlichen Bestattungssitten oder am ärchäologischen Zufall. Stilistisch zeigt das bekannte Material mit ganz wenigen Ausnahmen unabhängig von seiner Herkunft ein auffallend einheitliches Bild.

Die für die zeitliche Einordnung und stilistische Abfolge wichtigsten Funde des späten 4. Jahrhunderts, also der allerersten Phase frühhellenistischer Goldschmiedekunst, sind das Grab Gamma von Sedes/Saloniki, Grab 212 und die makedonischen Gräber Alpha und Gamma von Amphipolis, ein Grab von Kozani, das makedonische Königsgrab von Vergina, Tumulus I von Odessos, dem heutigen Varna in Bulgarien, ein Grabfund in Theben, der Brunnenfund von der Agora in Athen und mehrere südrussische Gräber. Dazu kommt ein Fundkomplex von Saloniki, jetzt in New York, und das sogenannte erste thessalische Lot der Sammlung Stathatos. Süditalien ist mit zwei Gräbern von Ginosa, mehreren Tarentiner Gräbern, Grab 157 von Cumae und Grab 79 von Teano dei Sidicini vertreten.

Anhaltspunkte für die Entwicklung im frühen 3. Jahrhundert bieten vor allem ein Fund vom Pangaion in Ostmakedonien, ein Grabfund von Abdera, ein Sarkophagfund aus Izmit, dem antiken Nikomedia in Kleinasien, und schließlich Funde von Santa Eufemia in Süditalien, Gela und Syrakus auf Sizilien sowie aus der keltischen Nekropole von Montefortino in Mittelitalien.

Zeitlich folgen die Funde aus dem Heiligtum von Toukh-el-Karmous in Ägypten, das in den vierziger Jahren des 3. Jahrhunderts zerstört wurde. Der Schmuck aus dem Erotengrab von Eretria, dem Grab der Euxene von Elis, einem Grab von Neapolis/Saloniki und aus der tomba degli ori von Canosa in Apulien ist im späten 3. Jahrhundert entstanden und repräsentiert den Übergang zur hochhellenistischen Goldschmiedekunst bzw. deren allererste Phase.

Frühhellenistische Goldschmiedekunst setzt sich nicht abrupt gegen Früheres ab, sondern ist in mancher Beziehung die konsequente Fortsetzung des reichen Stils. Die Ideen, die schon die

Goldschmiede der klassischen Epoche, also der Zeit des reichen Stils, bewegten, werden in neue Formen umgesetzt. Die möglichst natürliche Wiedergabe vegetabiler Motive bleibt ein wichtiges Anliegen. Goldblech und Golddraht wird wie bisher zu Blüten, Blättern und Ranken geformt, aber im Unterschied zu früheren Arbeiten, bei denen sie rein ornamentaler Dekor sind, versuchen die Goldschmiede jetzt, ihnen Leben einzuhauchen. Wurde in der Spätphase klassischer Goldschmiedekunst die Oberfläche durch das Licht- und Schattenspiel unzähliger minutiös gearbeiteter, applizierter Einzelteile völlig aufgelöst (vgl. Abb. 129ff. 144. 147), so überziehen die Ornamente den Schmuck jetzt oft wie eine Inkrustation (vgl. Abb. 150. 152). Aber dies ist nur ein Teilaspekt. Großzügige Linien, prägnante Formen und vor allem die herausgestellten, plastischen Figuren bestimmen das Bild frühhellenistischen Goldschmucks.

Entgegen einer allgemein verbreiteten Annahme sind nach Aussage des Materials aus gesicherten Fundzusammenhängen keinerlei direkte orientalische Einflüsse in der frühhellenistischen Goldschmiedekunst faßbar. Eigentlich muß dies nicht überraschen, denn der Zug Alexanders d. Gr. und seine Eroberung des achaemenidischen Reiches war ja nicht die erste Begegnung zwischen Griechen und Persern. Direkte und indirekte Kontakte hatten schon lange genug bestanden, um Griechen mit den Produkten achaemenidischer Kunsthandwerker vertraut zu machen und von ihnen das zu übernehmen, was ihren eigenen Vorstellungen entsprach. Dazu kommt, daß die achaemenidische Goldschmiedekunst mit ihrer betonten, ja oft krassen Abstraktion gerade in dem Moment, in dem die griechischen Goldschmiede sich um eine ausgeprägte Natürlichkeit bemühen, sehr fremd gewirkt haben muß.

Zu den wenigen erhaltenen Beispielen spätachaemenidischer Goldschmiedekunst gehört ein Armreifenpaar mit Antilopenköpfen aus Pasargadae im Iran, das allerdings mehr an frühhellenistische, griechische als an die sonst bekannten achaemenidischen Arbeiten erinnert (vgl. Taf. XIX). Von diesem einen Paar ausgehend direkte persische Einflüsse auf die griechische Goldschmiedekunst sehen zu wollen, überzeugt nicht. Tierkopfarmreifen

XXI Eichenkranz, durchzogen mit Blüten, Blättern, Ranken und Bienen. Dazu eine geflügelte Göttin auf einer Basis mit Weihinschrift, weibliche Genien und Eroten. Aus Armento/Lukanien. Gold, in den Blüten blaues Email. H 36 cm. München, Staatl. Antikensammlung, Inv. 2335.
Letztes Viertel des 4. Jh. v. Chr.

XXII a Goldenes Rankendiadem aus Sedes/Saloniki, Grab Gamma. In der Mitte Heraklesknoten mit Erosfigur. L 50 cm. Saloniki, Archäologisches Museum. Späteres 4. Jh. v. Chr.
XXII b Kampanische Goldfibel mit reicher Rankenverzierung in Granulation und Filigran. L 7,2 cm. Hamburg, Museum f. Kunst u. Gewerbe, Inv. 1927,148. Zweite Hälfte 4. Jh. v. Chr.

XXIII Halskette mit Löwenkopfenden und rosettenverziertem Heraklesknoten. Gold, blaues Email. L der Kette 29,6 cm, des Knotens 3,1 cm. Kunsthandel. Spätes 4./ 3. Jh. v. Chr.

XXIV Armband. Zwei Schlangen sind zu einem Heraklesknoten geschlungen, in dessen Zentrum ein ovaler Granat gesetzt ist. Aus Eretria. Gold, Granat. Dm 9,5 cm, L der Fassung 1,8 cm. Pforzheim, Schmuckmuseum, Inv. 1957.12. Erste Hälfte 2. Jh. v. Chr.

gehören schon spätestens seit dem 5. Jahrhundert, vermutlich aber wesentlich länger zum festen Repertoire griechischer Goldschmiede. Die lange vor dem Eroberungszug Alexanders entstandenen Armreifen von Kul-Oba (Abb. 138) lassen ahnen, wie sehr diese Art Armschmuck zumindest in den Griechenstädten Südrußlands souverän und eigenständig gehandhabt wurde. Aber im Laufe des 3. Jahrhunderts wird die Vielfalt der Tierköpfe größer als bisher. Zu den Löwen kommen Antilopen-, Kalbs- und Stierköpfe, Steinbock-, Hunde- und Luchsköpfe. Der spätestens um die Mitte des 3. Jahrhunderts auftretende gehörnte Löwe ist ohne das Vorbild persischer Greifenlöwen kaum denkbar. Ob seine Übernahme auf direkte persische Einflüsse zurückzuführen ist oder nicht das Ergebnis eines längeren Prozesses, ist schwer zu sagen. Wir wissen zum Beispiel wenig über die Goldschmiedekunst Syriens, obwohl Antiocheia am Orontes, die seleukidische Residenz, sicher ein bedeutendes Zentrum des Kunsthandwerks war. Einerseits bestanden dort direkte Kontakte zum Orient – und den ehemaligen achaemenidischen Zentren – andrerseits zu der übrigen griechischen Welt. Es ist denkbar, daß gewisse orientalische Vorbilder im Laufe des 3. Jahrhunderts von seleukidischen Kunsthandwerkern übernommen und dann in der ganzen griechischen Welt imitiert wurden.

Mit der Eroberung der persischen Schätze und der orientalischen Abbaugebiete von Farbsteinen erhielt der griechische Goldschmied Zugang zu einem Material, das seiner Neigung zur Farbigkeit des Schmucks eigentlich entgegen kommen müßte, aber es dauert noch bis in das späte 3. Jahrhundert, daß er diese Möglichkeit tatsächlich nutzt. Vielleicht war die Tradition stärker, vielleicht sagte ihm der diskrete Farbton des Emails mehr zu als die auffälligen farbigen Steine. Auf jeden Fall verzichtet er noch fast ein Jahrhundert darauf, diese für anderen Schmuck als für Fingerringe zu nutzen, und dies hatte er bereits vor der Eroberung der persischen Schätze getan.

Auf die früheste Form hellenistischen *Halsschmucks* ist bereits im letzten Kapitel eingegangen worden. Es ist die kordelartige Fuchsschwanzkette, die in konische Manschetten und dann in getriebene Löwenköpfe übergeht. Erste Beispiele waren Ketten aus Karagodeuasch, aus Theodosia und der Halsschmuck aus Homolion mit einem zwischen die Löwenköpfe gesetzten Heraklesknoten (vgl. Taf. XXIII).

Eine nur wenig spätere Entwicklungsstufe als die Kette von Homolion repräsentiert ein ähnliches Stück aus Grab Gamma von Sedes bei Saloniki. Neu ist hier die aus sehr locker miteinander verbundenen Golddrahtschlaufen bestehende Kette, die die etwas frühere dichte Fuchsschwanzkette ablöst. Geblieben ist der mit Filigranpalmetten verzierte Kragen, der zu den Löwenköpfen überleitet. Zwischen die Kettenenden ist ein noch schlichter, aber schon etwas größerer Heraklesknoten eingefügt, der in winzigen Löwenköpfen endet. Nicht viel später entstanden sein wird eine ähnlich aufgebaute Kette aus Grab 212 von Amphipolis. Und ebenfalls anschließen läßt sich eine Heraklesknotenkette aus dem Grab von Abdera, die nicht in Löwen-, sondern in Frauenköpfen endet.

Für den griechischen Westen belegt unter anderem eine Kette aus dem durch Münzen in die Zeit gegen 280 datierten Fund von Gela auf Sizilien die Verbreitung des Typs (Abb. 148). Sie wird direkt mit einem aufwendigen Haken- und Ösenverschluß geschlossen. Der mitgefundene Heraklesknoten mit herabhängender Goldperlenquaste gehört zu den mitgefundenen kleinen Goldblechröhren. Ketten aus zylindrischen Röhren, die mit glatten Goldperlen kombiniert werden, kennen wir unter anderem aus dem Fund von Madytos, der vor allem spätklassischen Schmuck enthält. Auch in Tarentiner Gräbern des späten 4. Jahrhunderts ist die Form vertreten und zwar in Verbindung mit bikonischen Goldgliedern. Goldröhren aus dem Brunnenfund von der Agora in Athen bildeten zusammen mit Goldperlen und einem in Löwenköpfen endenden Heraklesknoten einen Halsschmuck. Ein weiteres Beispiel mit einem bereits sehr reich verzierten Heraklesknoten ist eine Kette aus Tzagezi. Noch eindrucksvoller ist der Halsschmuck aus einem Kertscher Grab, der zwei große Herakles-

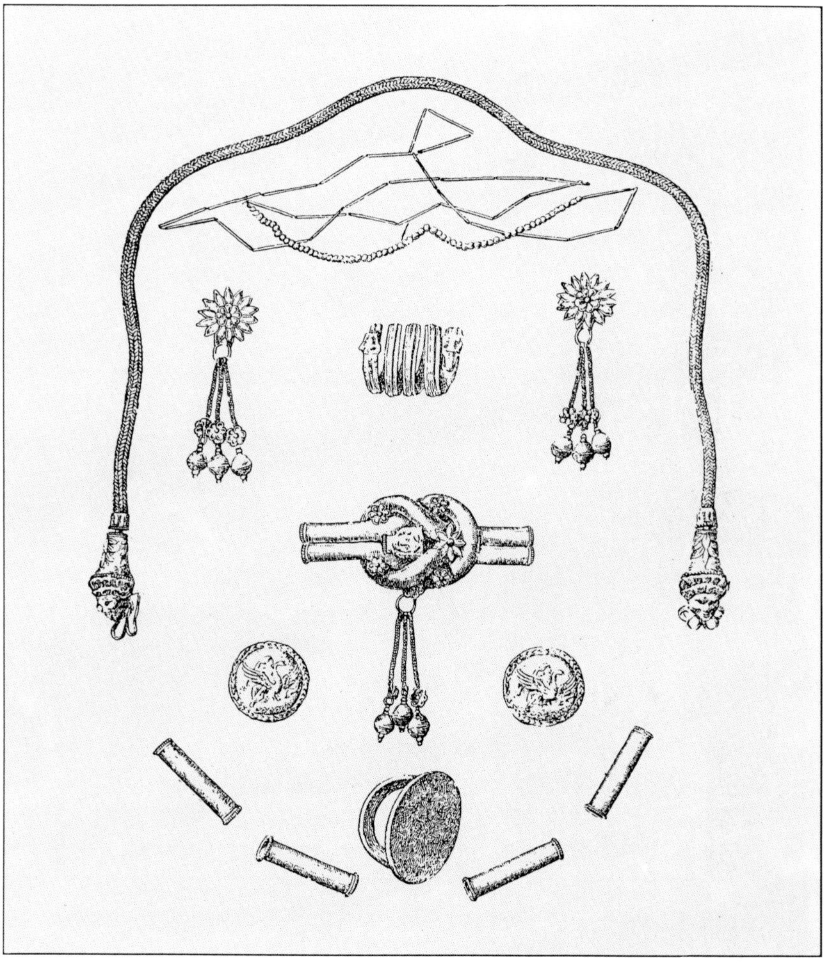

148 Frühhellenistischer Goldschmuck aus einem Schatzfund von Gela/Sizilien, der durch mitgefundene Münzen in die Zeit vor 280 v. Chr. datiert wird.

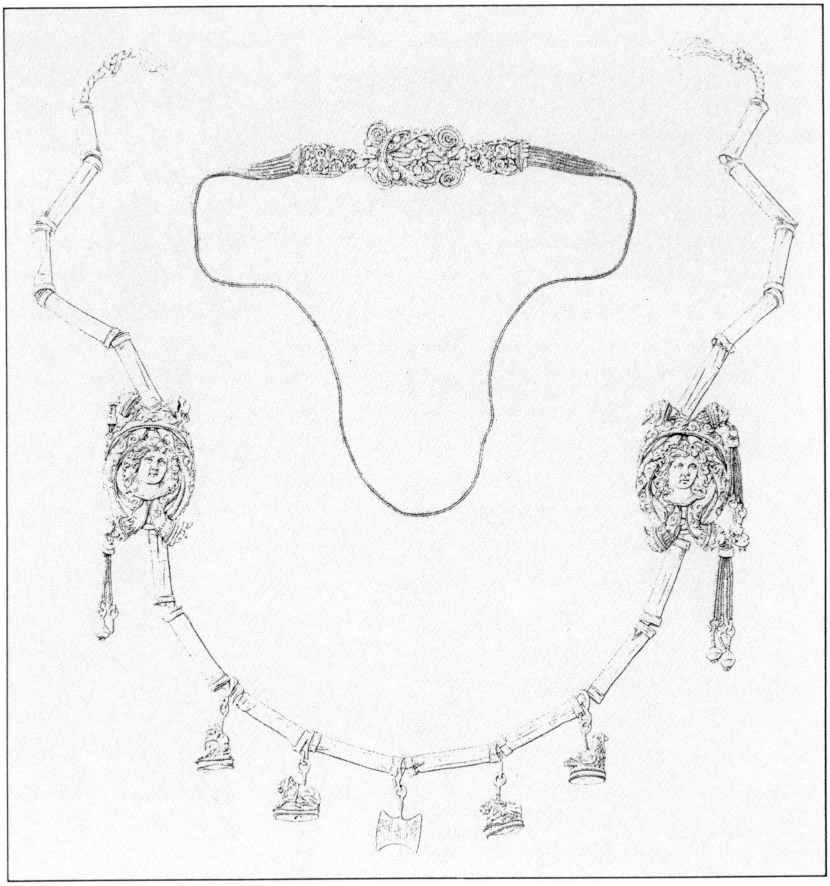

149 a. Goldband mit Heraklesknoten. L 13 cm. Aus einem Grab von Hadschi Muschkai/Kertsch. b. Kette aus Goldröhren, Amulettanhängern und zwei Heraklesknoten mit Löwenkopfenden und eingefügten Medaillons. Aus dem Tumulus von Hadschi Muschkai. Leningrad, Eremitage.
Erste Hälfte/Mitte 3. Jh. v. Chr.

150 Halsband mit filigranverzierten Manschetten, Löwenkopfenden und einem Heraklesknoten mit Filigranornamenten und applizierten Rosetten. Gold. L 41,7 cm, Heraklesknoten 3,7 cm. München, Staatl. Antikensammlung. Slg. Loeb 653. Spätes 4./frühes 3. Jh. v. Chr.

knoten mit Goldreliefs, Goldröhren, Quasten und kleinen Amuletten vereint (Abb. 149).

Eine Variante dieser Form sind zwei typologisch wie künstlerisch besonders interessante Halsketten, die in Gräbern des späten 4. beziehungsweise frühen 3. Jahrhunderts in Ginosa bei Tarent gefunden wurden und aus einer Werkstatt stammen. Beide bestehen aus einem großen Herakleskноten, dessen Enden in breiten, manschettenartigen Goldhülsen stecken, und einer Kette aus geriefelten Goldblechröhren und Perlen. Dazu kommen Goldperlenquasten. Die Knoten sind sich sehr ähnlich, aber während den einen ein dichtes Muster aus Filigranranken überzieht, ist das Goldblech des zweiten so bearbeitet, daß seine Oberfläche an zerknitterten Stoff oder Baumrinde erinnert. In die Mitte ist jeweils das eher klassische Motiv einer aus einer Blüten wachsenden Palmette gesetzt.

Wieder eine andere Form von Heraklesknotenketten repräsentiert ein Halsband der Sammlung Loeb in München (Abb. 150). Auf den ersten Blick erinnert es an die bandartigen Fuchsschwanzketten des 4. Jahrhunderts, ist aber aus wesentlich größeren Schlaufen locker zusammengefügt. Der Zierkragen, der den Übergang zu den Löwenköpfen bildet, ist in zwei Zonen geteilt.

151 Halsschmuck aus südrussischen Gräbern. Goldene Herakleskonoten mit applizierten Palmetten bzw. Rosetten. 3. Jh. v. Chr.

Die eine überziehen Filigranherzen, ein charakteristisches Motiv hellenistischer Arbeiten des 3. Jahrhunderts, die andere Zone füllt ein ebenfalls typisch frühhellenistischer Herz–Voluten Dekor. Filigranherzen sind auch auf den großen Herakleskonoten aus gewölbtem Goldblech gesetzt und dazu eher traditionelle Rosetten. Dieses Meisterwerk frühhellenistischer Goldschmiedekunst ist ein charakteristisches Beispiel für den in dieser Zeit beliebten dichten Dekor, der wie eine feste Inkrustation auf der Oberfläche liegt. Ein plastischer Effekt wird durch die Filigranarbeit aus teilweise doppelt geführtem Kordeldraht erzielt.

Die Begeisterung für Herakleskonoten geht so weit, daß im Laufe des 3. und auch noch des 2. Jahrhunderts ganze Halsketten daraus zusammengefügt werden (Abb. 151). Im späten 3. und im

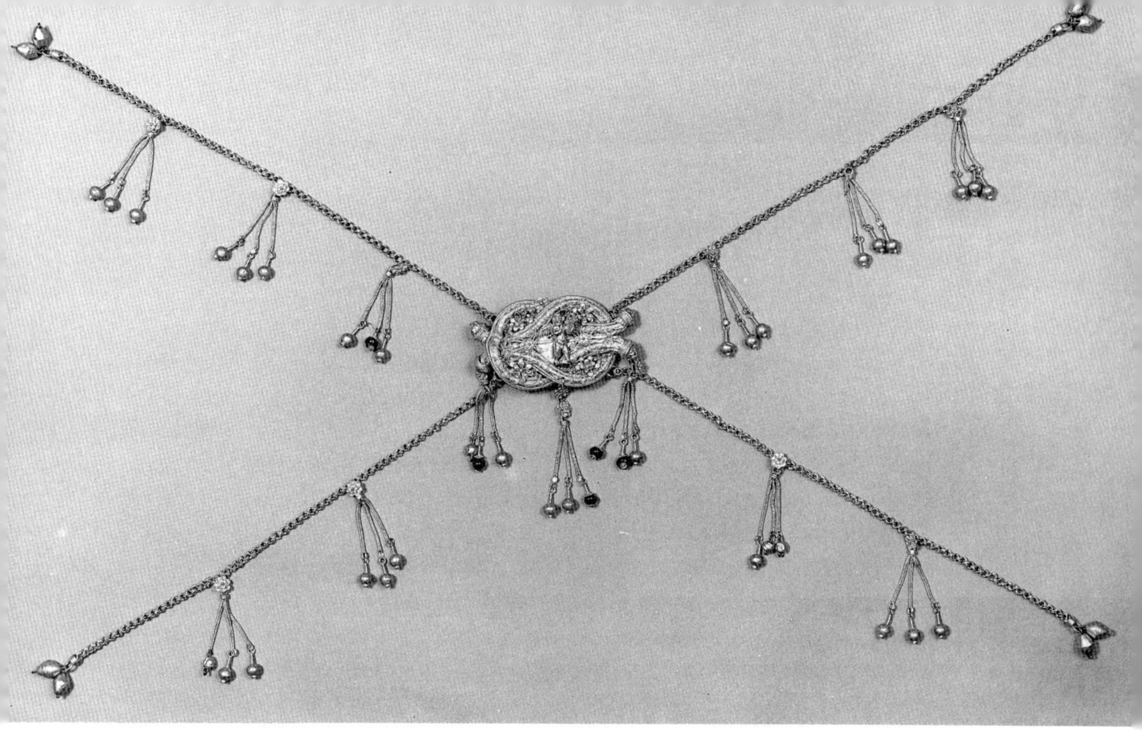

152 Brustschmuck aus vier Ketten mit Goldquasten und zentralem Heraklesknoten mit reichem Blütendekor. In seinem Zentrum ein einen ähnlichen Schmuck tragender musizierender Erot auf kleiner Basis. Aus einem Sarkophag von Izmit. Gold. L des Heraklesknotens ca. 3,5 cm. Istanbul, Archäologisches Museum. Erste Hälfte 3. Jh. v. Chr.

2. Jahrhundert versuchen die Goldschmiede den Eindruck zu erwecken, der Knoten bestehe aus geschlungenen Stoffbändern.

Typisch hellenistisch ist eine völlig neue Schmuckform, die oft als Diadem interpretiert wird, bei der es sich aber um einen Brustschmuck handelt. Da dazu meist ein Herakleskknoten gehört, soll hier kurz auf sie eingegangen werden.

Ein frühes Beispiel ist der zentrale, große Herakleskknoten aus dem Sarkophag von Nikomedia, von dem vier quastengeschmückte Ketten ausgehen (Abb. 152). Wie dieser Schmuck getragen wurde, zeigt der winzige, leierspielende Eros auf runder Basis in der Mitte des Knotens, denn er trägt ihn selber. Zwei Kettenenden sind an den Schultern befestigt, die beiden anderen führen zur Taille. Das zentrale Ornament, der Herakleskknoten, liegt dadurch mitten auf der Brust. Mit den großzügigen Filigranranken auf dem gewölbten Goldblech, der bewegten Blütenpracht, die wie aus einem Korb hervorquillt, der Miniaturplastik in der Mitte und den Löwenköpfen an den Enden des Herakleskknotens, den lockeren Fuchsschwanzketten und den Goldquasten, in die vielleicht als spätere Zutat schon einige farbige Perlen eingefügt sind, finden wir hier alle typischen Merkmale frühhellenistischer Goldschmiedekunst vereint.

Ähnlicher Brustschmuck ist in den großen Sammlungen häufiger vertreten, aber nur bei wenigen Stücken sind die Fundzusammenhänge bekannt. Etwas später als der von Izmit wird ein Schmuck aus dem Grab von Abdera entstanden sein, dessen Zentrum eine Granatgemme in breitem Goldrahmen einnimmt, von der vier quastengeschmückte Goldblechbänder ausgehen.

Halsketten mit Speerspitzenanhängern sind immer noch weit verbreitet, spielen aber nicht mehr die dominierende Rolle wie im 4. Jahrhundert. Sie gehören zum Fund von Saloniki, jetzt in New York, und zum ersten thessalischen Lot. Ein Fragment kommt aus dem Erotengrab von Eretria. In Griechenland werden die Speerspitzen im Laufe des 3. Jahrhunderts durch glatte, spitzovale Anhänger ersetzt und in Unteritalien durch einen Anhängertyp, der aus übereinandergesetzten, nach unten kleiner werdenden Goldperlen besteht. Beispiele dafür sind Ketten aus der tomba degli ori in Canosa, aus einem angeblich aus Tarent stam-

153 Unteritalisches Halsband mit einer dichten Reihe von Perlanhängern. Aus Tarent (?). Gold. L 36 cm. Zusammen mit Abb. 190 u. 201 gefunden. Berlin, Antikenmuseum. Inv. 1980,19. Späteres 3. Jh. v. Chr.

menden Fundkomplex (Abb. 153) und ein Stück unbekannter Provenienz, an dem durch Korrosion eine tarentiner Silbermünze aus den Jahren 219/212 festgefrittet war.

Eine weitere Umwandlung der ursprünglichen Speerspitzenkette zeigt ein Halsband aus Vulci, das aus zwei Reihen kleiner Goldspulen besteht, von denen mehrere Speerspitzenanhänger herabhängen. Spulenförmige Glieder sind ein verhältnismäßig unauffälliges, aber charakteristisches Merkmal hellenistischer Goldschmiedekunst. Ketten aus feinen Gold- und Halbedelstein-

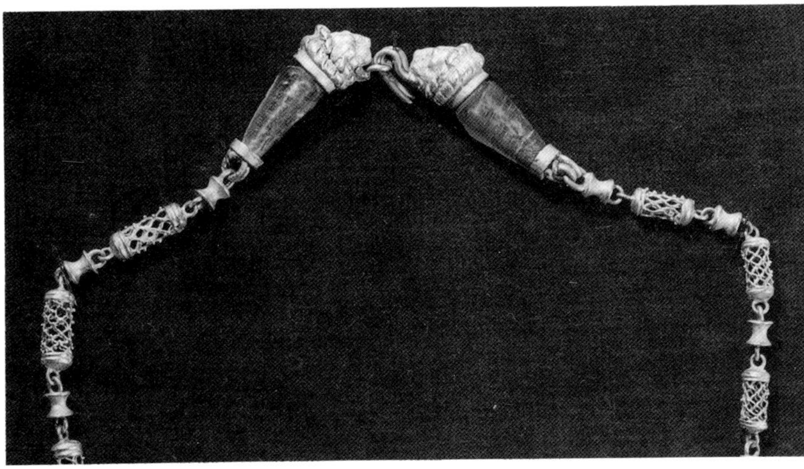

154 Halskette aus zylinderförmigen Gliedern mit gitterartiger Wandung und Löwenkopfenden. Gold, Amethyst, Beryll. L 44,5 cm. Richmond, Virginia Museum, Inv. 64.28. Spätes 3. Jh. v. Chr.

spulen wurden in südrussischen Gräbern, in Thessalien und auf Kreta gefunden.

Eine Löwenkopfhalskette, die schon gegen Ende des 3. Jahrhunderts entstanden sein dürfte, verbindet kleine goldene Spulen mit länglichen Gliedern, deren Wandung aus einem netzartigen Goldgitter besteht (Abb. 154). Die nächste Parallele sind Ketten aus Grabfunden von Neapolis/Saloniki und Kertsch (Abb. 155), beide aus dem späten 3. Jahrhundert.

Weniger gut datiert ist eine Reihe bandartiger Ketten ohne Anhänger, meist mit herzförmigen Endgliedern, die mit Email oder auch eingesetzten Farbsteinen verziert sind. Beispiele dafür gehören zu dem sogenannten Fund von Mottola in Unteritalien, dessen ursprüngliche Zusammensetzung unklar ist, der aber wohl auf jeden Fall in das 3. Jahrhundert gehört. Spätere Stücke befinden sich in den Sammlungen Benaki und Stathatos in Athen.

Getriebene Löwenköpfe bilden die Enden einer bandförmigen Kette aus dem Fund von Teano dei Sidicini. Ihr Verschluß ähnelt dem der Löwenkette von Gela (Abb. 148) und ist eine unteritali-

155 Halskette aus zylinderförmigen Gliedern mit gitterartiger Wandung und Amulettanhängern. Aus einem Grab an der Quarantäne Straße in Kertsch. Gold. Leningrad, Eremitage. Spätes 3. Jh. v. Chr.

sche Besonderheit. Ganz ähnlich sind auch etwas einfachere, einreihige Ketten aus Tarentiner Gräbern der ersten Hälfte des 3. Jahrhunderts, die in den großen barocken Löwenköpfen enden, die ebenfalls für Unteritalien charakteristisch sind. Sie sind die direkten Vorläufer der hochhellenistischen Tierkopfketten mit Farbsteinen im Zierkragen und als Perlen zwischen den Golddrahtgliedern (vgl. Abb. 182ff.).

Delische Schatzinventare verzeichnen einen Halsschmuck, den Stratonike, die Tochter des Demetrios Poliorketes in den Jahren zwischen 260 und 250 gestiftet hat und der aus 432 Ringgliedern und zwanzig goldgefaßten Onyxscheiben bestand. Es ist schwer, diese Beschreibung mit den uns bekannten Halsketten des frühen Hellenismus in Einklang zu bringen. Trotz des reichen Fundmaterials kennen wir nur einen Teil der Formen, die einst existiert haben. Stratonike stiftete außerdem 36 goldene Perideridia, die ursprünglich ihrem Vater gehörten. Dies sind Amulettanhänger in Form kleiner Figuren, Tierplastiken, Muscheln, Medaillons mit Götterbüsten und halbmondförmige Anhänger, die an einer Kette

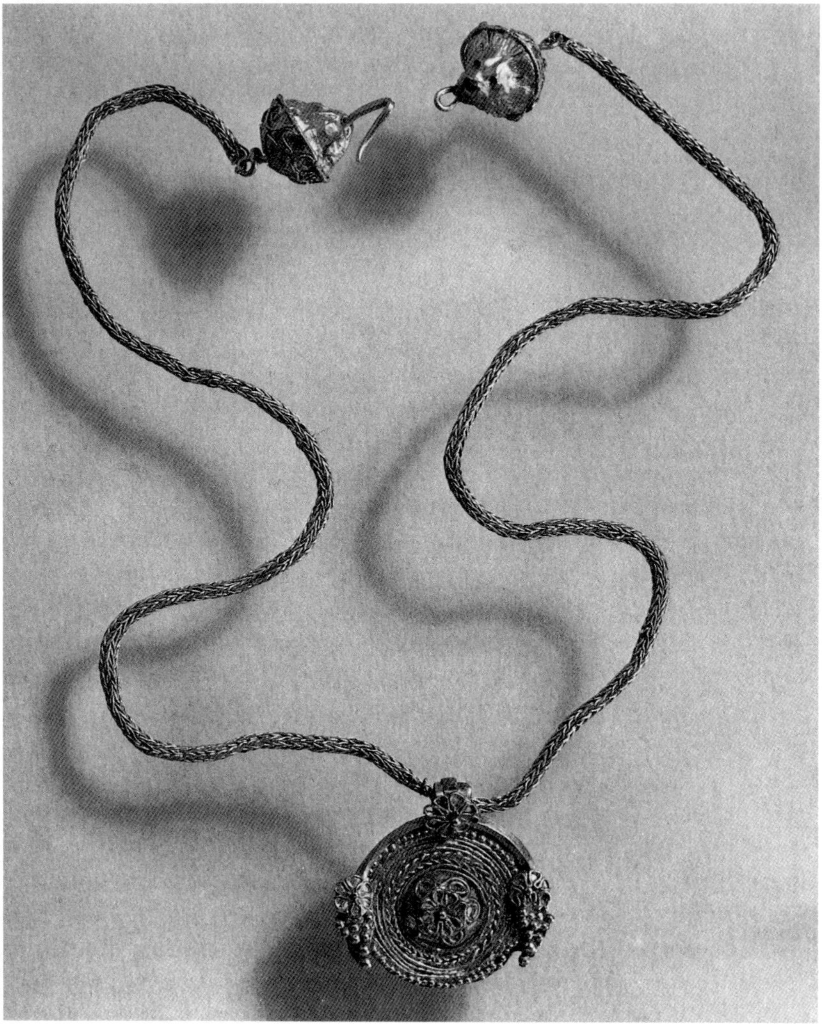

156 Kordelartige Halskette mit Löwenkopfenden. Scheibenförmige Lunula als Anhänger. L 35 cm. Dm des Anhängers 2,4 cm. Hamburg, Museum für Kunst und Gewerbe. Inv. 1892, 125/6. 3./2. Jh. v. Chr.

157 Halskette aus goldenen und Karneolgliedern mit Negerkopfenden aus Karneol. L 42,8 cm. Houston, Museum of Fine Arts, Inv. 37.41, Slg. A. Finnigan. Spätes 3. Jh. v. Chr.

befestigt getragen wurden und außerordentlich verbreitet gewesen sein müssen. Wir kennen sie von Darstellungen auf attischer Keramik des 4. Jahrhunderts (vgl. Abb. 119) und im Original aus thessalischen und südrussischen Funden (Abb. 149. 155).

Ein typisches Amulett des Hellenismus sind auch die halbmondförmigen Anhänger, allgemein als Lunulae bezeichnet. Es ist eine Form, die im Orient auf eine sehr alte Tradition zurückblickt, durch phönizischen Einfluß im 7. Jahrhundert auch in der griechischen Welt verbreitet ist, dann aber verschwindet, um im 3. Jahrhundert plötzlich wieder eine große Popularität zu genießen. Und zwar haben wir einmal den einfachen Halbmond, meist allerdings reich mit Granulation und Filigran verziert und später auch mit Farbsteinen eingelegt (vgl. Abb. 187), und dazu eine zweite Form, die aus Halbmond und der von ihm umschlossenen runden Sonnenscheibe besteht (Abb. 156). Wie die Lunulae scheint auch diese Form jetzt erneut aus dem Orient übernommen worden zu sein. Funde aus dem Demeter Heiligtum von Knossos belegen ihr erstes Auftreten bereits im 3. Jahrhundert. Unverändert werden sie während des ganzen Hellenismus, ja, bis in die römische Kaiserzeit beibehalten.

An das Ende der frühhellenistischen Epoche bringen uns Halsketten, die abwechselnd aus Golddrahtgliedern und ihren Nachahmungen in Karneol oder Granat bestehen (Abb. 157). Eine solche Kette befand sich im Grab der Euxene in Elis, eine weitere im Erotengrab von Eretria. Daß es sie auch im Westen gab, dokumentiert das eindrucksvollste Beispiel dieses Typs, eine Kette aus S. Agata dei Goti, die sich im Nationalmuseum Neapel befindet. Zwischen ihre Enden ist eine Granatsäule mit goldener Basis und korinthischem Kapitel gesetzt.

Zwei Arten von *Ohrschmuck* dominieren von Beginn der hellenistischen Epoche an und beide behalten ihre Popularität bis in das 2. Jahrhundert, in vereinfachter Form bis in die römische Kaiserzeit bei. Die eine ist die Rosette mit frei schwebendem figürlichem Anhänger, die uns zum ersten Mal in dem Nikeohrring aus dem Pawlowski Kurgan begegnete (Abb. 162). Die andere ist ein offener Spiralreif, dessen eines Ende anfangs stets in einem Löwen-

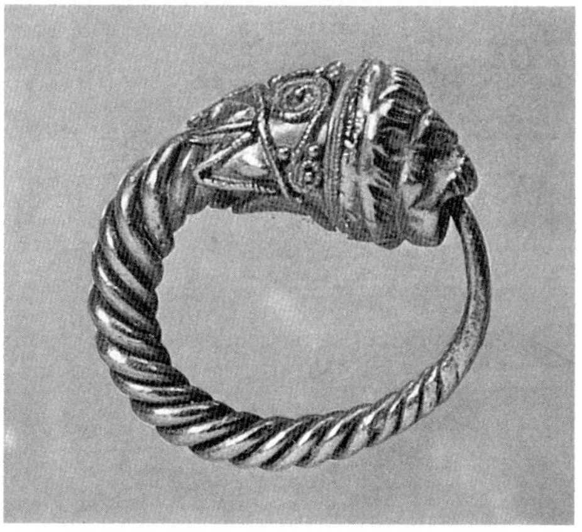

158 Löwenkopfohrreifen aus Golddraht und Goldblech. Dm 1,55 cm. Hamburg, Museum für Kunst und Gewerbe, Inv. 1922,420. Spätes 4./3. Jh. v. Chr.

kopf, später auch in anderen Tier-, Mänaden- oder Negerköpfen und manchmal sogar Halbfiguren endet (Abb. 158). Wie bei den Tierkopfarmreifen und den Löwenkopfketten deckt ein Zierkragen die Verbindung von Reif und Kopf. Das zweite Reifende läuft spitz aus und hakt in den Rachen oder eine darunter angebrachte Öse ein.

Erste Beispiele kommen aus Grab Gamma von Sedes/Saloniki, für das ein abgegriffener Stater Philipps III. von Makedonien einen gewissenen Anhaltspunkt gibt, aus Grab 1 von Kozani, datiert durch eine Drachme Alexanders d. Gr., aus dem Grabhügel von Maltepe, datiert durch Tetradrachmen Alexanders d. Gr., dem Tumulus I von Odessos, aus mehreren tarentiner Gräbern des späten 4. Jahrhunderts und einem aus Syrakus.

Ein Paar Löwenkopfohrringe aus Grab E von der Quarantänestraße in Kertsch befand sich in einem attischen Gefäß der ersten Hälfte des 4. Jahrhunderts und wurde deshalb als das vermutlich älteste Beispiel dieses Typs betrachtet. Alle weiteren Beifunde dieser Bestattung sind jedoch nicht vor dem späten 3. Jahrhundert entstanden, so daß sie in die Zeit um 200 datiert werden muß.

Das plötzliche Auftreten der Tierkopfohrreifen in der griechischen Goldschmiedekunst des späten 4. Jahrhunderts ist durch orientalische Einflüsse nach der Eroberung des Perserreichs durch Alexander d. Gr. erklärt worden, obwohl die Form nicht zum Repertoire achaemenidischer Goldschmiede gehört.

Der offene, in Löwen- oder Frauenköpfen endende Reif ist eine typische Ohrschmuckform der Etrusker, die häufiger in Funden des 5. Jahrhunderts vorkommt. Spätestens vom 4. Jahrhundert an orientieren sich die etruskischen Goldschmiede zunehmend an Vorbildern aus der unteritalischen Goldschmiedekunst. Aber auch ein umgekehrter Weg ist denkbar. Zu einer Zeit, in der Tierkopfarmreifen und Löwenkopfketten außerordentlich populär waren, mögen die griechischen Goldschmiede gerne eine Form aufgegriffen haben, die damit korrespondierte. Und es wäre für sie kein Problem gewesen, die hohlen Goldblechröhren der etruskischen Löwen- oder Frauenkopfohrreifen durch Golddrahtspiralen zu ersetzen.

Bestätigt wird diese Überlegung durch die überraschend große Variationsbreite der in Tarent in Gräbern des letzten Viertels des 4. Jahrhunderts gefundenen Löwenkopfreifen. Wir finden einmal die im Mutterland übliche Form des Spiralreifens (Abb. 158). Dazu kommen große, barocke Löwenköpfe mit aufgeplusterter Mähne und reich verziertem Kragen an einem sehr dicken Reifen aus gedrehtem Goldblech oder Kordeldraht. Und schließlich gibt es Löwenkopfreifen, auf deren spitz auslaufendes Ende ein zweiter, wesentlich kleinerer Löwen- oder Widderkopf geschoben ist. Diese Modelle wurden nicht direkt durch das Ohrläppchen geführt, sondern mit Hilfe eines Drahtes, der beide Köpfe verbindet, befestigt (Abb. 160. 161). Außerhalb von Italien ist der Typ nur ein einziges Mal und zwar auf Ithaka vertreten.

Der Aufbau der Tierkopfreifen wird unverändert während des ganzen Hellenismus beibehalten. Aber zu den Löwenköpfen kommen im Laufe des 3. Jahrhunderts die Köpfe gehörnter Greifenlöwen, von Antilopen, Steinböcken, Gazellen, Kälbern, Stieren, Luchsen und sogar von Hunden (Abb. 159). Dazu Mänaden- und Negerköpfe, die aber im Gegensatz zu den zur Trägerin hochblickenden Tierköpfen so am Reifen befestigt werden, daß sie den

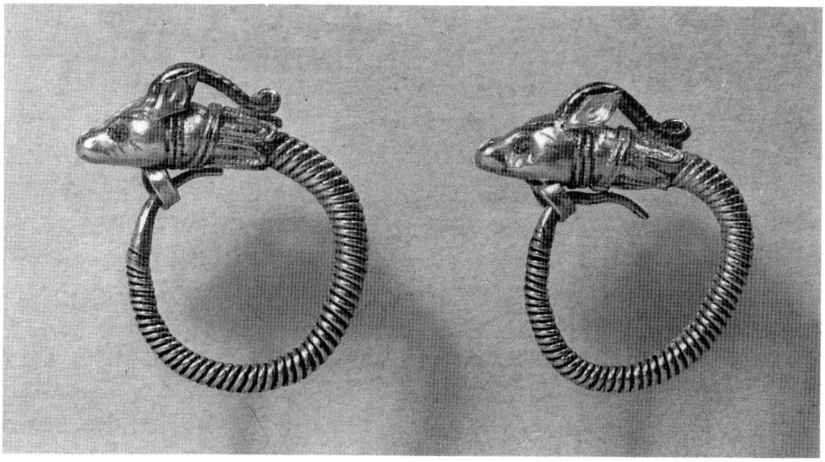

159 Ohrreifen mit Antilopenköpfen. Gold, in den Augen blaues Email. Dm 2,05 cm. Hamburg, Museum für Kunst und Gewerbe, Inv. 1896,469. 3. Jh. v. Chr.

160 Unteritalische Form der Löwenkopfohrreifen. Aus Capua. Gold. H 5,6 cm. London, British Museum, BMCJ 1769/70. Um 300 v. Chr.
161 Ohrreifen mit Löwenköpfen. Aus Unteritalien. Gold, Granaten. H 4,3 cm. Berlin, Antikenmuseum, Nr. 30219,408. Späteres 3. Jh. v. Chr.

ihr gegenüberstehenden Betrachter anblicken. Und schließlich werden auch Tierprotome und Halbfiguren in den Reifen eingefügt. Ohrreifen mit Pegasosprotomen wurden in Mesembria, dem heutigen Nessebar in Rumänien, und in Montefortino gefunden und gehören wohl in die Mitte des 3. Jahrhunderts.

Noch in das 4. Jahrhundert wird eine Variante hellenistischer Ohrreifen datiert, deren frühestes Beispiel ein Paar aus Grab Delta in Beroia in Makedonien ist. Es sind Reifen aus Kordeldraht, in die eine reich mit Schmuck behangene nackte Aphroditefigur eingefügt ist. Den gleichen Typ wiederholen Reifen mit geflügelten Eroten aus Tarentiner Gräbern des 3. Jahrhunderts. Sie sind die ersten Beispiele einer Ohrschmuckform, die sich bis in die allerspäteste Phase des Hellenismus hält.

Die zweite typisch frühhellenistische Ohrschmuckform ist die schon erwähnte Rosette, die mit einem Haken am Ohr befestigt wird und einen figürlichen Anhänger trägt. Auf die Nikeohrringe aus dem Pawlowski Kurgan (Abb. 162) wurde bereits hingewiesen. Nicht viel später wird eine Gruppe besonders qualitätvoller Ohranhänger entstanden sein, bei denen eine Palmette die Rosette ersetzt. Gemeinsam ist ihnen die Kühnheit des Entwurfs und die Sorgfalt in der Ausführung. Zu der Gruppe gehören die Ganymed Ohrringe aus dem Fund von Saloniki (Abb. 163), eines der Spitzenstücke frühhellenistischer Goldschmiedekunst, das ganz auf das Nebeneinander von Gegensätzen konzipiert ist. Die großen Flügel rahmen die nackte Figur des vom Adler in die Lüfte gehobenen Ganymeds. Die matte Oberfläche ihrer gravierten Federn kontrastiert mit der glänzenden Nacktheit des knabenhaften Körpers. Darüber erhebt sich eine flammende Palmette, die ebenso voll Leben ist wie die Figuren.

Von gleicher Qualität ist der aus einer anderen Werkstatt stammende Nikeohrring in Boston (Abb. 164). In voller Fahrt bremst die Nike die sich aufbäumenden Pferde unter einer strahlenden Palmette, deren aufgesetzte farbige Staubgefäße ihren Reiz erhöhen.

Zu den besonders verbreiteten Ohrschmuckformen des frühen Hellenismus gehören Rosetten mit weiblichen Genien als Anhänger, deren nackter Körper dekorativ vor einen wehenden Mantel

162 Ohranhänger. Kleine Rosette mit geflügelter Nike. Aus dem Pawlowski Kurgan/Kertsch. Gold. H 4,8 cm. Leningrad, Eremitage. Gegen 330 v. Chr.

163 Ohranhänger. Ganymed und Adler, gehalten von einer Palmette. Aus der Nähe von Saloniki (?). Gold. H 5,5 cm. New York, Metropolitan Museum, Harris Brisbane Dick Fund 1937, Nr. 37.11.9. Spätes 4. Jh. v. Chr.

164 Ohranhänger. Wagenlenkende Nike unter einer großen Palmette mit emaillierten Staubgefäßen. Gold. H 5 cm. Boston, Museum of Fine Arts, Inv. 98.788. Spätes 4. Jh. v. Chr.

und große Flügel gesetzt ist (Abb. 165). Wir kennen sie unter anderem aus Grab 212 von Amphipolis, aus dem Fund vom Pangaion, dem Sarkophagfund in Izmit und – in einer späteren Ausführung – aus dem sog. Tarentiner Fundkomplex. Interes-

165 Ohranhänger. Große Zierscheibe, von der ein geflügelter weiblicher Genius herabhängt. Gold. H 5,3 cm. Aus einem Sarkophag von Izmit. Istanbul, Archäologisches Museum. Frühes 3. Jh. v. Chr.

sant ist ein Vergleich der Rosetten dieses frühhellenistischen Ohrschmucks mit spätklassischen Zierscheiben (vgl. Abb. 129ff.). Der Dekor ist klarer, ja einfacher als bei früheren Stücken und doch sehr ausdrucksvoll.

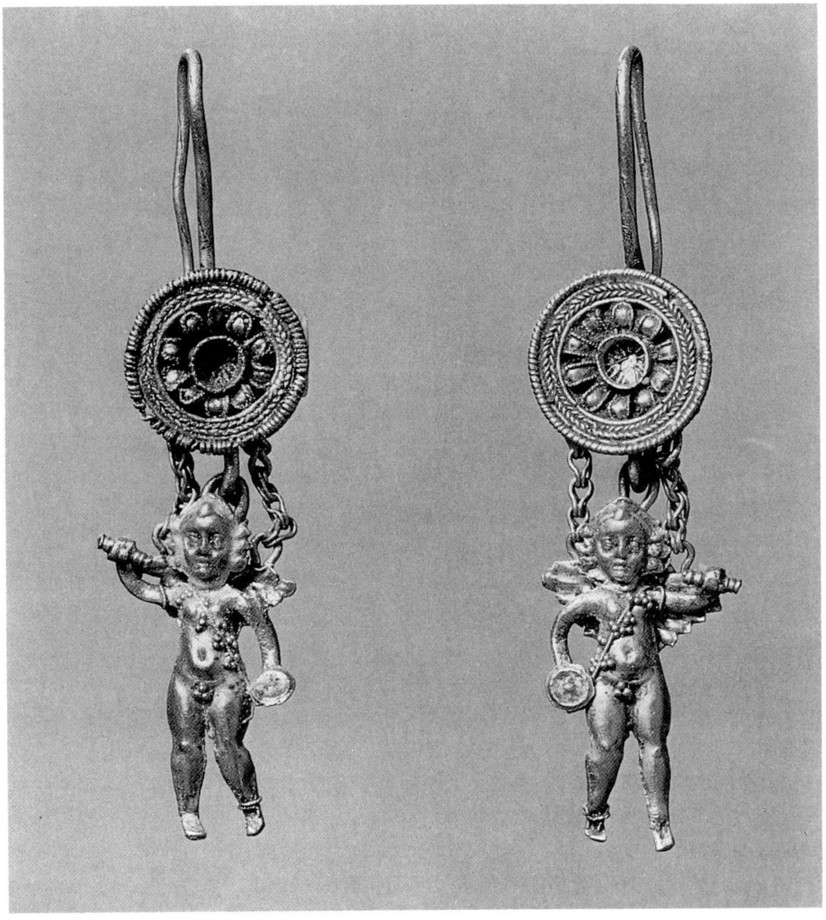

166 Ohrschmuck. Zierscheibe und Erotenanhänger. Gold. H ohne Haken 3,5 cm. Houston, Museum of Fine Arts, Inv. 37.42, Slg. A. Finnegan. 3./frühes 2. Jh. v. Chr.

Noch mehr Erfolg haben Rosettenohrringe mit kleinen Eroten, die mit den unterschiedlichsten Attributen versehen werden und die wir bis in den späten Hellenismus finden (Abb. 166). Erste Beispiele kommen aus dem in die zweite Hälfte des 4. Jahrhunderts datierten Brunnenfund von der Agora in Athen und aus einem Grab des späten 4. Jahrhunderts in Theben.

167 Ohranhänger, Zierscheibe und pyramidenförmiger Anhänger. Italisch. Gold. H ca. 7 cm. Slg. Dr. C. Kempe, Inv. 112. 3. Jh. v. Chr.

An den Rosetten aus dem Fund von Gela (Abb. 148) sind die beliebten Quasten hellenistischer Goldschmiedekunst als Anhänger befestigt. Dies ist eine Form, die uns leicht verändert auch noch im 2. Jahrhundert im zweiten thessalischen Lot begegnen wird. Allerdings ersetzen dort goldgefaßte Granatherzen die Rosette.

Die aus Zierscheibe und kegelförmigem Anhänger bestehende spätklassische Ohranhängerform (vgl. Abb. 131) wird besonders in Unteritalien fortgeführt (Abb. 167). Dort finden wir Ohranhänger, bei denen wie schon bei dem Paar mit dem tanzenden Skythen aus der Großen Blisnitza eine Pyramide den ursprünglichen Kegel ersetzt. Datierte Stücke kommen aus Grab 23 von Montefortino und aus Tarentiner Gräbern.

Im späten 3. Jahrhundert entsteht Ohrschmuck mit einer Weintraube als Anhänger. Ein Paar aus der tomba degli ori in Canosa ist aus emaillierten Weinblättern und einer Traube aus Glaspasteperlen zusammengesetzt. Bei einem Paar aus Vulci hängt eine emaillierte Traube von einer Rosettenscheibe herab und bei einem Stück unbekannter Provenienz in Hamburg ist sie in Karneol geschnitten.

Armschmuck kommt in frühhellenistischen Funden verhältnismäßig häufig vor. Das Repertoire umfaßt Tierkopfarmreifen, Schlangenarmbänder und ihre Varianten sowie Armbänder im eigentlichen Sinne des Wortes.

Die Tierkopfarmreifen entsprechen in ihrer Konstruktion denen des 5. und 4. Jahrhunderts. Neu sind der größere Naturalismus der Tierköpfe und eine manchmal sehr phantasievolle Gestaltung der Reifen. Typisch für das 3. Jahrhundert ist die kannelierte Oberfläche des Antilopenkopfarmreifen aus dem in das frühe 3. Jahrhundert datierten Fund von Mottola (Abb. 168). Sie entsteht durch Faltung eines Goldblechs, das zu einer Röhre geschlossen und so in sich gedreht wird, daß die Falten spiralartig verlaufen. Charakteristisch für diese Epoche griechischer Goldschmiedekunst ist die Lebendigkeit der Tierköpfe, die nach der Natur modelliert zu sein scheinen und weit entfernt sind von klassisch-griechischen oder auch achaemenidischen Tierköpfen. An diese erinnern jedoch die Antilopenköpfe der ebenfalls aus gefaltetem und gedrehtem Goldblech bestehenden Armreifen aus dem Fund vom Pangaion und von einem ähnlichen zweiten Paar aus Kleinasien, das sich jetzt in Baltimore befindet (Taf. XIX).

Besonders kostbar muß der Armschmuck des Fundkomplexes von Saloniki gewesen sein, der aus Bergkristallreifen und golde-

168 Armreif mit Wildziegenköpfen aus Mottola/Unteritalien. Gold. Dm 7,7 cm. Tarent, Museo Archaeologico Nazionale, Inv. 54.118. Frühes 3. Jh. v. Chr.

169 Armreif mit Löwenköpfen. Italisch. Gold. Dm ca. 7 cm. München, Staatliche Antikensammlung, Slg. Loeb 595. 3. Jh. v. Chr.

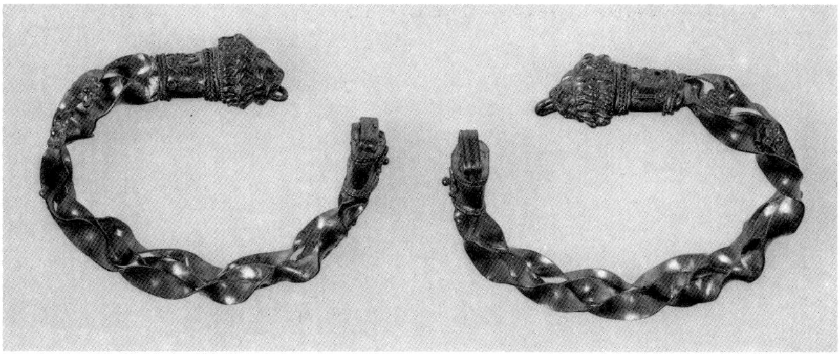

170 Armreif aus gedrehten Goldblechstreifen und Löwenköpfen. Von Melos. Gold. Dm 5,2 cm. London, British Museum, BMCJ 1991/2. 3. Jh. v. Chr.

nen Widderköpfen mit langen, filigranverzierten Manschetten besteht. Im Fund von Toukh-el-Karmous sind zwei verschiedene Varianten von Tierkopfarmreifen vertreten, einmal ein glatter Reif mit Sphingenprotomen und dazu ein Spiralreif mit den Köpfen von Greifenlöwen.

Aus einem Grab des frühen 3. Jahrhunderts in Tarent kommt ein verhältnismäßig schlichtes Armband mit sich gegenüberstehenden Löwenköpfen des barocken, italischen Typs an einem glatten Goldband mit profilierten Rändern. Ähnliche Löwenköpfe findet man an schmalen Reifen aus gedrehten Golddrähten, die ebenfalls aus Unteritalien stammen (Abb. 169).

In die gleiche Zeit gehört ein Paar von der Insel Melos (Abb. 170), dessen Reifen aus drei gedrehten, flachen Goldblechstreifen besteht, an die sich ein Löwenkopf anschließt. Ein ursprünglich eingefügtes Zierglied, das gleichzeitig als Verschluß dient, fehlt.

Nicht vor dem späten 3. Jahrhundert werden die Spiralarmreifen mit den Köpfen von Greifenlöwen entstanden sein, die in einem Grab von Neapolis/Saloniki gefunden wurden. Sie sind zierlicher als frühere Stücke und dadurch wirken die Köpfe verhältnismäßig groß.

Schlangenarmreifen waren sicher sehr verbreitet, sind aber nur selten erhalten. Ein durch eine Drachme Alexanders d. Gr. datiertes Grab in Kozani enthielt neben einem Paar Löwenkopfohrringen Armreifen, deren sich gegenüberliegende Enden in Schlangenköpfe übergehen. Aus Gräbern der ersten Hälfte des 3. Jahrhunderts in Montefortino kommen zu Spiralen gelegte Armbänder, die ebenfalls in zwei Köpfen enden.

Gegen die Mitte des 3. Jahrhunderts tritt dann ein grundsätzlicher Wandel in der Konzeption ein. Der offene Reif wird als Schlangenleib verstanden. An einem Ende geht er in den plastisch modellierten Kopf über, am anderen in einen stilisierten Schlangenschwanz. Das wohl älteste datierte Beispiel scheint ein Schlangenarmband aus dem Heiligtum von Toukh-el-Karmous zu sein, das vor 240, dem Zeitpunkt der Zerstörung des Heiligtums, entstanden ist. Es ist ein massives Goldband mit leicht angedeutetem Mittelgrad. Eingravierte Schuppen ziehen sich vom Kopf bis auf den Körper hin, die Augen waren einst farbig eingelegt, die Kopfmitte ziert ein herzförmiger Granat.

Nachdem die hellenistischen Goldschmiede den Schritt vom Schlangenarmreifen mit identischen Enden zu der freieren Komposition des kompletten Schlangenleibs getan haben, sind ihrer Phantasie keine Grenzen gesetzt. Zu der Schlange kommt der Seedrachen, oder Ketos, wie ihn ein Armreif von Eretria zeigt (Abb. 171).

Eine Neuschöpfung des frühen Hellenismus sind schließlich Armbänder im eigentlichen Sinne des Wortes. Ein frühes Beispiel, stilistisch dem Halsband der Sammlung Loeb (Abb. 150) und dem Brustschmuck von Izmit (Abb. 152) verwandt, ist ein großer Armreif aus dem Heiligtum von Toukh-el-Karmous. Auf die Enden seines Goldbügels ist ein großer Heraklesknoten gesetzt, der von zwei breiten Manschetten gehalten wird.

Im Aufbau ähnlich ist ein Armband aus dem Fund vom Pangaion (Abb. 172). An die Stelle des Bügels tritt ein fester Rahmen, in den eine kräftige Zierranke eingefügt ist. Breite Manschetten mit Filigranornamenten leiten zu einem großen, granatengeschmückten Heraklesknoten über.

Das massive Goldband aus dem Sarkophagfund von Izmit ziert eine aufgesetzte Weinranke, und an die Stelle des Heraklesknotens ist ein rundes Medaillon mit einem Dionysoskopf getreten

171 Spiralarmreif, die Enden als Kopf bzw. Schwanz eines Seedrachens (Ketos) gestaltet. Von Eretria. Gold. Dm ca. 5 cm. Pforzheim, Schmuckmuseum, Nr. 1960/40. Späteres 3. Jh. v. Chr.

(Abb. 173). In seiner künstlerischen Qualität entspricht es nicht annähernd den anderen Stücken des Fundes (Abb. 152. 165) und ist wohl das Produkt einer provinziellen Werkstatt.

Mit dem Armband von Izmit begegnet uns ein interessantes und bisher unbekanntes technisches Detail, der Scharnierverschluß. Gegen Ende des 3. Jahrhunderts ist er bereits Allgemeingut, und in der Goldschmiedekunst des 2. und 1. Jahrhunderts wird er so beliebt, daß er nicht nur als technische Notwendigkeit, sondern als dekoratives Element auch dann verwendet wird, wenn einfachere Lösungen möglich wären.

172 Armreif aus dem Fund vom Pangaion-Gebirge in Makedonien. Gold und Granaten. Dm ca. 8 cm. Berlin, Antikenmuseum. Inv. 30219,376 bis. Frühes 3. Jh. v. Chr.

173 Armreif aus einem Sarkophag von Izmit. Goldband mit Weinranke und Medaillon mit Dionysoskopf. Gold. Dm ca. 6,5 cm. Istanbul, Archäologisches Museum. Frühes 3. Jh. v. Chr.

Der charakteristische *Fingerring* der klassischen Zeit, der massive Reif mit flacher Platte und eingravierter figürlicher Darstellung, findet sich auch noch in mehreren frühhellenistischen Funden. So zum Beispiel in dem Tumulus I von Odessos, dem Fund von Mottola, dem um 280 datierten Fund von Gela (Abb. 148) und – in einfacherer Form – in mehreren Tarentiner Gräbern. Aber er wird schnell von anderen Formen abgelöst. Populär werden jetzt Ringe mit eingesetzten farbigen Steinen, seien es glatte Cabochons oder Gemmen. Sie sind nur noch selten massiv, sondern hohl aus Goldblech aufgebaut, wobei eine Füllmasse für Festigkeit sorgt.

174 Hellenistische Ringformen des 3. und 2. Jh. v. Chr.

Erste Beispiele sind zwei Fingerringe aus dem in das letzte Viertel des 4. Jahrhunderts datierten makedonischen Grab A von Amphipolis. In die große, rundovale Platte des einen ist knapp gefaßt eine Granatgemme eingelassen. Bei dem zweiten umgibt dagegen ein auffallend breiter Rand einen ungeschnittenen grünen Stein. Allein schon dieser Unterschied deutet die Vielfalt an, mit der wir von jetzt an rechnen müssen. Verallgemeinernd läßt sich sagen, daß der Reif anfangs verhältnismäßig steil aufsteigt (Abb. 174a), gegen Ende des 3. Jahrhunderts aber immer mehr zur Seite hin auslädt (Abb. 174b). Ein weiteres Charakteristikum

175 Fingerring mit Gemme. Gold. München, Staatliche Antikensammlung, Slg. Loeb 639. 3./2. Jh. v. Chr.

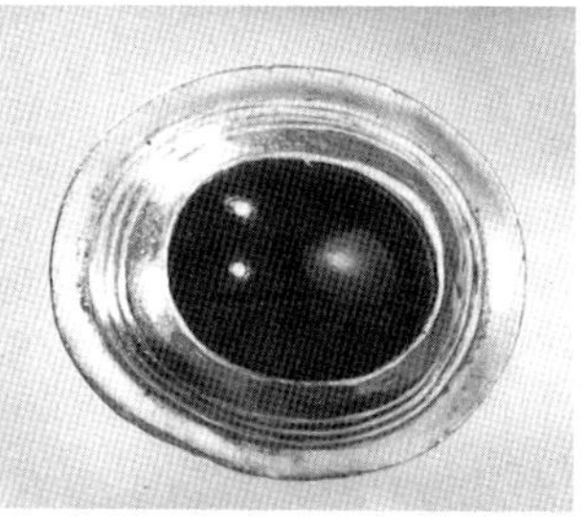

176 Fingerring mit ungeschnittenem Granatcabochon. Gold. H 3 cm. Pforzheim, Schmuckmuseum, Inv. 1960/116. 3./frühes 2. Jh. v. Chr.

frühhellenistischer Fingerringe ist die abgestufte Fassung (Abb. 174a. 175). Auch dies fängt relativ zurückhaltend an, um im Laufe der Zeit immer ausgeprägtere Formen anzunehmen (Abb. 176). Daneben finden wir aber auch verhältnismäßig schlichte Fingerringe mit erhöhter Platte und leicht gewölbter Gemme oder ungeschnittenem Stein (Abb. 174d). Datierte Ringe dieses Typs kennen wir vor allem aus Tarentiner Gräbern des späten 3. und frühen 2. Jahrhunderts.

Einen guten Überblick über die Vielfalt der Ringformen des 3. Jahrhunderts geben die acht Fingerringe, die an den Händen

177 Schmuckring. Gold. L der Platte 2,1 cm. London, British Museum, Inv. 1934.11-15.1. Spätes 4. Jh. v. Chr.

der Toten in einem in die Zeit um 200 datierten Grab in Kertsch gefunden wurden. Wir finden hier vor allem weitausladende Ringe mit abgestufter Platte, in die auch eine kleine Goldbüste an Stelle eines Farbsteins eingelassen sein kann. Dazu kommt eine Form, die vermutlich schon eine Erfindung spätklassischer Zeit war und deren Merkmal der durch Gravur, später auch mit Filigran ornamental verzierte flache Rand ist, der einen leicht gewölbten Stein umgibt. Ähnliche Ringe kennen wir aus Tarent, dem Fund vom Pangaion, aus Amphipolis und aus weiteren südrussischen Gräbern.

In den ersten Jahrzehnten der frühhellenistischen Epoche finden sich vereinzelt noch reine Schmuckringe mit hochgezogener Platte, die die Tradition ähnlicher Stücke des späten 5. Jahrhunderts so fortführen, daß nur ihr Dekor ihre Entstehung im späten 4. oder frühen 3. Jahrhundert verrät (Abb. 177). Zu den Höhepunkten frühhellenistischer Goldschmiedekunst gehört ein Schmuckring aus Grab 157 in Cumae, der die Goldblechwandung durch ein Golddrahtgitter ersetzt, das den Filigrangliedern hellenistischer Ketten entspricht (vgl. Abb. 154. 155).

Schließlich sind noch die während des ganzen Hellenismus beliebten Schlangenringe zu nennen, die gewissermaßen eine Miniaturausgabe der entsprechenden Armreifen darstellen und den Schlangen- oder Drachenleib mehr oder weniger naturalistisch wiedergeben (vgl. Abb. 209).

Die zahlreichen *Kränze* aus frühhellenistischen Gräbern decken sich mit den Beschreibungen in delischen Tempelinventaren des frühen 3. Jahrhunderts. Dort sind die goldenen Lorbeer-, Efeu-, Eichen-, Wein-, Myrrhen- und Olivenkränzen aufgeführt, die wir zum größten Teil auch im Original kennen. Besonders duftige und sehr natürlich wirkende Kränze mit zarten Blättern, Blüten und Spiralsprossen aus Gräbern von Montefortino werden in die gleiche Zeit datiert.

Neben den manchmal sehr prachtvollen Kränzen gibt es natürlich auch einfachere, so zum Beispiel ein Goldband aus dem Grab des späten 4. Jahrhunderts in Theben, an dem goldene Blätter und vergoldete Terrakottaperlen befestigt sind, oder Kränze aus vergoldeter Bronze und Terrakotta, die sich in größerer Zahl in italischen und ägyptischen Gräbern fanden.

Zu den *Diademen* mit einfachem Palmettendekor, deren Verbreitung im 3. Jahrhundert durch ein Exemplar aus dem Grab der Euxene in Elis belegt wird, kommen Goldbänder mit einem Heraklesknoten als zentralem Ornament. Ein Beispiel dafür ist ein schmales, glattes Goldband aus Grab 4 von Amphipolis, dessen einziger Schmuck ein aus Goldblech gearbeiteter und mit blau emaillierten Rosetten verzierter Heraklesknoten ist. Diademe aus südrussischen Gräbern bestehen aus Goldbändern mit punziertem figürlichem Fries und Heraklesknoten.

Die Form der Giebeldiademe führt ein Exemplar aus dem Fund von Santa Eufemia fort, dessen stabile Konstruktion und reicher Dekor aus aufgesetzten Ranken vermuten läßt, daß es sich nicht um Totenschmuck handelt. Allerdings scheint der Typ mit diesem vor 280 entstandenen Stück aus der Mode zu kommen.

Eine der bedeutendsten Neuschöpfungen frühhellenistischer Goldschmiedekunst sind die Blütendiademe, eine Form, die die Stabilität eines Diadems mit dem floralen Reiz von Kränzen verbindet. Außerdem ermöglichen sie es von ihrem Konzept her den Goldschmieden, eines ihrer großen Anliegen auszuführen, den natürlichen Reiz vegetabiler Schönheit einzufangen und dauerhaft in Gold, zartem Email und Farbsteinen festzuhalten. Um dies zu erreichen klammern sie sich jedoch nicht unbedingt an naturgetreue Vorbilder. Sie lassen sich von diesen inspirieren, aber ihre Ranken- und Blütenpracht, folgt – so natürlich sie auch wirkt – eigenen Gesetzen.

Die ersten uns bekannten Beispiele, datiert in das letzte Viertel des 4. Jahrhunderts, sind die Diademe aus Grab Gamma von Sedes/Saloniki (Taf. XXIIa) und aus dem königlichen Grab von Vergina. Beide bestehen aus Ranken, die ein Kabelmuster bilden, in das Blätter, Blüten, Palmetten und Spiralsprossen eingefügt sind. In Sedes ordnet sich dieser Dekor der Form unter, in Vergina läßt die Fülle zusätzlicher Details sie zurücktreten. Gekrönt wird das Diadem von Vergina von drei großen Palmetten, zu denen eine einzelne Goldperlenquaste ein Gegengewicht bildet. Bei beiden Diademen verbinden sich die Ranken zu einem Heraklesknoten, der aber ganz unterschiedlich behandelt wird. In Sedes bildet er das Zentrum und wird durch eine winzige Erotenfigur betont. Dagegen ist er in Vergina vollständig in das Rankenwerk integriert. Seine Oberflächenstruktur erinnert an Baumrinde und aus seinen Enden wachsen Blätter.

Stilistisch und in seiner Qualität entspricht das Blütendiadem von Vergina der kleinen Gruppe der oben beschriebenen Palmettenohrringe, besonders den Ganymed Ohranhängern aus dem Fundkomplex von Saloniki (Abb. 163). Die Oberfläche des Heraklesknotens, die den Eindruck von Baumrinde erwecken soll, erinnert aber auch an den ähnlich verzierten Knoten des einen Halsschmucks von Ginosa bei Tarent.

Anschließen läßt sich ein Diadem aus dem ersten thessalischen Lot, dessen Ranken wie in ein Spalier in einen festen Rahmen gesetzt sind, ein Aufbau, der an den Armreifen vom Pangaion erinnert (vgl. Abb. 172). In der Mitte vereinen sie sich zu einem Heraklesknoten, den eine Erosfigur und zwei Goldperlenquasten schmücken.

Noch reicher ist das gegen Ende des Jahrhunderts entstandene Diadem aus dem Erotengrab von Eretria (Abb. 178). Ein fester Rahmen aus glatten Goldblechstreifen und Spuldraht umgibt ein Kabelmuster, das an die Blütendiademe von Vergina und Sedes erinnert. Daran ranken sich unzählige Palmetten, Blüten und

178 Fragment eines Blütendiadems. Aus dem Erotengrab von Eretria. Gold, Karneol und Glaspaste. Erhaltene L 18,5 cm, H 2,5 cm. Boston, Museum of Fine Arts, Inv. 98.798, Henry Pierce Fund. Spätes 3. Jh. v. Chr.

179 Blütendiadem von Canosa, tomba degli Ori. Ausschnitt. Gold, Granaten, Karneole, Email. L 47,2 cm. Tarent, Museo Archeologico Nazionale, Inv. 22.437. Spätes 3. Jh. v. Chr.

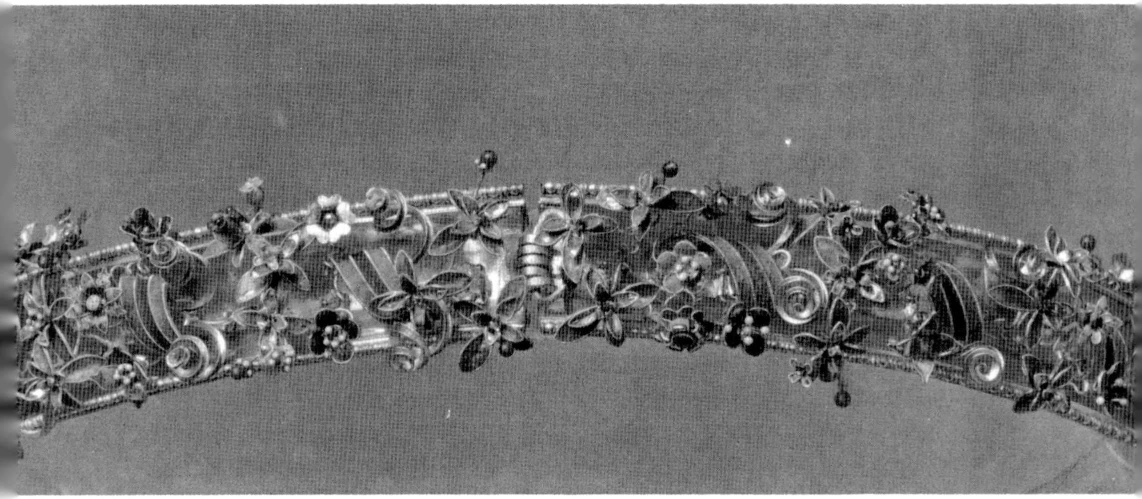

Akanthosblätter, deren Reiz durch eingefügte Farbsteine und Glaspasten erhöht wird.

Eine etwas andere Form von Blütendiadem gehört zu dem Fund vom Pangaion. Es besteht aus zwei freien goldenen Zweigen mit feinen Blättern und Blüten, die zu einem Heraklesknoten verschlungen sind.

Eigene Varianten des Blütendiadems haben die Goldschmiede Unteritaliens geschaffen. Den Grundtyp repräsentiert ein Diadem aus Gnathia. Es ist eine kräftige Goldblechröhre, von der kleine Zweige, Ranken, Blätter und Blüten ausgehen, zwischen die herzförmige Granaten in schmaler Goldfassung gesetzt sind. Ähnliche Stücke unbekannter Provenienz, aber ebenfalls aus Italien, befinden sich im Britischen Museum und im Louvre.

Wohl das prachtvollste Blütendiadem aus dieser Region wurde in der in die Zeit um 200 datierten tomba degli Ori in Canosa gefunden (Abb. 179). Es ist aus zwei konkaven Goldblechbügeln zusammengesetzt, die durch ein Scharnier miteinander verbunden sind. In die Kehlung ist ein dichtes Rankenwerk zarter weiß, rot und blau emaillierter Blüten gesetzt, zu dem grüne Blätter, rote Beeren, runde Granaten und goldene Spiralsprossen kommen. In regelmäßigen Abständen sind Streifen eines blaßgrün und blau emaillierten Bandes eingefügt, das um die Blütenpracht wie um einen Kranz gewunden zu sein scheint.

Mit diesem Diadem, würdig eines Benvenuto Cellini, erreicht das Bemühen um den Naturalismus, das die griechische Goldschmiedekunst etwa drei Jahrhunderte lang bestimmte, seinen Höhepunkt. Und so liegt eine gewisse logische Konsequenz darin, daß die Goldschmiede in der folgenden Epoche anfangen, neue Wege zu gehen.

17. Kapitel

HOCHHELLENISTISCHER GOLDSCHMUCK
ca. 220 – ca. 130 v. Chr.

Im späten 3. Jahrhundert beginnen die hellenistischen Goldschmiede mit bisherigen Traditionen zu brechen. Dies geschieht relativ unauffällig, denn die Veränderungen liegen nicht unbedingt in der Einführung neuer Formen – die übernommenen werden vielmehr den neuen Ideen angepaßt – sondern in einem geänderten Verhältnis zum Material. Griechischer Goldschmuck ist von seinen Anfängen im 9. Jahrhundert bis in klassische Zeit vor allem monochrom. Das heißt, die Goldschmiede konzentrierten sich auf die Schönheit und den Reiz des Goldes, und daran änderte auch wenig die Verwendung von farbigen Einlagen in geometrischer Zeit oder die von Email im 5. und 4. Jahrhundert. Geschnittene Steine werden vom späten 6. Jahrhundert an zu Fingerringen verarbeitet, aber diese nehmen innerhalb der Goldschmiedekunst eine besondere Position ein. Die goldene oder silberne Fassung spielt neben der Gemme eine untergeordnete, funktionsbedingte Rolle. Erst die spätklassischen und frühhellenistischen Ringe mit goldgefaßten, geschnittenen oder ungeschnittenen Steinen werden auf einen Farbkontrast hin konzipiert. Und dieses Konzept wird vom späten 3. Jahrhundert an auch auf andere Schmuckformen übertragen. Farbiges Email hatte die Goldarbeit ergänzt. Granaten, Karneole, Beryl, Amethyst, Smaragd und ebenso farbige Glaspaste treten gleichberechtigt neben das Gold, meist wird der Schmuck sogar auf ihre Wirkung hin konzipiert.

Naturalistische Dekorationsmotive wie Tierköpfe, Figuren oder florale Ornamente werden auch in den folgenden zwei Jahrhunderten beibehalten. Die zunehmende Vorliebe für die flächenhafte Gliederung und für starke farbige Effekte zwingt jedoch die Goldschmiede sie anders einzusetzen als bisher (vgl. Abb. 183. 184). Ein wichtiges Dekorationsornament ist weiterhin der Heraklesknoten, der ebenfalls farbig wird (vgl. Abb. 190). Dazu kommen farbig eingelegte halbmondförmige Anhänger (Abb. 187) und herzförmige und spitzovale Kastenfassungen mit eingesetzten Granaten, Leitmotive hoch- und späthellenistischen Goldschmucks.

Die schon seit dem frühen Hellenismus beliebten Goldquasten tragen jetzt goldgefaßte farbige Perlen (Taf. XXVIII. XXIX). Email wird reichlich verwandt, ist oft aber nur noch in Spuren erhalten. Eine Besonderheit des 2. Jahrhunderts stellen die völlig in Email getauchten Ohranhänger dar, die wir vor allem aus Italien kennen (Abb. 196). Weiterhin finden wir als typische Dekorationsornamente die schon genannten goldenen oder farbigen Spulen (Taf. XXVII. XXX. Abb. 186) und Goldösen nachahmende Kettenglieder aus Karneol oder Granat (Abb. 157. 190).

Ein wichtiges Dekorationsmotiv, und keineswegs immer technisch bedingt, sind Scharniere, mit denen die einzelnen Teile eines Schmuckstücks zusammengehalten werden.

Ein besonderer Schwerpunkt frühhellenistischer Goldschmiedekunst waren die Miniaturplastiken, die oft das Niveau einfachen Kunsthandwerks weit überschritten (vgl. Abb. 152. 163. 164). Diese Tradition wird von den Goldschmieden der ersten Hälfte des 2. Jahrhunderts erfolgreich fortgeführt. Unter Verzicht auf Farbigkeit, also nur aus Gold, schaffen sie – im Stil ihrer Zeit – kleine Meisterwerke, die leider nur ausnahmsweise erhalten sind. Dazu können kleine Tauben, deren Fiederung durch feinste Gravur naturnah wiedergegeben wird, ebenso gehören wie das Tritonenpaar an zwei Schlangenarmbändern (Abb. 202), das durchaus mit Skulpturen vom großen Fries in Pergamon verglichen werden kann. Weiterhin gehören dazu die rein monochromen Goldmedaillons (Abb. 213), die dank meisterhafter Treibarbeit und Gravur eher in den Bereich der Kunst als den des Kunsthandwerks gehören.

Unsere Kenntnis hochhellenistischen Schmucks beruht auf Funden und Fundgruppen aus unterschiedlichen Regionen. Den Anfang markieren einige schon im letzten Kapitel genannte Funde wie das Grab der Euxene in Elis oder das Grab von

Neapolis/Saloniki. Sie repräsentieren den Übergang von frühhellenistischer zu hochhellenistischer Goldschmiedekunst. Dazu kommen Fundkomplexe des späten 3. Jahrhunderts aus dem Fayum und aus Tarent (?), deren ursprüngliche Zusammensetzung nicht bekannt ist, sowie das sogenannte zweite thessalische Lot und ein Fund von Abdera, für die das gleiche gilt. Nach unten begrenzt der Schmuck aus dem Artjukhovschen Kurgan und aus Tarentiner Gräbern der zweiten Hälfte des 2. Jahrhunderts den hier behandelten Zeitraum. Besonders aufschlußreich sind die Funde aus der tomba François in Vulci, datiert gegen 200, und aus Gräbern der Mitte des 2. Jahrhunderts von Patras und Pelinna in Thessalien. Dazu kommen Funde von Amphipolis, Athen, Eretria und Amphissa/Delphi, aus Mesembria Pontica, Kallatis und Südrußland, aus Syrien, aus Morgantina auf Sizilien, von Sardinien und aus Bettona in Mittelitalien.

Der Fund aus dem Fayum enthielt zwei ungewöhnliche *Halsketten*, die sich durch den völligen Verzicht auf naturalistische Dekorationselemente auszeichnen und statt dessen Farbsteine und Gold abstrakt nebeneinander setzen. Die eine trägt einen einzelnen Anhänger (Abb. 180), in die andere ist, umgeben von einem breiten Rand mit granulierten Dreiecken, außer Farbsteinen eine Goldmünze des Ptolemaios III. aus den Jahren 235/222 eingefügt. Sie bietet einen Anhaltspunkt für die Datierung des gesamten Komplexes.

Daß diese Ketten nicht nur einen lokal begrenzten Typ aus dem ptolemäischen Ägypten darstellen, zeigt ihre nächste Parallele, ein Anhänger, der aus Nola in Süditalien kommen soll und mit ähnlich abstraktem Dekor aus granulierten Dreiecken und Farbsteinen verziert ist (Abb. 181).

Aufgezogen ist der Anhänger von Nola auf eine Tierkopfkette, der zweifellos populärsten Halsschmuckform des gesamten Hellenismus. Die aus Karneol geschnittenen Gazellenköpfe sind vor dem späten 3. Jahrhundert kaum denkbar. Meist ist jedoch der Kopf weiterhin aus Goldblech gearbeitet, während der Zierkragen aus einem goldgefaßten Farbstein besteht (Abb. 182. 183. 184). Zu den wenigen Ausnahmen gehört eine

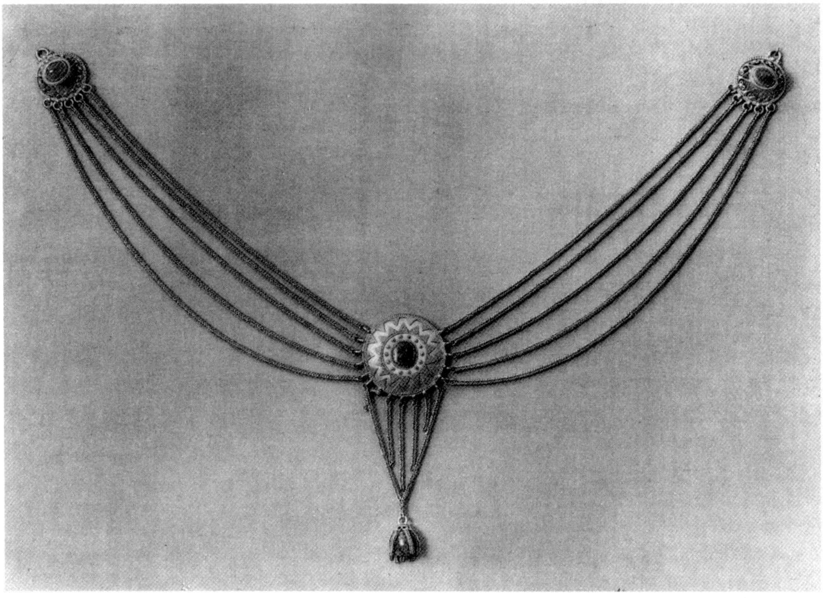

180 Halsschmuck aus dem Fayum/Ägypten. Gold, Farbsteine. L 55 cm. New York, Metropolitan Museum, Inv. 31.9.2 (E.S. Harkness). Spätes 3. Jh. v. Chr.

182 Unteritalische Form der Löwenkopfketten. Gold, schwarze Glaspaste. L 40 cm. Basel, Münzen und Medaillen AG. 3. Jh. v. Chr.

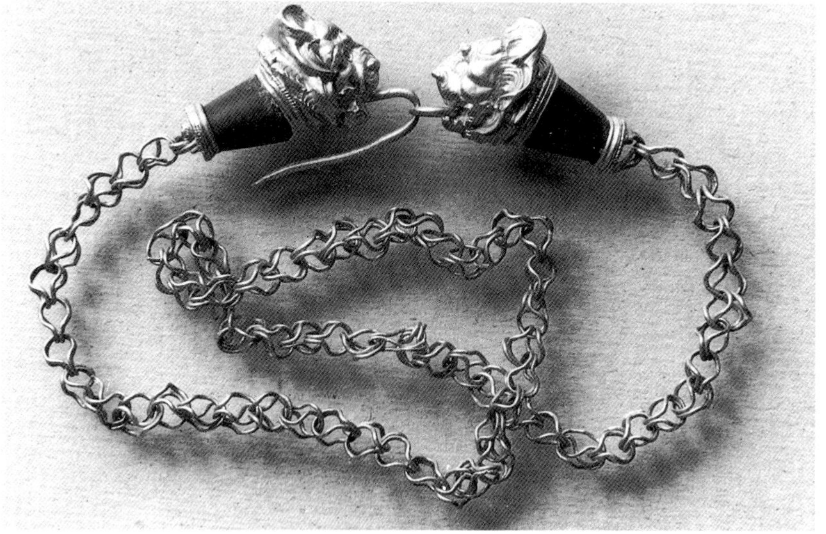

183 Halskette mit Gazellenköpfen und farbigen Perlen in Rosettenfassung. Gold, Glaspaste. Aus Nola (?). L 38,3 cm. Boston, Museum of Fine Arts, Inv. 98.787. Henry Pierce Fund. Spätes 3./2. Jh. v. Chr.

181 Kette mit Gazellenköpfen aus Karneol. Runder Anhänger mit Granulation und Granaten. Aus Nola/Unteritalien. Gold. L 43,4 cm, Dm des Anhängers 3,5 cm. Paris, Bibliothèque Nationale, Inv. 496. Um 200 Jh. v. Chr.

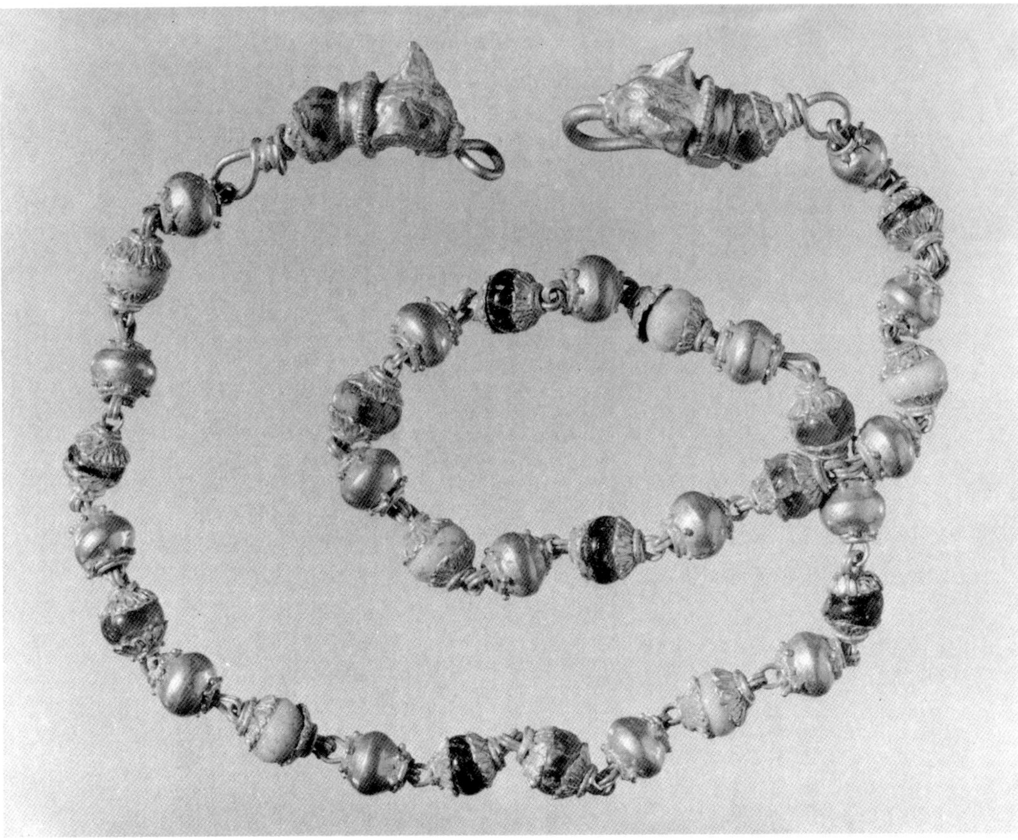

184 Halskette mit Luchsköpfen und bunten Perlen in Rosettenfassung. Gold, grüne, weiße und rotbraune Glaspaste. L 36,5 cm. Privatsammlung. 2. Jh. v. Chr.

Kette aus dem in das dritte Viertel des 2. Jahrhunderts datierten Grab T II von Patras, die aus Goldspulen, goldenen Luchsköpfen und Zierkragen aus Goldblech und Filigran zusammengesetzt ist.

Luchse wurden offensichtlich im mittleren und späten Hellenismus besonders geschätzt, wie die häufige Verwendung ihrer Köpfe in der Goldschmiedekunst zeigt. Auch Goldspulen sind typisch für diese Zeit. Eine Kette des zweiten thessalischen Lots, die in Antilopenköpfen mit farbig eingelegten Kragen endet, ist daraus zusammengesetzt, und oft bilden sie die flankierenden Zierketten, die typisch sind für die Ohranhänger dieser Epoche (vgl. Taf. XXVII).

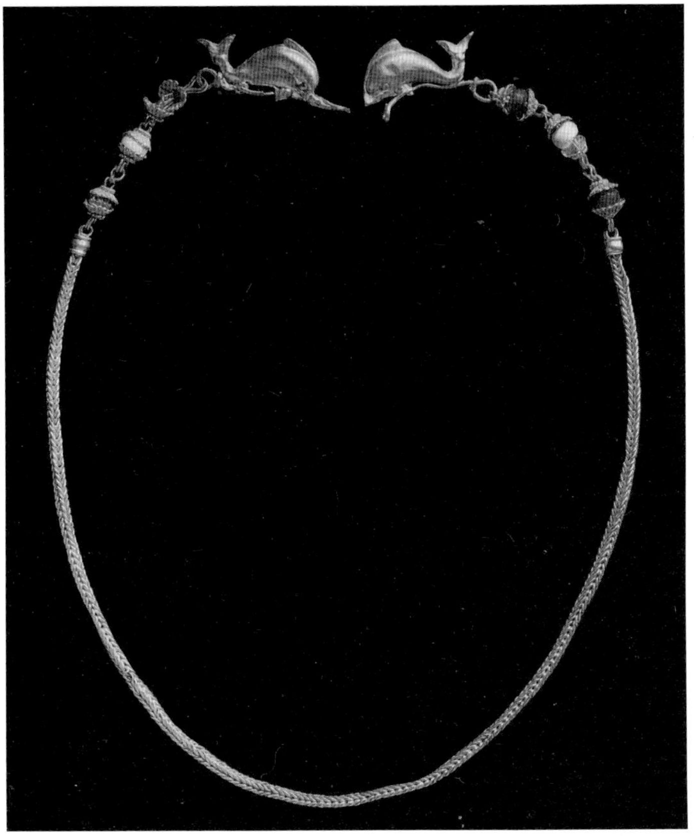

185 Halskette mit plastischen Delphinen am Hakenverschluß. Gold, farbige Glaspaste. L 36 cm. New York, Metropolitan Museum, Inv. 17.230.127, Rogers Fund. 2. Jh. v. Chr.

Aus einem Grab des frühen 2. Jahrhunderts von Mesembria Pontica kommt eine Fuchsschwanzkette mit gehörnten Löwenköpfen, an die sich Granatperlen in sogenannter Hundezahnfassung anschließen, das heißt in einer Goldfassung mit ausgezacktem Rand. Typisch für den mittleren und späten Hellenismus ist die dichte Granulation der Goldzacken (vgl. Abb. 181).

Halsketten dieser Epoche sind nicht nur aus Goldgliedern zusammengefügt, sondern auch aus farbigen Halbedelstein- oder Glasperlen, die meist von zwei kleinen Goldblechrosetten gehalten und auf Golddrahtschlaufen gezogen werden (Abb. 183. 184). Datierte Ketten kommen aus Tarentiner Gräbern der Mitte bzw.

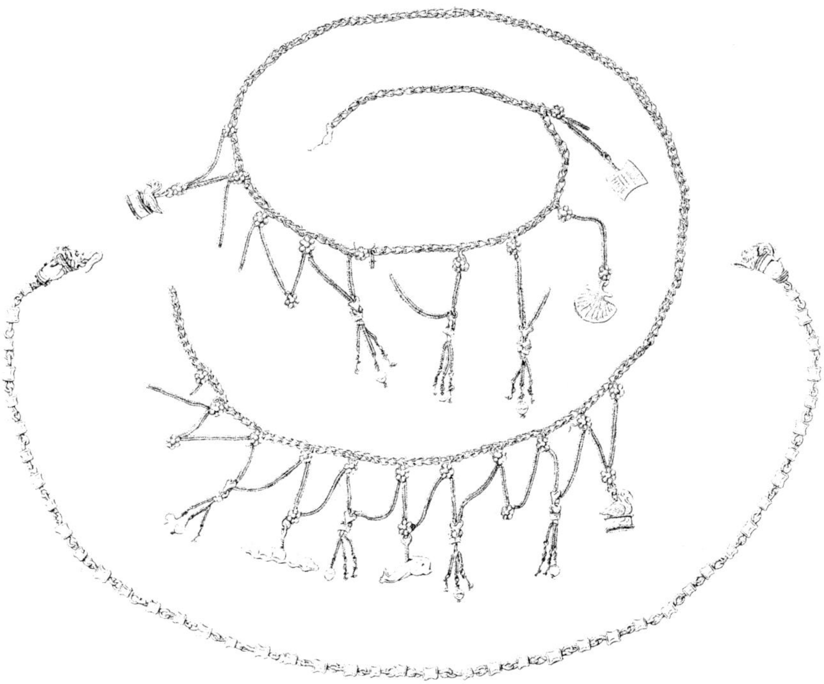

186 Halsschmuck aus Südrußland. a. Halskette mit blau emaillierten Rosetten, von denen kurze Ketten mit Amulettanhängern herabhängen. Aus Kertsch, Quarantäne Straße. b. Halskette aus Gold- und Karneolspulen sowie gehörnten Löwenköpfen. Aus Kertsch. Leningrad, Eremitage. Zweite Hälfte 3./erste Hälfte 2. Jh. v. Chr.

der zweiten Hälfte des 2. Jahrhunderts und aus dem Artjukhovschen Kurgan. Vor allem in Unteritalien sind Halsketten populär, deren Verschluß durch kleine Delphine verdeckt wird (Abb. 185). Neben den Luchsen sind sie das beliebteste Tier in der Goldschmiedekunst des 2. und 1. Jahrhunderts.

Eine kulturhistorisch interessante Variante der Tierkopfketten enthielt der Grabfund von Pelinna in Thessalien. Es ist eine Antilopenkette, an der in Zickzackführung ein dünnes Kettchen befestigt ist, von dem 19 Amulette herabhängen: Lunulae, Eroten- und Nikefiguren, Rosetten und kleine runde Medaillons mit ge-

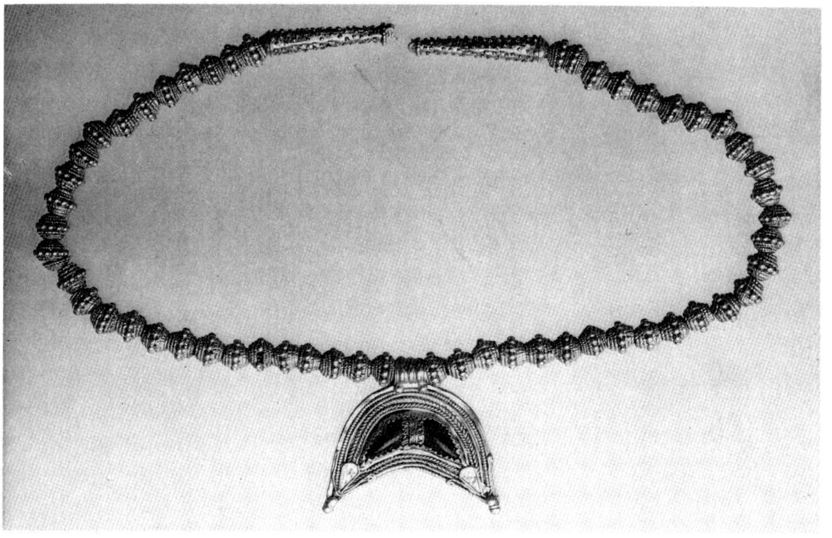

187 Halskette und halbmondförmiger Anhänger (Lunula). Aus einem Grab in der Nähe von Damaskus. Gold, Granat, Glaspaste. Br des Anhängers 3,3 cm. London, British Museum, BMCJ 2718. 2./1. Jh. v. Chr.

triebenen Götterbüsten. Es sind die Perideridia, die schon der attische Krater des 4. Jahrhunderts zeigte (Abb. 119). Die gleiche Verbindung von Schmuck und Aberglauben verrät ein Halsband aus Grab T I von Patras, an das runde Anhänger mit Frauenköpfen im Profil bzw. mit einem größeren Gorgoneion gehängt sind. Eine Kette gleicher Provenienz aus runden, mit Sternen verzierten Anhängern gehört in den gleichen Bereich und ebenso Ketten mit Amulettanhängern aus Gräbern von Eretria und Kertsch (Abb. 186).

Ebenfalls Amulette sind die halbmondförmigen Anhänger, die sogenannten lunulae, deren gleichzeitiger Schmuckcharakter jetzt gerne durch farbigen Dekor betont wird. Typische Beispiele dieser Epoche sind die Anhänger aus Syrien (Abb. 187), aus einem Grab von Amphissa bei Delphi und aus der Nähe von Gerona in Spanien.

188 Halskette mit großer Gemme und farbigen Anhängern. Aus Hadschi Muschkai/Kertsch. L 39 cm. Gold, Smaragd, Aquamarin, Türkis, Granat. Leningrad, Eremitage. Erste Hälfte 2. Jh. v. Chr.

Es würde zu weit führen, auf alle aus dieser Epoche erhaltenen Halsketten einzugehen. Erwähnt werden muß jedoch eine Kette aus einem Grab von Hadschi Muschkai in der Nähe von Kertsch, an der Smaragde, Aquamarine und Türkise hängen (Abb. 188). Diese Polychromie nimmt schon Tendenzen späthellenistischer Goldschmiedekunst vorweg.

Ebenso weist ein Halsschmuck aus dem Artjukhovschen Kurgan bereits in den späten Hellenismus. Er besteht aus einem zentralen Teil, der sich aus einem rechteckigen Smaragden, zwei ovalen Granaten sowie Luchsköpfen aus Goldblech und Achat zusammensetzt. Daran schließen seitlich Kettenenden an (vgl. Abb. 214). Die Goldfassungen der Steine sind durch Scharniere miteinander verbunden, deren Stifte Granat- bzw. Smaragdperlen tragen. Den Haken- und Ösenverschluß verdecken herzförmige Granaten. Jedes einzelne der aufgeführten Merkmale wäre für sich allein schon charakteristisch für Goldschmuck der zweiten Hälfte des 2. und des 1. Jahrhunderts.

189 Halsschmuck von Olbia/Sardinien. Ausschnitt. Gold, Granaten. L eines Zylinders 2,8 – 3,6 cm. London, British Museum, BMCJ 2697. Frühes 2. Jh. v. Chr.

Eine etwas andere stilistische Richtung innerhalb der hochhellenistischen Goldschmiedekunst vertritt ein Halsschmuck, der in Olbia auf Sardinien gefunden wurde (Abb. 189). Hier überzieht eine Fülle graphisch gegliederter, floraler Elemente die Oberfläche von fünfzehn Goldblechzylindern, die ursprünglich auf eine Schnur aufgezogen waren. In das dichte Muster aus Rosetten, Efeu- und Lorbeerblättern, Granulationsdreiecken, Wellenmustern und Herakleskноten sind herzförmige, runde, ovale und spitzovale Granaten in Zierfassungen eingefügt.

Ähnliche, allerdings unverzierte zylinderförmige Kettenglieder wurden in Tarentiner Gräbern der ersten Hälfte des 2. Jahrhunderts gefunden. Und ebenfalls zylindrisch, wenn auch mit einer Wandung aus Filigran, sind die Glieder von Ketten aus dem Grab von Neapolis/Saloniki, einem Kertscher Grab (Abb. 155) und, unbekannter Provenienz, in Richmond (Abb. 154). Im späteren 2. Jahrhundert werden sie tonnenförmig, wie Beispiele aus dem Artjukhovschen Kurgan und aus Eretria zeigen.

XXV Ohrschmuck aus Pelinna/Thessalien. Zierscheibe mit großer Isiskrone und wagenlenkende Nike auf einem girlandengeschmücktem Podest. Gold, Farbsteine bzw. Glaspaste. H 7,8 cm. Saloniki, Archäologisches Museum. Mitte 2. Jh. v. Chr.

XXVI Ziernadel mit korinthischem Kapitell, auf dem eine Taube sitzt. Am kurzen Schaft eine Sicherheitskette. Gold, Karneol u. Glas. H 12,2 cm. Privatsammlung. Erste Hälfte 2. Jh. v. Chr.

XXVII Ohrschmuck. Zierscheibe und stilisierter Taubenanhänger. Aus Sizilien. Gold. H ca. 3,5 cm. Syrakus, Museo Archeologico. Erste Hälfte 2. Jh. v. Chr.

XXVIII/XXIX Bügeldiadem mit großem Heraklesknoten und Goldquasten mit farbigen Perlen, gekrönt von einer geflügelten Göttin zwischen zwei Seedrachen. Aus Kertsch. Gold und Granaten. L 44 cm. München, Staatl. Antikensammlung, Slg. Loeb 589. Erste Hälfte 2. Jh. v. Chr.

XXX Goldener Haarschmuck. Medaillon mit der Büste einer Mänade, Ketten mit spulförmigen Gliedern und kannelierter Reif. Dm des Medaillons 6 cm, des Reifens 9 cm. Slg. N. Schimmel. Frühes 2. Jh. v. Chr.

XXXI Reich verzierter Ohrschmuck. Zierscheibe mit Isiskrone, vasenförmiger Anhänger mit Granatperle als Körper und kleinen Delphinen als Henkel, Goldquasten mit farbigen Perlen. Durch eine lange Sicherungskette verbunden. Gold, Granaten, Glaspaste und Orientperlen. H 7 cm, L der Kette 43,3 cm. London, British Museum, BMCJ 2331. Mitte 2./1. Jh. v. Chr.

XXXII Bügelarmreifen mit einem großen, von Schlangen flankierten Kalathos als Zentrum. Gold, Smaragde und Orientperlen. H ca. 6,4 cm, Dm ca. 6,1 cm. Boston, Museum of Fine Arts. 1. Jh. v. Chr.

190 Bandelier mit Heraklesknoten. Aus Tarent (?). Kette aus Gold, Granat und Karneol, Heraklesknoten aus Gold und Granat. L 108 cm, Heraklesknoten 8,2 cm. Berlin, Antikenmuseum. Inv. 1980,17. Um 200 v. Chr.

Zu den wenigen neu eingeführten Schmuckformen dieser Epoche gehören über einen Meter lange Ketten, sogenannte *Bandeliers*. Ein vergoldetes Silberemblem aus dem in das 2. Jahrhundert datierten Fund von Nihawand im Iran, jetzt in München, illustriert, wie sie getragen wurden. Es zeigt einen Eros, über dessen Oberkörper schräg ein Bandelier mit Heraklesknoten und Goldquasten gelegt ist. Den reich geschmückten Eros eines hochhellenistischen Goldmedaillons (Abb. 213) ziert ein Bandelier, an dem anscheinend Amulette befestigt sind.

Mehrere Charakteristika hochhellenistischer Goldschmiedekunst vereint ein Bandelier aus dem Tarentiner Fundkomplex. Es besteht aus einer Kette aus Gold- und Karneolgliedern mit konischen Abschlüssen und einem großen, mit Granaten eingelegtem Heraklesknoten (Abb. 190).

Dieser farbige Heraklesknoten ist eine interessante Neuheit, die stilistisch an die farbig verzierten Lunulae (Abb. 187) erinnert. Geschickt hat der Goldschmied den Eindruck eines vollständig aus Granat gewundenen Knotens erweckt, um den die vier Goldbänder, die notwendige Fassung der einzelnen Granatstreifen, dekorativ geschlungen sind. Wenn der durch die Datierung der angeblich mitgefundenen Halskette (Abb. 153) gewonnene zeitliche Ansatz des Tarentiner Fundkomplexes, das späte 3. Jahrhundert, stimmt, dann können wir davon ausgehen, daß diese Art farbiger Einlage, die das Ornament vollständig ausfüllt, um die Wende vom 3. zum 2. Jahrhundert populär wird.

Ein Bandelier aus dem zweiten thessalischen Lot im Benaki Museum verbindet eine einfache Fuchsschwanzkette mit trapezförmigen Endgliedern mit einem farbigen Heraklesknoten. Ein weiteres des gleichen Fundes, in der Sammlung Stathatos, besteht aus einer bandartigen Kette, trapezförmigen Gliedern und einem Heraklesknoten mit weißlicher Glaspasteneinlage. Von einem dritten Bandelier, ebenfalls in der Sammlung Stathatos, sind nur der mit Granaten eingelegte Heraklesknoten und die Kalbskopfenden der einstigen Kette erhalten.

Ohrschmuck dieser Zeit zeichnet sich durch eine besondere Vielfalt aus, und es würde hier zu weit führen, alle vorkommenden Varianten zu nennen. Die beliebten Tierkopfreifen des 3. Jahrhunderts gibt es weiterhin, wenn auch in leicht veränderter Form. Meist ist der Tierkopf im Verhältnis zum Reifen größer geworden, und außerdem werden in den Zierkragen wie bei den gleichzeitigen Tierkopfketten farbige Steine eingelegt (Abb. 191. 192). Eine gewisse Popularität besitzen Ohrreifen, die in einen Negerkopf aus Granat, Karneol oder Bernstein übergehen. Ihre weite Verbreitung demonstrieren Funde aus Jugoslawien, Saloniki, Tarent und Bettona in Etrurien (Abb. 193).

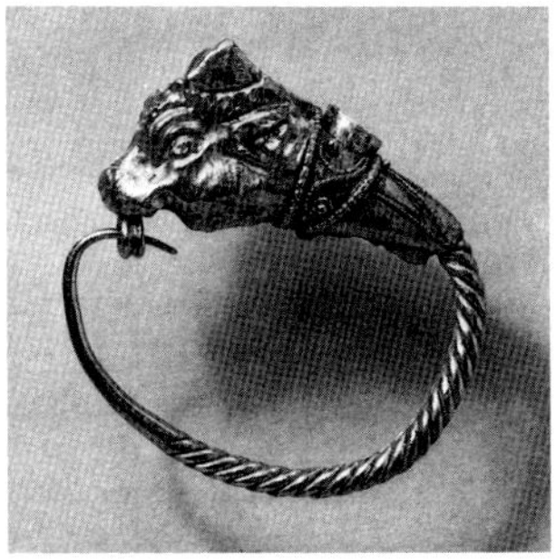

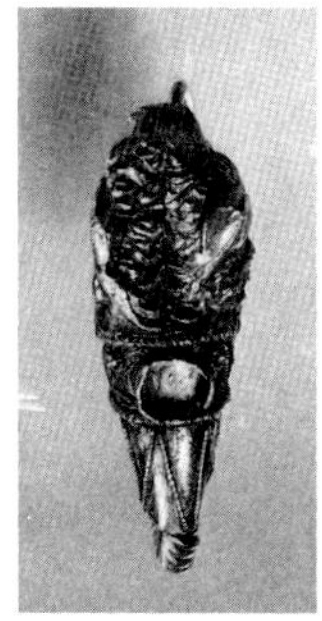

191 Stierkopfohrreif. Gold, die runde Fassung auf dem Zierkragen ursprünglich farbig eingelegt. Dm 3 cm. Hamburg, Museum für Kunst und Gewerbe, Inv. 1896,468. Frühes 2. Jh. v. Chr.

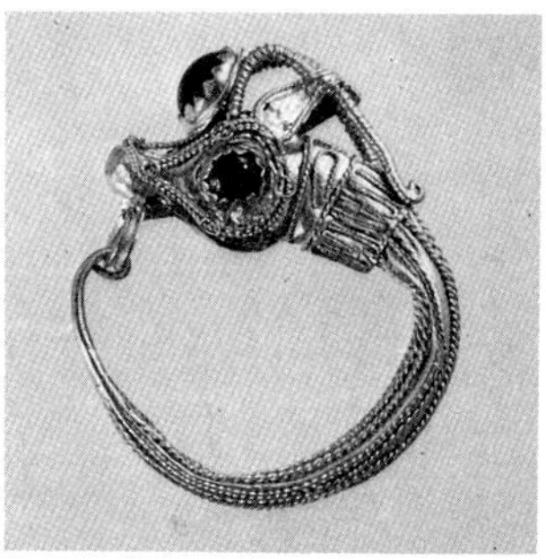

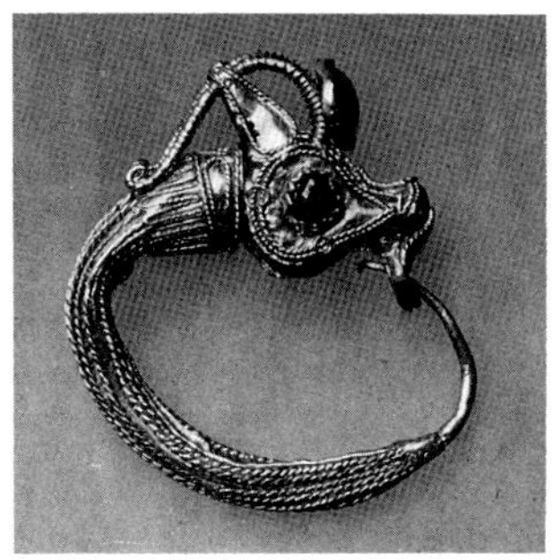

192 Ohrreif mit Antilopenkopfende. Gold, Granat. Dm 2,7 cm. London, British Museum, BMCJ 1803/4. 2. Jh. v. Chr.

193 Negerkopfohrreifen. Aus Bettona/Mittelitalien. Gold, Bernstein. H 2,2 cm. Rom, Museo di Villa Giulia. Frühes 2. Jh. v. Chr.

Unverändert populär bleiben Erotenohrringe, die entweder von einer manchmal palmettengeschmückten Rosette herabhängen oder in einen Reifen eingefügt werden. Datierte Stücke kommen unter anderem aus einem Zisternenfund in Morgantina auf Sizilien und aus Tarent.

Zu den beliebtesten Dekorationsmotiven des Ohrschmucks dieser Zeit gehört die Taube. Unterschiedliche Variationen dieses Motivs kommen aus unteritalischen Gräbern des späten 3. und der ersten Hälfte des 2. Jahrhunderts. Ein besonders schönes Paar mit wunderbar gravierter Fiederung wurde in Grab T II von Patras gefunden. Nur ein unauffälliger Drahtreifen am Rücken verrät, daß es sich bei diesen Meisterwerken der Miniaturplastik um Schmuck handelt. Mit leicht zur Seite geneigtem Kopf stehen die Tauben, einem Monument ähnlich, auf einer kleinen Basis. Wir wissen nicht, wann ein Goldschmied zum ersten Mal die Idee hatte, den figürlichen Anhänger eines Ohrschmucks auf eine Basis zu stellen. Auf jeden Fall war sie ein großer Erfolg und wurde schnell in der ganzen griechischen Welt nachgeahmt. Die Basis an einem Ohranhänger ist ein fast untrüglicher Hinweis auf seine Entstehung in mittelhellenistischer Zeit.

Eine andere Version des Taubenmotivs und andere künstlerische Ideen zeigt ein Ohrschmuck aus Syrakus (Taf. XXVII). Hier hängt die Taube mit ausgebreiteten Schwingen, flankiert von kurzen Ketten aus Goldspulen, von einer großen Zierscheibe herab. Anders als bei den naturalistischen Taubenohrringen von Patras ist die Fiederung abstrakt durch Granulation und Filigran angedeutet. Die Unterschiede lassen sich bis zu einem gewissen Grad geographisch erklären – die Goldschmiede des griechischen Westens pflegen durchaus gewisse Eigenheiten – sie symbolisieren aber auch das Nebeneinander von Tradition und Fortschritt, das charakteristisch ist für diese Epoche des Übergangs. Die Tauben von Patras stehen noch in der Tradition der frühhellenistischen Miniaturplastiken, die von Syrakus weist auf die Tendenz zur Abstraktion, die sich in der zweiten Hälfte des 2. Jahrhunderts erfolgreich durchsetzt.

Noch einen Schritt weiter geht ein Ohrringpaar unbekannter Provenienz in Boston (Abb. 194), bei dessen Tauben auf jede

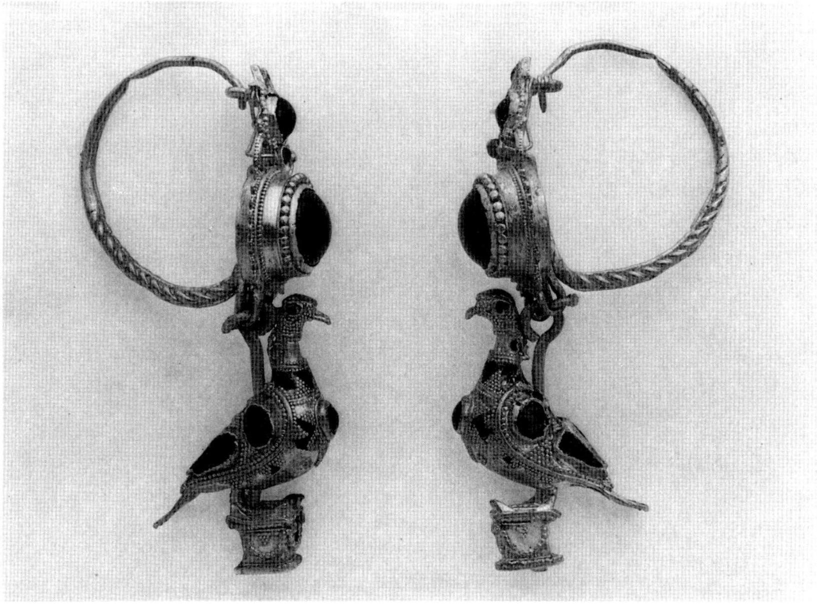

194 Ohrreifen mit großer Zierscheibe und plastischen Tauben auf einer girlandenverzierten Basis. Gold und Glaspaste. H 5,3 cm. Boston, Museum of Fine Arts, Inv. 68-5a/b. Zweite Hälfte 2. Jh. v. Chr.

Andeutung von Fiederung verzichtet wurde. Stattdessen überziehen farbige Einlagen und zu Dreiecken geordnete Granulation den Körper und korrespondieren mit der großen Farbfläche der Zierscheibe. Im Vergleich dazu wirkt die girlandengeschmückte Basis überraschend realistisch.

Einen Anhaltspunkt für die Datierung dieses Paares gewinnen wir durch ihre Übereinstimmung mit Ohrreifen aus Tarentiner Gräbern der zweiten Hälfte des 2. Jahrhunderts, die die große Scheibe mit krönendem Abschluß, farbiger Einlage, Zierdrähten, Perlrand und granulierten Zacken wiederholen. Als Anhänger tragen sie kleine Amphoren, die entweder ganz aus Gold gearbeitet oder aus einer farbigen Perle als Körper und einer Goldfassung zusammengesetzt sind (vgl. Taf. XXXI). Selbstverständlich fehlt auch hier nicht die kleine Basis.

Die gleiche Stufe der stilistischen Entwicklung repräsentieren prachtvolle Ohranhänger unbekannter Provenienz im Britischen Museum, die durch eine lange Kette zusammengehalten werden und die ganze Bandbreite hochhellenistischer Dekorationsmotive in sich vereinen (Taf. XXXI). Die große Zierscheibe entspricht der der Ohrringe in Boston (Abb. 194) und aus Tarentiner Gräbern. Für die auf einer Basis stehenden Amphora mit einer Granatperle als Körper gibt es ebenfalls zahlreiche Parallelen. Ein besonders im italischen Bereich beliebtes Dekorationsmotiv sind die Delphine, die hier als Henkel eingesetzt werden. Flankierende Ketten wiederum finden wir von Südrußland bis nach Italien, und auch die Goldquasten mit farbigen Perlen sind weit verbreitet.

Besondere Aufmerksamkeit verdient der krönende Abschluß der Zierscheibe hochhellenistischer Ohranhänger, der dazu bestimmt ist, den Reifen- oder Hakenansatz zu kaschieren. Bei frühhellenistischen Ohranhängern fehlt er. Ein frühes Beispiel, das dafür spricht, daß sich diese Konstruktion im späteren 3. Jahrhundert herausgebildet hat, ist ein Paar italischer Ohranhänger (Abb. 167). Ein Weinblatt, verziert mit einer Efeuranke, erhebt sich dort über der Rosettenscheibe. Bei anderen Stücken wurde eine große Palmette verwendet. Etwa von der Mitte des 2. Jahrhunderts an finden wir dann bei Ohranhängern aus allen Teilen der griechischen Welt als krönenden Abschluß die sogenannte Isiskrone (Abb. 194. Taf. XXV. XXXI). Dies ist ein Ornament eindeutig ägyptischen Ursprungs, das sich aus einer runden Scheibe und zwei Federn zusammensetzt. Alle Teile sind stark abstrahiert und meist farbig eingelegt.

Obwohl entsprechende Hinweise fehlen – Schmuckfunde aus Ägypten sind kaum publiziert – ist anzunehmen, daß die Verbindung von Zierscheibe und Isiskrone eine Erfindung ägyptischer Goldschmiede ist, denn nur diese waren mit dem Motiv wirklich vertraut. Seine Ausbreitung in der gesamten hellenistischen Welt verdankt es vermutlich weniger seiner religiösen Bedeutung als vielmehr seinem dekorativen Effekt.

Schon früh scheint gleichberechtigt neben die runde Zierscheibe ein halbkreisförmiges Ornament zu treten, dessen Rahmen aus Zierdrähten und granulierten Zacken einen Farbstein gleicher Form umgibt. Darüber erhebt sich eine spitzovale Fassung, die von zwei stilisierten Delphinen flankiert wird (Abb. 195), oder auch die stilisierte Isiskrone (Abb. 197). Datierte Beispiele kennen wir aus der tomba François in Vulci und aus Bettona in Etrurien, und es ist nicht ausgeschlossen, daß es sich um eine rein italische Form handelt.

Das gleiche Ornament – aber auch die runde Zierscheibe – wird häufig mit kleinen Tauben, Schwänen, Hähnen, Pfauen oder Kentauren kombiniert, die aus einem Drahtgerüst bestehen, das vollständig mit weißer oder farbiger Glaspaste überzogen ist (Abb. 196). Die ältesten Exemplare, noch in das späte 3. Jahrhundert datiert, kommen aus der tomba François in Vulci. In Tarent finden wir solche Stücke in Gräbern des späten 2. Jahrhunderts. Eines der wenigen außerhalb Italiens gefundenen Beispiele sind weiß und grün emaillierte Tauben unter einer Rosette mit Isiskrone aus dem Artjukhovschen Kurgan.

Ebenfalls aus dem Artjukhovschen Kurgan, aus dem zweiten thessalischen Lot und aus Bettona kennen wir verhältnismäßig schlichten Ohrschmuck, der sich aus einem goldgefaßten herzförmigen Granaten und einem daran befestigten Anhänger zusammensetzt. Das kann eine Goldquaste mit farbigen Perlen oder auch eine einzelne große Perle sein (Abb. 197).

Thessalische Gräber des späteren 2. Jahrhunderts enthielten Ohrschmuck, der zeigt, wie die Goldschmiede dieser Phase hellenistischer Goldschmiedekunst die Idee der Miniaturplastik dem Zeitgeschmack anpassen. Ein verhältnismäßig einfaches Beispiel ist die Sphinx der Bügelohrringe aus Grab 289 von Amphipolis (vgl. Abb. 198), vor deren Brust ein spitzovaler Granat gesetzt ist.

Zu den kühnsten Entwürfen dieser Zeit gehören die Ohranhänger aus dem Grabfund von Pelinna, die eine wagenlenkende Nike mit einer farbig eingelegten Zierscheibe unter einer großen Isiskrone vereinen (Taf. XXV). Es ist das gleiche Thema, das uns bereits in dem Nikeohrring von Boston (Abb. 164) begegnete, und nichts mag deutlicher den Unterschied zwischen früh- und hochhellenistischer Goldschmiedekunst illustrieren als der Vergleich dieser beiden Darstellungen.

195 Ohrschmuck. Halbrunde Zierscheibe und vasenförmiger Anhänger. Von Sardinien. Gold, Granaten. H 5,5 cm. London, British Museum, BMCJ 2356/7. 2. Jh. v. Chr.

196 Ohrschmuck. Halbrunde Zierscheibe, darüber runder Granat flankiert von Delphinen. Als Anhänger weißer Schwan. Aus Vulci. Gold, Granat, weiße Glaspaste. H 3,8 cm. London, British Museum, BMCJ 1677/8. 2. Jh. v. Chr.

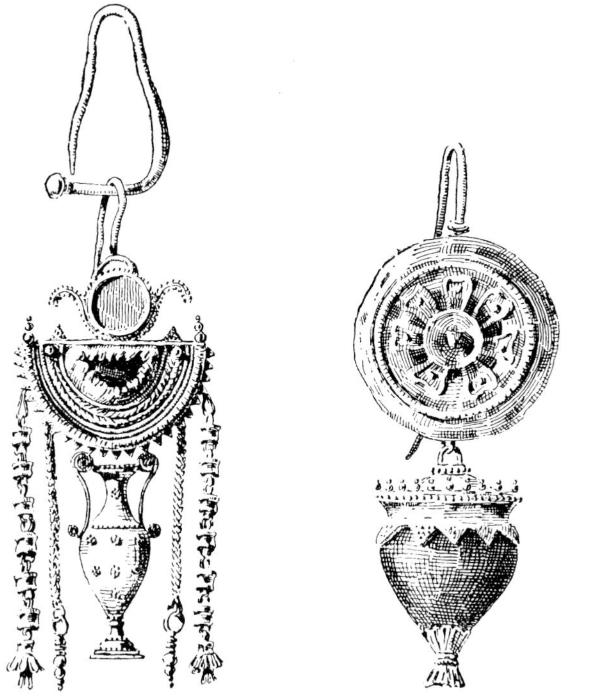

197 Zwei Ohranhänger aus Bettona/Mittelitalien. a. Gold, Glaspaste. H ca. 3,8 cm. b. Gold, Granat, Glaspaste. H 3 cm. Rom, Museo di Villa Giulia. 2. Jh. v. Chr.

198 Ohrreif mit eingefügter plastischer Sphinx auf Podest. Gold, Granat. H 2,7 cm. Hamburg, Kunsthandel. Mitte 2. Jh. v. Chr.

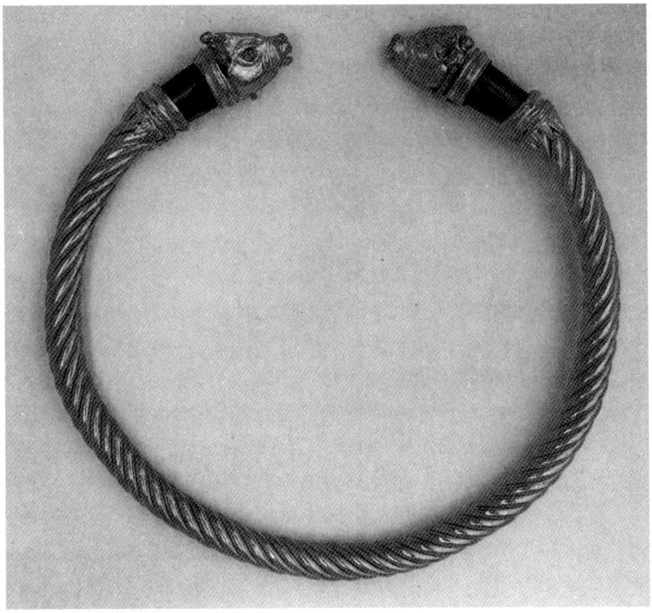

199 Armreif mit Kalbsköpfen. Gold, Granat, in den Augen blaues Email. London, British Museum, BMCJ 1989/90. Um 200 v. Chr.

Ungewöhnlich groß ist die Zahl der aus dieser Epoche erhaltenen *Armreifen* und *Armbänder*. Spiralreifen mit Tierkopfenden und, der Tendenz der Zeit entsprechend, farbig eingelegten Zierkragen geraten bald aus der Mode (Abb. 199). Eines der letzten Beispiele ist ein einzelner Armreif mit Luchsköpfen aus dem Fundkomplex von Abdera.

Abgelöst werden sie durch eine neue, durchaus eindrucksvolle Form, die aus zwei durch ein Scharnier miteinander verbundenen dicken Bügeln besteht. Entweder geht, wie bei einem Paar aus dem zweiten thessalischen Lot, jeweils ein Bügelende in einen Tierkopf über oder beide (Abb. 200). Diese Stücke gehören zu den qualitätvollsten Arbeiten, die uns aus der Frühzeit hochhelle-

200 Teil eines am Oberarm getragenen Armreifens. Mit Filigran und Granulation verzierter Bügel, der in einen Luchs- bzw. Antilopenkopf endet. Gold, in den Augen Granaten. L 12 cm, Dm 1,5 cm. Slg. de Clercq-Boisgelin. Erste Hälfte 2. Jh. v. Chr.

nistischer Goldschmiedekunst erhalten sind. Dank geschickter Treibarbeit, separat gearbeiteter Details, sorgfältiger Gravur und den sehr zurückhaltend nur als Augen verwendeten Farbsteinen, wirken die Tierköpfe außerordentlich lebendig. Breite Zierkragen decken die Übergänge. Den Bügel überzieht ein dichtes Gitter aus Golddrähten mit winzigen Goldkugeln an den Kreuzpunkten, das an bestimmte Kettenglieder erinnert (vgl. Abb. 154). Kleine Ösen an den Manschetten sprechen dafür, daß diese Reifen am Oberarm getragen und am Gewandsaum befestigt wurden. Damit ist auch ihr Durchmesser erklärt, der für einen normalen Armreifen zu groß, für einen Halsreifen zu klein ist. Vorbild für die Form könnte der keltische Torques gewesen sein. Daß seine Form griechischen Goldschmieden wohl bekannt war, zeigen mehrere Exemplare aus Gräbern der ersten Hälfte des 3. Jahrhunderts aus der keltischen Nekropole von Montefortino. Sie sind hellenistischen Tierkopfarmreifen nachempfunden, aber aus zwei Bügeln zusammengesetzt.

Die wohl häufigste Form von Armschmuck sind Schlangenarmbänder, deren Amulettcharakter ihre Beliebtheit erklärt. Gleichzeitig boten sie den Goldschmieden die reizvolle Möglichkeit, ein naturalistisches Motiv zu einem abstrakten Ornament umzuwandeln. Ein frühes Beispiel für die fast kanonische Form der meisten Schlangenarmbänder des mittleren und späten Hellenismus und sogar noch der frühen Kaiserzeit ist das Paar aus dem sog. Tarentiner Fundkomplex (Abb. 201). Zweifach gewundene Goldblechstreifen mit leicht gewölbter, durch einen Mittelgrad gegliederter Außenseite, bilden den Schlangenleib. Kopf- und Schwanzende sind zu achtförmigen Schlaufen gelegt. Diese Anordnung wirkt hier noch recht natürlich. Bei ähnlich konstruierten Stücken aus dem zweiten thessalischen Lot ist die Stilisierung ausgeprägter und wird sogar durch spitzovale Granaten, die in die Schlaufen eingefügt sind, noch betont.

Ein einzelner Armreif aus Eretria repräsentiert eine weitere typisch hochhellenistische Variante. Er besteht aus zwei Schlangen, deren Schwanzenden zu einem Heraklesknoten verschlungen sind (Taf. XXIV). In diesen eingefügt ist ein großer, ovaler Granat, und auch die Augen waren ursprünglich farbig. Die abgewinkelten Köpfe, die achtförmigen Schlaufen und die Gravur der Details läßt sich mit den oben genannten Schlangenreifen aus dem Tarentiner Fundkomplex und dem zweiten thessalischen Lot vergleichen. In einer anderen Ausführung, als einfacher Reif, wiederholt ein Armband aus Pelinna das Motiv zweier Schlangen, deren Schwanzenden zu einem Heraklesknoten verschlungen sind, und auch hier ist in den Knoten eine Fassung eingefügt.

Zu den Spitzenprodukten hochhellenistischer Goldschmiedekunst gehören Armreifen, die in Abwandlung des ursprünglichen Schlangenmotivs Triton und Tritonin wiedergeben (Abb. 202). Eindeutiger als alle bisher gezeigten Schmuckarbeiten illustrieren sie die beiden Tendenzen, die hochhellenistische Goldschmiede

201 Schlangenarmbänder mit achtförmig gelegten Enden und plastischen Köpfen. Aus Tarent (?). Gold. Dm 6 cm. Berlin, Antikenmuseum. Inv. 1980, a/b. Um 200 v.Chr.

202 Tritonenarmbänder. Gold. H 14,5 bzw. 15,5 cm. New York, Metropolitan Museum, Inv. 56.11.5,6, Rogers Fund. Erste Hälfte 2. Jh. v. Chr.

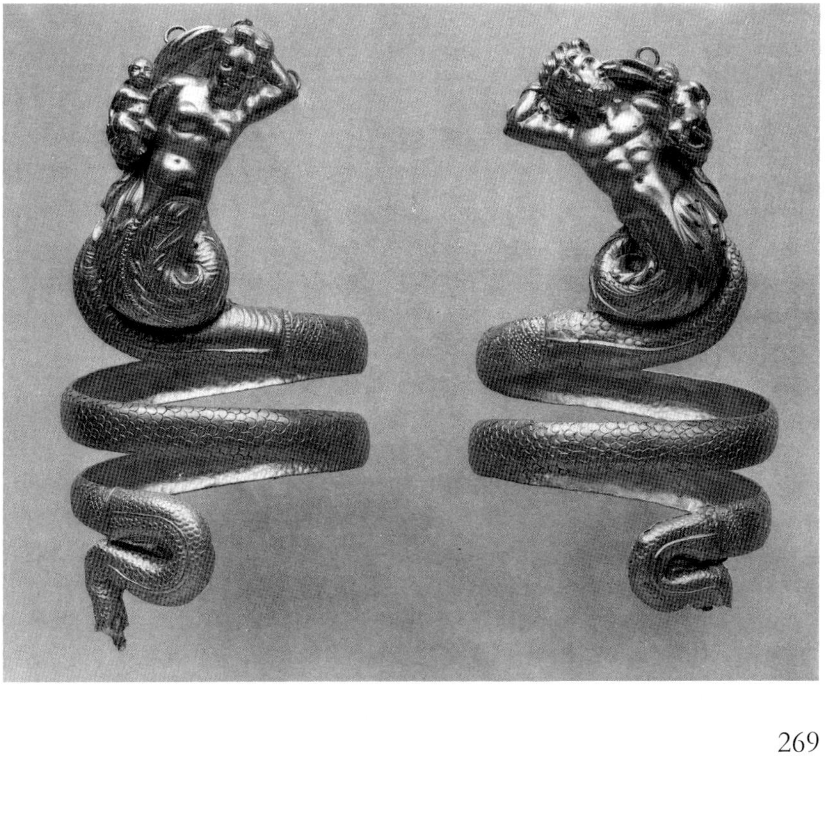

203 Armband aus dem Fayum. Gold und Granat. L 20,8 cm. New York, Metropolitan Museum, Inv. 34.2.4, Rogers Fund. Spätes 3. Jh. v. Chr.

204 Armband mit Efeuranke. Aus Syrien. Gold, Granaten, Glaspaste. Dm 6,8 cm. Chicago, Oriental Institute, Inv. A 29788.

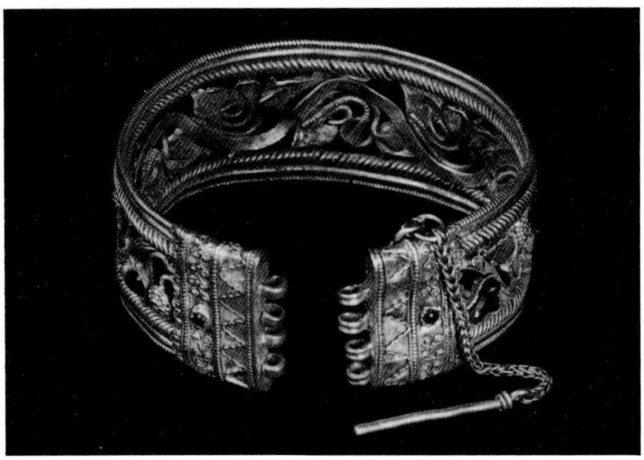

auf einen Nenner zu bringen versuchen, ausgeprägten Naturalismus, der sich in den bewegten, sehr lebendigen Figuren äußert, und die Stilisierung, die der Schlangenleib ermöglicht.

Die Tradition der Armbänder von Toukh-el-Karmous, Pangaion oder Izmit (vgl. Abb. 172. 173) wird während des ganzen Hellenismus fortgeführt. Als Beispiele sind einmal die Armbänder aus dem Fayum (Abb. 203) zu nennen, die die stilistischen Merkmale der oben beschriebenen Ketten gleicher Provenienz wiederholen (Abb. 180), sowie ein Armreif aus Syrien (Abb. 204). Er zeigt eine zeitgemäße Version des Rankendekors der früheren Stücke, die ganz auf die Wirkung der eingefügten roten Granaten und grünen Glaspasten konzipiert ist.

Bei den *Fingerringen*, die gegen Ende des 3. Jahrhunderts sehr zur Breite tendierten, wird die Silhouette allmählich schmäler, die Form ausgewogener (vgl. Abb. 174). Ringe aus datierten Gräbern von Patras, Tarent und Bettona (Abb. 205) zeigen zum ersten Mal die hohe, leicht konkav eingezogene Platte, die sich bis in die frühe Kaiserzeit hält (vgl. Abb. 174e).

205 Drei Fingerringe aus Bettona/Mittelitalien. Gold, ursprünglich farbig eingelegt. Dm 2 – 2,5 cm. Rom, Museo di Villa Giulia. 2. Jh. v. Chr.

Zu den schönsten Schmuckstücken dieser Epoche gehören Fingerringe, deren Platte unter einer Bergkristallscheibe farbig emaillierte Blüten, Blätter, Rosetten und sogar winzige Vögel ziert. Eines der wenigen datierten Stücke dieser Gruppe ist ein in die Mitte des 2. Jahrhunderts datierter Ring aus Patras mit Efeublättern und einer Taube. Sein Reif ist auf der Unterseite zu einem Heraklesknoten geschlungen.

206 Prachtvoller Schmuckring mit granulierter Kastenfassung und Herakles-knoten. Gold, Granat, Glaspaste. H 3,4 cm. München, Staatliche Antikensammlung, Inv. 11004, 2. Jh. v. Chr.

Diesen Stücken eng verwandt sind Fingerringe mit rechteckiger Fassung, ähnlichem Dekor und einer Smaragd- oder Bergkristalleinlage (Abb. 206). Auch hier bildet der Reif fast immer einen Heraklesknoten. Anschließen läßt sich ein Fingerring aus dem Artjukhovschen Kurgan, ebenfalls mit einem Heraklesknoten, aber einer Platte in Form einer Sandalensohle (Abb. 207). Ähnliche, wenn auch einfachere Ringe kennen wir aus einem Tarentiner Grab des späten 2. Jahrhunderts und aus Bettona (Abb. 205). Die besondere Bedeutung der Sandalensohle ist unklar. Wie der Heraklesknoten mag sie ein schützendes, Unheil abwehrendes Amulett gewesen sein.

Eine zweite Gruppe typisch hochhellenistischer Schmuckringe wird durch Fundstücke aus dem Grab in Pelinna, aus den Familiengräbern in Eretria und aus einem Grab in Ancona datiert. Gemeinsam ist ihnen allen eine abgestufte, profilierte, sechseckige

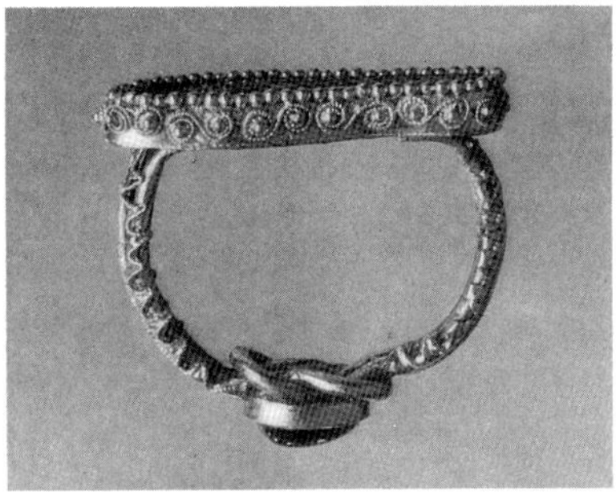

207 Fingerring, dessen Reif zum Heraklesknoten geschlungen ist. Platte in Form einer Sandalensohle. Aus dem Artjukhovschen Kurgan. Leningrad, Eremitage. 2. Jh. v. Chr.

208 Fingerring mit kauernden Attisfiguren als Reif. Aus Ägypten. Gold, grüne Glaspaste. Dm 2,9 cm. London, British Museum, BMCR 721. 2. Jh. v. Chr.

Fassung, in die vorzugsweise ein roter Granat oder eine grüne Glaspaste eingefügt ist, sowie die Scharnierverbindung zwischen Platte und profiliertem Reifen. In den weiteren Bereich dieser Gruppe gehört ein Fingerring aus Ägypten, dessen Reifen zwei kauernde Attisfiguren bilden, die durch Scharniere mit der abgestuften Ringplatte verbunden sind (Abb. 208).

Die Schlangenringe dieser Epoche wiederholen meist die Formen der entsprechenden Armreifen. So erinnert ein kleiner Seedrachen aus Mesembria an den älteren Ketos-Armreifen von Eretria (Abb. 209. vgl. Abb. 171). Gleichzeitig illustriert der Vergleich zwischen beiden den Wandel von einer noch verhältnismäßig freien und lebendigen Gestaltung zur stärkeren Stilisierung, zur Umgestaltung des mehrfach gewundenen Schlangenleibs in ein reines Ornament, in das geschickt, aber ohne Beziehung zum Thema, die kleinen runden Fassungen eingefügt sind.

209 Fingerring in Form eines Seedrachen (Ketos). Aus Nessebar. Gold, Amethyst. L 6,1 cm. Burgas, Historisches Landesmuseum. Erste Hälfte 2. Jh. v. Chr.

210 Schlangenring mit großer Fassung. Aus Alexandria. Gold, Granaten. L der Platte 3,7 cm. London, British Museum. BMCR 771. 2. Jh. v. Chr.
211 Stark stilisierter Schlangenring. Aus Beirut. Gold, Granat. H 1,9 cm. London, British Museum. BMCR 770. 2. Jh. v. Chr.

Naturalismus und Abstraktion verbindet auch ein Schlangenring aus Alexandria (Abb. 210), der aus vier Schlangen besteht, die den Reifen bilden und sich dann um einen großen Granaten winden. Noch mehr abstrahiert wird das Schlangenmotiv bei einer weit verbreiteten Form (Abb. 211), für die ein Fingerring aus Grab 289 von Amphipolis einen zeitlichen Anhaltspunkt bietet.

212 Diadem aus Kertsch. Ausschnitt, s. Taf. XXVIII/XXIX. L des Heraklesknotens 6,8 cm. München, Staatliche Antikensammlung, Slg. Loeb 589. Erste Hälfte 2. Jh. v. Chr.

Die *Diademe* dieser Epoche führen in ihrem Aufbau einen Typ fort, den wir bereits aus dem 3. Jahrhundert kennen. Sie bestehen aus einem großen Heraklesknoten mit goldgefaßten Granaten, an den seitlich Goldbänder, bandartige Fuchsschwanzketten (s. Vor- und Nachsatz) oder starre Bügel anschließen. Typische Beispiele aus der Mitte des 2. Jahrhunderts sind die Diademe aus dem Artjukhovschen Kurgan und aus der Sammlung Loeb (Abb. 212. Taf. XXVIII/XXIX). In seine Bügel, die ein dichtes Blattmuster aus Goldblech, Filigran und Granulationskugeln überzieht, sind passend zum farbigen Heraklesknoten Granatstreifen eingelassen, so daß der Eindruck eines – allerdings stark stilisierten – dichten Blattkranzes entsteht, um den ein rotes Band gewunden ist.

Die stilistischen Übereinstimmungen zwischen diesem Diadem und den Bügelarmreifen (Abb. 200) sowie den Tritonenarmbändern (Abb. 202) sind unübersehbar. Wesentliche Merkmale hochhellenistischer Goldschmiedekunst sind in ihm vereint: Figürlicher Dekor, Ornamente, die vollständig die Oberfläche überziehen und mit glatten, farbigen Flächen kontrastieren, Goldquasten und farbige Perlen.

Eine ganz andere Form repräsentiert ein Diadem aus dem Fundkomplex von Abdera, das stilistisch dem Halsschmuck von Olbia nahesteht (Abb. 189). Es besteht aus kleinen Kästchen, in die getriebene Goldmasken, Blüten, Blätter, Kugelrosetten und große, ovale Granaten eingelassen sind. Sie bilden ein Band, von dem wieder die typisch hellenistischen Quastenanhänger herabhängen.

Kränze wurden häufig in Gräbern des 2. Jahrhunderts gefunden, aber es sind nicht mehr die prachtvollen Arbeiten, die wir aus der Zeit der späten Klassik und des frühen Hellenismus kennen. Meist werden einfache Goldblätter einzeln oder gebündelt an Streifen aus vergänglichem Material befestigt.

Runde oder ovale *Broschen* sind eine typische Schmuckform des Hellenismus, die wir unter anderem aus Funden von Melos, dem Artjukhovschen Kurgan und anderen südrussischen Gräbern, von Saloniki oder Mesembria kennen. Sie ersetzten vermutlich die völlig aus der Mode gekommenen Fibeln.

Nadeln gehören nicht unbedingt zum Formenschatz hellenistischer Goldschmiede. Ein Typ ist jedoch mehrfach vertreten, wenn auch nicht in gesicherten Fundzusammenhängen. Es sind die mit einem Kapitell gekrönten Nadeln, auf denen eine Aphrodite, ein Eros oder eine Taube steht (Taf. XXVI).

Eine Besonderheit hoch- und späthellinistischer Goldschmiedekunst sind kleine, runde Goldbleche mit einem Zierrand und einer getriebenen Götterbüste in der Mitte. Die Funktion dieser *Medaillons* ist nicht immer eindeutig zu bestimmen. Ist an ihrem oberen Rand eine Öse befestigt, so waren es zweifellos Anhänger wie die der Amulettkette aus Pelinna. Befinden sich Ösen auf ihrer Rück-

213 Medaillon mit getriebenem Relief. Geflügelter Eros mit Stirnband, Löwenkopfkette, Bandelier und Schlangenarmband am rechten Oberarm. Vermutlich aus Syrien oder Kleinasien. Gold, die Granaten spätere, antike Zutat. Dm 9,6 cm. Maximale Reliefhöhe 3,7 cm. Slg. de Clercq-Boisgelin. Erste Hälfte 2. Jh. v. Chr.

seite, so wurden sie auf Ketten oder Bänder aufgezogen. Schwieriger wird die Interpretation, wenn die Ösen in regelmäßigen Abständen am Rand befestigt sind und sogar ein Kettennetz tragen. Hier bietet sich eine Erklärung als Brustschmuck bzw. als Haarnetz an (Taf. XXX).

Innerhalb der bekannten Medaillons gibt es sehr große Qualitätsunterschiede. Neben der Fülle eher einfacher Stücke finden wir außerordentlich qualitätvolle, von denen leider keines aus einem gesicherten Fundzusammenhang kommt. Zu den künstlerisch bedeutendsten Medaillons gehören die des zweiten thessalischen Lots mit fast vollplastischen Büsten, zwei Stücke in Princeton mit goldgefaßten Granatbändern als Teil der Randverzierung und eins in Paris (Abb. 213). Dieses ist von der Thematik wie von der Ausführung her besonders interessant. Der geflügelte Eros, dessen nächste Parallele ein vergoldetes Silberemblem mit einer ähnlichen Darstellung aus dem Fund von Nihawand ist, das bereits oben im Zusammenhang mit den Bandeliers erwähnt wurde, trägt ein Bandelier, eine Tierkopfkette und am rechten Oberarm einen Schlangenarmreifen. Das hohe Relief der Büste, die sorgfältige Treibarbeit und Gravur der Details, die unter anderem an die Tritonenarmbänder (Abb. 202) erinnern, spiegeln die Vorliebe hochhellenistischer Goldschmiede für eine gewisse barocke Pracht wieder. Die kleinen Farbsteine am Zierrand scheinen eine spätere Zutat zu sein.

18. Kapitel

DER SPÄTE HELLENISMUS
ca. 130 – ca. 30 v. Chr.

Der späte Hellenismus gilt als eine der schwierigsten Epochen der griechischen Kunstgeschichte. Es ist die letzte Phase in der Entwicklung griechischer Kunst und griechischen Kunsthandwerks und gleichzeitig die Periode des Übergangs zur römischen Kunst der späten Republik und der frühen Kaiserzeit. Oft ist es schwer zu entscheiden, was noch in der griechischen Tradition steht, was bereits römischem Einfluß zuzuschreiben ist.

Seit dem späten 3. bzw. frühen 2. Jahrhundert bestimmt Rom das politische Geschehen in der griechischen Welt. Das Jahr 146, in dem Makedonien zur römischen Provinz und Korinth zerstört wird, markiert das endgültige Ende griechischer Freiheit. Die Einrichtung der Provinz Asia folgt wenig später. Syrien und Ägypten bewahren sich noch bis in das 1. Jahrhundert eine nominelle Unabhängigkeit, haben aber ihre einstige politische Bedeutung verloren. Nach der Schlacht bei Aktium und der Errichtung der Provinz Ägypten im Jahr 30 ist die gesamte griechische Welt Bestandteil des römischen Imperiums.

Mit dem Niedergang und der Auflösung der griechischen Königshöfe wird Rom das Zentrum, von dem die Macht ausgeht, in das Geld, Pretiosen und Menschen strömen. Es wird der Sammelpunkt griechischer Kunsthandwerker, die freiwillig oder unfreiwillig ihr Können in römische Dienste stellen. Sie bringen ihre traditionellen Formen – die den Römern selbstverständlich längst vertraut waren – mit, aber sie werden auch die künstlerischen Vorstellungen ihrer neuen Auftraggeber berücksichtigt haben. Nur so lassen sich die engen stilistischen Beziehungen zwischen späthellenistischen und frühkaiserzeitlichen Schmuckarbeiten erklären.

Leider ist die Anzahl der Funde aus dieser Epoche nicht sehr groß. Die zweite Hälfte bzw. das späte 2. Jahrhundert wird durch zwei Grabfunde aus Tarent und einen aus Altamura repräsentiert. Daran schließt sich ein Hortfund aus Herakleia in Süditalien an, der Schmuck und römische Denare umfaßt und für den ein Ansatz in die erste Hälfte des 1. Jahrhunderts überzeugend vorgeschlagen wurde. Besonders ergiebig sind zwei Funde aus der Zeit vor 69 von der Insel Delos. In das späte 2. bzw. 1. Jahrhundert gehört Schmuck aus Gräbern von Eretria. Schon in augusteische Zeit datiert wird ein Grab von Samothrake, das ein Paar hellenistische Ohrringe enthielt. Aus stilistischen Gründen lassen sich ferner Fundgruppen von Olbia in Südrußland, aus Piraeus und aus Palaiokastro in Thessalien anschließen, deren Provenienz und ursprüngliche Zusammensetzung nicht gesichert sind.

Ein schlichter, klarer Aufbau, flächige, lineare Gliederung und lebhafte Polychromie sind die auffälligsten Merkmale späthellenistischer Goldschmiedekunst. Erste Beispiele dafür begegneten uns bereits in den Funden des frühen und mittleren 2. Jahrhunderts, der Epoche des Übergangs. Inzwischen sind die traditionellen Elemente griechischer Goldschmiedekunst nahezu völlig verschwunden. Floraler Dekor wie Blüten, Rosetten und Ranken fehlt. Farbige Elemente sind nicht mehr zusätzliches Beiwerk, sondern bestimmen das Konzept. Das heißt, der Schmuck wird von vornherein auf Farbigkeit hin konzipiert und das bedeutet jetzt nicht mehr die Verwendung eines Farbtons, der zum Gold tritt. An einem einzigen Schmuckstück werden mehrere Farben nebeneinander gesetzt, und die Verarbeitung von Gold beschränkt sich oft nur auf die notwendige Funktion als Fassung von Farbsteinen oder Glaspasten. Besonders beliebt ist die Verbindung von Rot und Grün. Granaten müssen sehr preiswert gewesen sein, Smaragde gefragt, aber teuer. Ohne Rücksicht auf eventuelle Wertunterschiede werden Granaten zusammen mit grünen Glaspasten, die Smaragde imitieren, verarbeitet.

Eine der interessantesten Neuerungen ist die Verarbeitung von Orientperlen, die bereits im späteren 2. Jahrhundert beginnt. Bis zu dieser Zeit spielten sie keine Rolle, obwohl es für die griechischen Goldschmiede sicher nicht schwer gewesen wäre, sie zu erhalten. Anscheinend bestand kein Interesse. Um so mehr sind die Römer von Perlen fasziniert, wie Plinius ausführlich berichtet und die Funde bestätigen. Eines der frühesten Beispiele für die Verarbeitung von Orientperlen ist ein ungewöhnliches Paar Ohranhänger aus einem reichen Grab des 2. Jahrhunderts in Ancona.

Fast alle Dekorationsmotive späthellenistischen Schmucks gehen zum größten Teil auf Ideen der Goldschmiede des frühen oder mittleren 2. Jahrhunderts zurück. Zu den „Leitmotiven" gehören weiterhin herz- oder efeublattförmige Kastenfassungen mit entsprechend geschliffener Granateinlage (vgl. Abb. 197), granulierte Rhomben und Dreiecke, die Scharnierverbindung und die Hundezahnfassung (vgl. Abb. 194). Neu sind kleine Rotellen, das heißt glatte oder granulierte Goldringe, die bei Halsketten oder Ohrreifen zwischen farbige Perlen gesetzt werden (Abb. 221). Vasenförmige Gefäße werden wie im 2. Jahrhundert als Ohranhänger verwendet. Sehr beliebt sind pummelige, ausgesprochen barocke Eroten als Ohranhänger (Abb. 218). Wie die leicht aufgedunsen wirkenden Mänadenköpfe, die wir gelegentlich an Ohrreifen dieser Epoche finden, stehen sie in einem auffälligen Gegensatz zu den sonst so abstrakten Formen späthellenistischer Goldschmiedekunst. Delphine sowie Delphin- und Luchsköpfe sind letzte Überbleibsel der charakteristischen Tierkopfenden des Hellenismus.

Technisch gesehen erfordert die Herstellung späthellenistischen Goldschmucks nicht die Kunstfertigkeit früherer Arbeiten. Sie sind wesentlich einfacher konstruiert als etwa die kompliziert aufgebauten Schmuckstücke des 4. oder 3. Jahrhunderts. Es wäre jedoch falsch, daraus auf ein Nachlassen der handwerklichen Fähigkeiten zu schließen. Denn nach wie vor beherrschen und – wenn notwendig – praktizieren die Goldschmiede alle bisher bekannten Techniken. Auf Grund der veränderten künstlerischen Vorstellungen setzen sie sie aber völlig anders ein als ihre Vorgänger. Technische Details treten nicht mehr hinter der Gesamtwirkung eines Schmuckstücks zurück, sondern werden selbst zum Ornament. Weniger die Form als die Schönheit des Materials wird berücksichtigt. Deshalb können Farbsteine oder farbige Pasten verhältnismäßig schlicht gefaßt, Orientperlen wie auf einen Faden

214 Halsschmuck aus Palaiokastro/Thessalien (?). Gold, Granaten, Glaspaste und (nicht erhaltene) Orientperlen. Athen, Nationalmuseum K 940 (13706). Spätes 2./1. Jh. v. Chr.

auf Golddraht aufgezogen, auf reiche Filigran- oder Granulationsornamente verzichtet werden.

Der in späthellenistischen Funden vorkommende *Halsschmuck* entspricht weitgehend dem der ersten Hälfte und der Mitte des 2. Jahrhunderts. Es sind vor allem die Tierkopfketten, die wir – mit Antilopen- und Wildziegenköpfen – in datierten Exemplaren aus Gräbern des späten 2. Jahrhunderts aus Tarent, Altamura, Herakleia und Eretria kennen und die sich kaum von früheren unterscheiden (vgl. Abb. 183. 184). Sie bestehen meist aus farbi-

215 Zwei Halsketten aus Olbia/Südrußland. a. Kastenfassungen mit farbigen Glaspasten, Schmetterlingsanhänger und Luchskopfketten. Gold, Smaragde, Bergkristall und Glaspasten. L 32,7 cm. b. Kastenfassungen mit teilweise modernen Steinen und ursprünglich nicht dazu gehörende, aber antike Kette aus Gold und Smaragden. L 39 cm. Baltimore, Walters Art Gallery Inv. 57.385/6. Spätes 2./1. Jh. v. Chr.

gen Glasperlen und Goldösen, seltener nur aus Goldgliedern. Bei einer Tarentiner Kette der zweiten Hälfte des 2. Jahrhunderts sind kleine Perldrahtringe zwischen die farbigen Glasperlen geschoben, ein frühes Beispiel der oben erwähnten Rotellen.

Den Tierkopfketten verwandt sind Halsketten, deren Haken- und Ösenverschluß durch getriebene kleine Delphine verdeckt wird (vgl. Abb. 185). Eine solche Kette, ganz aus Gold, kommt aus Eretria, eine weitere aus dem gleichen Tarentiner Grab wie die erwähnte Kette mit den Perldrahtringen.

Ebenfalls eine Schöpfung hochhellenistischer Goldschmiede und im Grunde eine Variante der Tierkopfketten ist der Halsschmuck von Palaiokastro in Thessalien (Abb. 214). Zwischen die Luchskopfenden einer Goldkette sind drei große, durch Scharniere verbundene ovale Kastenfassungen gesetzt. Ihre breiten Goldränder umgab ursprünglich ein Rand aus Orientperlen, von dem nur noch die Befestigungsösen erhalten sind. Unklar ist, wie weit das sich nach unten anschließende Gehänge tatsächlich zu der Halskette gehört.

In die gleiche Gruppe gehören zwei Halsketten aus dem Fundkomplex von Olbia, die die Verbindung von zentralem Ornament mit großen Fassungen, Anhängern und seitlichen Ketten wiederholen (Abb. 215). Der Kette von Palaiokastro besonders ähnlich ist das prachtvollere der beiden Exemplare mit drei ovalen und zwei rechteckigen Fassungen zwischen Luchsköpfen aus Gold und Bergkristall. Granulation, kleine Fassungen und aufgesetzte Rosetten erhöhen seine dekorative Wirkung.

Das Motiv des stark stilisierten Schmetterlings, wie ihn die Kette von Olbia zeigt, scheint sich im späten Hellenismus einer gewissen Beliebtheit erfreut zu haben. Noch stärker stilisiert wiederholt es der Anhänger einer Kette im Britischen Museum, die aus Rom kommen soll (Abb. 216). Bei dem Anhänger einer Kette aus Olbia bildet der für den späteren Hellenismus typische herzförmige Granat den Kopf, der Körper ist aus einem ovalen Granaten und einem gestreiften Achat zusammengesetzt, grüner und blauer Zellenschmelz überzieht die Flügel. Fühler und Beine bestehen aus Golddrähten, auf die ursprünglich kleine Orientperlen gezogen waren.

Für die Datierung dieser Art von Halsschmuck bietet die Übereinstimmung zwischen der Kette von Palaiokastro und einem sehr ähnlichen Stück aus dem Artjukhovschen Kurgan eine obere Grenze – etwa die Mitte des 2. Jahrhunderts. Zusammen mit den Halsketten von Olbia (Abb. 215) wurden zwei winzige Goldgefäße an kurzen Ketten gefunden, die wohl Duftstoffe enthielten und gleichzeitig als Schmuck getragen werden konnten. Ähnliche Goldgefäße enthielten das in die Mitte des 2. Jahrhunderts da-

216 Halskette mit Schmetterlingsanhänger. Aus Rom. Gold, Saphir, Granaten, weiße Glaspaste (?). L 32,1 cm. London, British Museum. BMCJ 2746. Spätes 2./1. Jh. v. Chr. ▷

tierte Grab 289 von Amphipolis, das etwa gleichzeitige Grab von Pelinna – als Anhänger an der Amulettkette – und das bereits erwähnte Grab von Altamura, das in das letzte Viertel des 2. Jahrhunderts datiert wird. Damit ergibt sich für den Fund von Olbia – und die Schmetterlingsketten – ein zeitlicher Ansatz in das späte 2. Jahrhundert.

Von völlig anderen künstlerischen Vorstellungen geprägt sind die Halsketten aus dem ersten Fund von Delos, die in der ersten Hälfte des 1. Jahrhunderts entstanden sein müssen und die römischem Schmuck der frühen Kaiserzeit wesentlich näher stehen als hellenistischen Arbeiten. Es sind schlichte Ketten aus großen Doppelösen, ähnlich den Kettenenden des Halsschmucks von Palaiokastro (Abb. 214). In zwei Fällen ist ihr einziger Schmuck ein mondsichelförmiger Anhänger, der sich mit seiner gerippten Öse und den knaufartigen Enden von den reich verzierten hellenistischen Lunulae des 2. Jahrhunderts absetzt (vgl. Abb. 187). Um so größer ist die Übereinstimmung mit römischen Lunulae aus Pompeji. Rein hellenistisch ist dagegen der Anhänger einer dritten Kette gleichen Typs, die Miniaturplastik einer weiblichen Person, die im Damensitz auf einem Ziegenbock reitet.

Zu dem zweiten Fund von Delos gehören kleine Goldblechscheiben mit einer Öse am oberen Rand, in die Golddrahtrotellen einhaken. Zusammen mit roten und grünen Perlen aus Granat bzw. Glaspaste bildeten sie eine Halskette.

•

Auch der späthellenistische *Ohrschmuck* führt zumindest anfangs die in der ersten Hälfte des 2. Jahrhunderts geschaffenen Formen fort. Letzte Beispiele der Ohranhänger mit Rosettenscheibe und vollständig emailliertem Vogelanhänger kommen aus Tarentiner Gräbern des späten 2. Jahrhunderts und aus Eretria. Bei einem solchen Paar aus Tarent überzieht dichte Granulation die einzelnen Blütenblätter, in Eretria ersetzt ein abstraktes Ornament aus Filigran und Granulation, das an den makedonischen Schild erinnert, den floralen Dekor.

Weiterhin sehr verbreitet ist der Ohrschmuck, dessen auffälligstes Element ähnlich wie bei den Taubenohrringen in Boston (Abb. 194) die große, runde Zierscheibe mit farbiger Einlage unter einer Isiskrone ist. Flankiert von kurzen Zierketten hängt daran ein vasenförmiger Anhänger, das heißt eine kleine Goldamphora oder ein Kantharos, die wie üblich auf einer Basis stehen. Datierte Stücke kommen aus einem Tarentiner Grab der zweiten Hälfte des 2. Jahrhunderts. Bei einem Paar aus dem schon in die erste Hälfte des 1. Jahrhunderts datierten Fund von Herakleia überziehen die typisch hoch- und späthellenistischen Granulationsrhomben den Körper der Amphora. Das wohl späteste Beispiel dieses Typs ist ein silbernes Paar aus einem in augusteische Zeit datierten Grab von Samothrake (vgl. Taf. XXXI).

Ebenfalls sehr populär ist der Ohrschmuck mit Zierscheibe und Erotenanhänger. Ein solches Paar kommt aus dem in das letzte Viertel des 2. Jahrhunderts datierten Grab von Altamura. Die wie üblich von der mit einem großen Granaten eingelegten Zierscheibe herabhängenden seitlichen Ketten halten die Flügel bzw. die Basis, auf der ein etwas mißglückter Erot mit auffälligem granulierten Bandelier steht. Zu dem zweiten delischen Fund, datiert vor 69, gehören sehr schöne Stücke mit einer großen, mit farbigen Glaspasten eingelegten Isiskrone über der Zierscheibe und einem kitharaspielenden Eroten.

Eine weitere Stufe der Entwicklung repräsentiert ein Paar unbekannter Provenienz, bei dem die Isiskrone zu einem reinen Ornament stilisiert wurde (Abb. 217). Dominierendes Element ist die große Farbfläche der runden Scheibe. Die Eroten, flankiert von kurzen Ketten an denen einst Trauben aus Orientperlen hingen, nehmen nur noch eine sehr untergeordnete Position ein.

Zu den interessantesten Arbeiten späthellenistischen Schmucks zählt eine Gruppe Erotenanhänger, die wir unter anderem aus dem zweiten delischen Fund, von der Palaiokastro-Gruppe und von Eretria kennen (Abb. 218. 219). Die runde Zierscheibe, der letzte Nachklang der Rosette frühhellenistischer Ohranhänger ist verschwunden. Stattdessen verdeckt ein abstraktes Gebilde aus zwei oder drei dicht nebeneinandergesetzten rundovalen oder ekkigen Kastenfassungen den Haken bzw. den Reifen, mit dem der Schmuck am Ohr befestigt wird. Eingelassen in die Fassungen sind rote und grüne Steine bzw. Pasten, deren Farben durch den

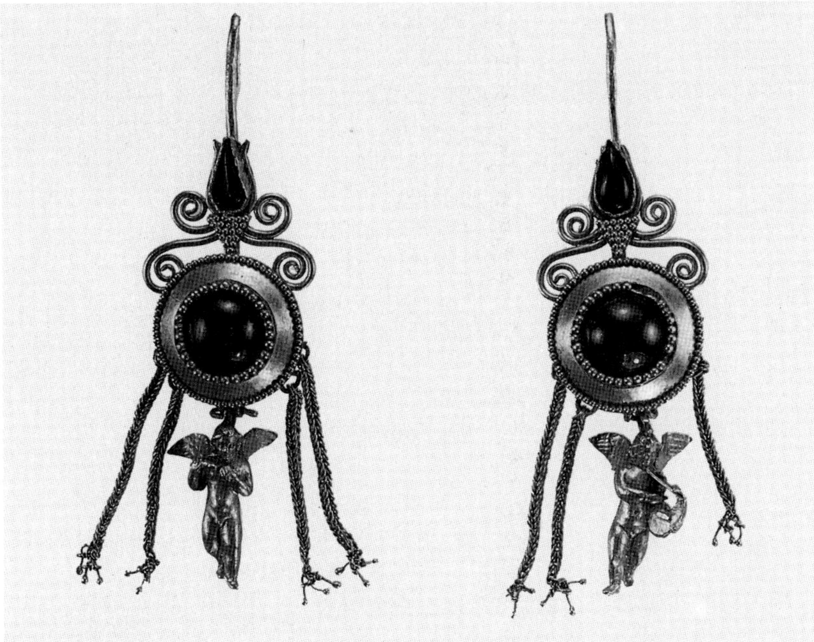

217 Ohrschmuck. Große Zierscheibe, Eroten. Gold, Granaten. An den flankierenden Ketten ursprünglich Orientperlen. H 9 cm. Pforzheim, Schmuckmuseum, Inv. 1958/32. 1. Jh. v. Chr.

218 Ohrschmuck mit musizierenden Eroten. Gold, Granat, Glaspaste, Orientperlen. H ca. 5 cm. München, Staatliche Antikensammlung. Slg. Loeb 645. Erste Hälfte 1. Jh. v. Chr. ▷

219 Ohrschmuck mit musizierenden Eroten. Von Palaiokastro/Thessalien (?). Granat, Glaspaste. H ca. 3.8 cm. Hamburg, Museum für Kunst und Gewerbe, Inv. 1918, 58/9. Erste Hälfte 1. Jh. v. Chr. ▷

218

219

220 Ohrreif mit Luchskopf. Gold, Granat, Smaragd, Glaspaste und (nicht erhaltene) Orientperlen. Dm 3,3 cm. Hamburg, Museum f. Kunst und Gewerbe, Inv. 1896,467. Erste Hälfte 1. Jh. v. Chr.

Rand weißschimmernder Orientperlen intensiviert werden. Mit Hilfe eines kleinen Scharniers ist an der untersten Fassung direkt oder getragen von einer kurzen Kette einer der sehr barocken Eroten befestigt, die für den späten Hellenismus charakteristisch sind. Dazu können flankierende Ketten mit Granatperlen in der Form und Farbe von Granatapfelkernen (Abb. 219) kommen.

Stilistisch eng verwandt mit dieser Gruppe ist eine späthellenistische Variante der Tierkopfohrreifen (Abb. 220), bei denen die nebeneinandergesetzten Fassungen vor einen Luchskopf gesetzt sind. Auch hier können Orientperlen die gefaßten Farbsteine oder Pasten umgeben. In den Reifen eingefügt sind goldene oder farbige Perlen in Hundezahnfassung bzw. mit zwischengeschobenen Rotellen.

Etwa in der gleichen Zeit wie dieser Ohrschmuck sind die recht häufig vorkommenden Ohrreifen mit Delphinköpfen und aufgereihten farbigen oder goldenen Perlen und Rotellen entstanden (Abb. 221), die sich bereits ziemlich weit von den frühhellenistischen Tierkopfohrreifen entfernt haben. Die endgültige Abstraktion dieses Typs wird dann mit dem S-förmig gebogenen Ohrschmuck erreicht, bei dem auf die Tierköpfe völlig verzichtet wird (Abb. 222). Der Reif mit den aufgezogenen Perlen ist zum Anhänger geworden, sein eines verlängertes Ende bildet den Haken zur Befestigung am Ohr.

Ein frühes Beispiel solcher Ohranhänger ist ein Paar aus dem Fund von Herakleia. Noch in augusteischer Zeit müssen sie sehr

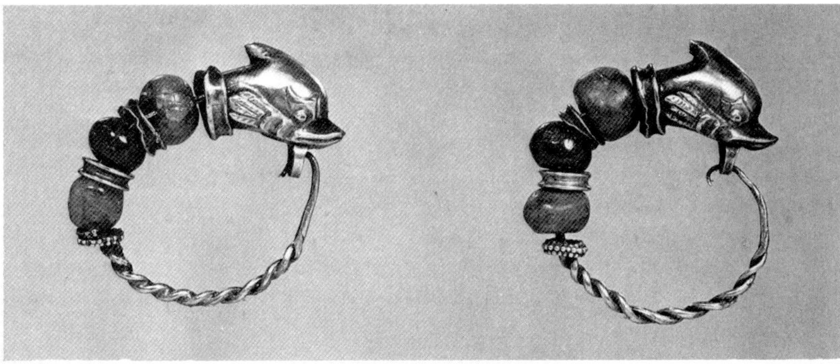

221 Ohrreif mit Delphinkopf. Gold, Granat, Smaragd. Dm 2,5 cm. Hamburg, Museum f. Kunst und Gewerbe, Inv. 1917, 192a/b. 1. Jh. v. Chr.

222 Ohranhänger. Gold, Orientperle. H ca. 3. 2,4 cm. Hamburg, Museum f. Kunst und Gewerbe, Inv. 1967,19. 1. Jh. v. Chr.

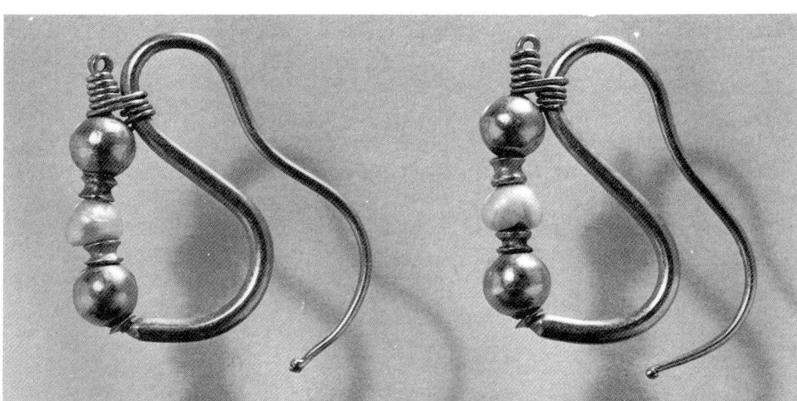

beliebt gewesen sein, wie die zahlreichen Exemplare aus frühkaiserzeitlichen Gräber zeigen.
Auch wenn zuverlässig datierte Beispiele fehlen, spielten Schlangenreifen und -bänder als *Armschmuck* in der letzten Phase hellenistischer Goldschmiedekunst eine wichtige Rolle. Recht typisch ist ein Paar aus Syrien (Abb. 223), das zusammen mit Münzen des mittleren 2. Jahrhunderts gefunden wurde. In seinem Aufbau folgt es dem Kanon hochhellenistischer Schlangenarmbänder mit achtförmig gelegten Enden und Mittelgrad auf dem Körper, aber es wirkt wesentlich starrer als die früheren Stücke (vgl. Abb. 201). Noch mehr abstrahiert ist ein Paar unbekannter Provenienz im Nationalmuseum Neapel.

Erstaunlich groß ist die Anzahl der Armbänder im echten Sinne, die eine im 3. Jahrhundert entstandene Form fortführen (vgl. Abb. 172. 173). Sie bestehen alle aus einem oder zwei starren Bügeln, zwischen dessen offene Enden ein zusätzliches Ornament gesetzt ist. Alle Einzelteile sind durch Scharniere verbunden.

Ein noch verhältnismäßig frühes Beispiel ist der Armreif aus dem Fundkomplex von Olbia (Abb. 224), für den ein zeitlicher Ansatz in das letzte Viertel des 2. Jahrhunderts vorgeschlagen wurde. Hauptornament ist eine rechteckige Platte, auf der stilisierte Ranken und granulierte Blätter eine große Fassung umgeben. Daran schließen sich zwei Bügel mit runden und ovalen Farbsteinen, kranzartig übereinandergelegten Blättern, auf Drähten gezogenen Perlreihen und verschiedenfarbigen Glaspasteornamenten an. Das Ganze ist so dicht gesetzt, daß der Eindruck einer geschlossenen, linear gegliederten mehrfarbigen Fläche entsteht.

Eine etwas andere Konzeption zeigen die Armreifen der Palaiokastro-Gruppe, deren Bügel aus einem Rahmen bestehen, in den große, sehr abstrakte Goldblätter mit aufgesetzten runden Fassungen und stark stilisierten Golddrahtspiralen gesetzt sind. Sie wiederholen das Rankenmotiv früherer Stücke in zeitgemäßer Form (Abb. 225). Zwischen die Bügel ist eine extrem hohe, konkav eingezogene Fassung mit einem gewölbten Amethysten gesetzt, die an augusteische Fingerringe mit oft stark überhöhter, ebenfalls konkav eingezogener Platte erinnert. Wie groß die Va-

223 Schlangenarmband aus Syrien. Gold. H 14 cm. Chicago, The Oriental Institute, Inv. A 29786/7. Zweite Hälfte 2./1. Jh. v. Chr.

riationsbreite dieser Armbänder war, zeigt ein Paar Armreifen unbekannter Provenienz, dessen verhältnismäßig schmalen Bügel ähnlich wie das Armband von Olbia Drähte mit aufgereihten Orientperlen zieren (Taf. XXXII). Zentrales Ornament ist ein Goldblech in Form eines Kalathos, in den ein großer Smaragd eingefügt ist und aus dem ein farbig verziertes Rankenornament wächst. Die nächste Parallele zu diesem Paar sind ein Armreif und ein Armband aus dem Fund vom Piraeus. Auf dem Bügel des Reifen, der in den typisch späthellenistischen Kastenfassungen endet, sind nicht Orientperlen, sondern kleine Smaragdperlen aufgereiht. Das Armband ist aus fünf Goldblechornamenten in Gefäßform – darunter auch Kalathoi – mit Farbeinlagen und perlengeschmückten Ranken zusammengesetzt.

Eine späte Form dieser späthellenistischen Armbänder repräsentiert ein Paar aus dem Kocakizlar Tumulus in der Nähe von Eskişehir in der Türkei, einer Familiengrabstätte des späten 1. Jahrhunderts und auch noch der frühen Kaiserzeit. Den Bügel ziert ein Flechtband aus Filigran, die mit Scharnieren zwischen seine Enden gesetzte rechteckige Fassung ein großer Smaragd.

Einen ganz anderen Typ von Armschmuck enthielt der erste Fund von Delos. Es sind Reifen aus spiralartig gelegten starken Golddrähten mit schmal auslaufenden, umeinander gewundenen Enden. Ähnliche Stücke wurden in Ägypten gefunden. Ein Paar aus einem leider nicht datierten Grab aus der Nähe von Tarent wiederholt den Typ in Chalzedon.

Ein Überblick über späthellenistische *Fingerringe* bedürfte einer gesonderten Untersuchung. Die Formen des 2. Jahrhunderts werden unverändert bis in die frühe Kaiserzeit beibehalten. Charakteristisch für diese Epoche sind Ringe mit hochgezogener Platte, in die eine Gemme, Glaspaste oder auch ein gewölbter, ungeschnittener Stein eingelassen ist. Abweichungen ergeben sich durch die Größe der Fassung, durch die Höhe der Platte und durch ihre mehr oder weniger ausgeprägte konkave Einziehung. Dazu kommen Schlangenringe, entweder mit offenen Enden und zwei Schlangenköpfen oder als kompletter Schlangenleib.

224 Armreif aus Olbia/Südrußland. Gold, Glaspaste, Orientperlen, zum Teil moderne Farbsteine. H 5,4 cm, Dm 8 cm. Baltimore, Walters Art Gallery Inv. 57.375/6. Spätes 2./1. Jh. v. Chr.

225 Armreif mit Weinranke, schwarz-weiß emailliertem Wellenband als Abschluß und hoher Fassung am eingefügten Verschluß. Aus Palaiokastro/Thessalien (?). Gold, Amethyst, Granaten. Dm ca. 7 cm, H 4,1 cm. Athen, Nationalmuseum, Inv. Nr. K 939 (13705). 1. Jh. v. Chr.

Die Wertschätzung, der sich Fingerringe gerade in dieser Zeit erfreuten, zeigt sich darin, daß sie in sogenannten Daktyliotheken, das heißt „Behältern zum Aufbewahren von Fingerringen", gesammelt wurden. Berühmt ist die Sammlung des Königs Mithridates VI. von Pontos, die im Jahre 66 von Pompeius als Beute nach Rom gebracht und auf dem Kapitol geweiht wurde.

ANMERKUNGEN UND BIBLIOGRAPHIE

Allgemeine Werke: G. Becatti, Oreficerie antiche dalle minoiche alle barbariche (1955); J. Boardman, Greek Gems and Finger Rings (1970); E. Coche de la Ferté, Les bijoux antiques (1956); T. Hackens (ed.), Etudes sur l'orfèvrerie antique. Aurifex 1 (1980); K. Hadaczek, Der Ohrschmuck der Griechen und Etrusker (1903); R. Higgins, Greek and Roman Jewellery (2. Ed. 1980); M.S. Ruxer, Historja naszyjnika greckiego. History of the Greek necklace (1938); M.S. Ruxer – J. Kubczak, naszyjnik grecki w okresach hellenistycznym i rzymskim. Greek Necklace of the Hellenistic and Roman Ages (1972). *Sammlungen:* Athen: P. Amandry, Collection H. Stathatos I, Les Bijoux Antiques (1953); ders., Collection H. Stathatos III, Objets antiques et byzantins (1963); O. Picard – J.P. Sodini, Collection H. Stathatos IV, Bijoux et petits objets (1971). R. Laffineur, Collection Paul Canellopoulos XV, Bijoux en or grecs et romains, BCH 104, 1980, 345–45. B. Segall, Museum Benaki: Katalog der Goldschmiedearbeiten (1938). Baltimore: A. Garside (ed.), Jewelry. Ancient to Modern. The Walters Art Gallery, Baltimore (1979). Berlin: A. Greifenhagen, Schmuckarbeiten in Edelmetall I, Fundgruppen, Antikenabteilung Berlin (1970); II, Einzelstücke (1975); R. Zahn, Sammlung v. Gans, Galerie Bachstitz II (1921); ders., Sammlung Baurat Schiller (1929). Bloomington/Indiana: W. Rudolph – E. Rudolph, Ancient Jewelry from the Collection of Burton Y. Berry, Indiana University Art Museum, Bloomington, Indiana (1973). Hamburg: H. Hoffmann – V. v. Claer, Antiker Gold- und Silberschmuck, Museum für Kunst und Gewerbe, Hamburg (1968). Kairo: E. Vernier, Catalogue général des antiquités Egyptiennes du Musée de Caire. Bijoux et orfèvreries, I u. II (1927). Kassel: F. Naumann, Antiker Schmuck. Vollständiger Katalog der Sammlung und der Sonderausstellung vom 31.5.–31.8.1980 (1980). Krakau: M. Ruxer – J. Kubczak, Bijouterie antique de l'ancienne collection Czartoryski à Cracovie, Archeologia (Warschau) 25, 1974, 53ff.; 26, 1975, 95ff.; 27, 1976, 107ff. London: F.H. Marshal, Catalogue of the Finger Rings, Greek, Etruscan and Roman, in the Depts. of Antiquities, British Museum (1907); ders., Catalogue of the Jewellery, Greek, Etruscan and Roman, in the Depts. of Antiquities, British Museum (1911). Neapel: R. Siviero, Gli ori e le ambre del Museo Nazionale di Napoli (1954); L. Breglia, Catalogo delle oreficerie del Museo Nazionale di Napoli (1941). New York: C. Alexander, Jewellery. The Art of the Goldsmith in Classical Times (1928); A. Oliver jr., Greek, Roman, and Etruscan Jewelry, BMetrMus 24, 1966, 269–284; L.P. di Cesnola, Descriptive Atlas of the Cesnola Collection of Cypriote Antiquities III. Small Objects, The Metropolitan Museum of Art (1913). Nicosia: A. Pierides, Jewellery in the Cyprus Museum, Nicosia (1971). Paris: A. de Ridder, Catalogue sommaire des bijoux antiques du Musée du Louvre (1924); ders., Collection de Clercq VII, Les bijoux et les pierres gravées (1911). Pilzen: I. Ondrejova, Les bijoux antiques (1975). Providence: T. Hackens, Catalogue of the Classical Collections, Classical Jewelry, Museum of Art, Rhode Island School of Design (1976). Rom, Museo Nazionale di Villa Giulia: G. Bordenache Battaglia, Gioielli antichi dall'età micenea all'ellenismo (1980). Tarent: L. Breglia, Le oreficerie del Museo di Taranto, Japigia 10, 1939, 5–54. *Ausstellungskataloge*: L. Berge–K. Alexander, Ancient Gold Work and Jewelry from Chicago Collections, The Ancient World 11, 1985, 3ff., Chicago, 1985. E.M. De Juliis u.a., Gli ori di Taranto in età ellenistica, Mailand 1984–1985. T. Hackens u.a., Gold Jewelry. Craft, Style and Meaning from Mycenae to Constantinopolis. Aurifex 5, Providence, 1983. N. Yalouris u.a., The Search for Alexander, Washington, Chicago, Boston, San Francisco, 1980–1982. I. Venedikov–I. Marasov, Gold der Thraker, Archäologische Schätze aus Bulgarien. Köln, München, Hildesheim, 1980. K. Rhomiopoulou u.a., Treasures of Ancient Macedonia, Archäologisches Museum Saloniki, 1978. I. Venedikov, Goldschätze der Thraker. Thrakische Kultur und Kunst auf bulgarischem Boden, Wien 1975. H. Hoffmann–P. Davidson, Greek Gold, Jewelry from the Age of Alexander, Boston, New York, Richmond, 1965. C. Carducci u.a., Ori e argenti dell'Italia antica, Turin, 1961. N. Alfieri u.a., Ori e argenti dell'Emilia antica, Bologna 1958. *Technik*: J. Ogden, Jewellery of the Ancient World (1982); Higgins 1980, 7ff.; J. Riederer, Bibliographie zu Material und Technologie kulturgeschichtlicher Goldobjekte, Berliner Beiträge zur Archäometrie 3, 1978, 175ff.; Hoffmann–v. Claer 1968, 219ff.; Hoffmann–Davidson 1965, 18ff.

1. Kapitel

Allgemeine Werke: Hood 1978; H.G. Buchholz–V. Karageorghis, Altägäis und Altkypros (1971); S. Marinatos–M. Hirmer, Kreta und das Mykenische Hellas (1959); Hampe–Simon 1980, 196ff.; Higgins 1967, 65ff. *Fund aus der Thyreatis:* Greifenhagen 1970, 17ff. Taf. 1f. *Schmuck aus Troja:* H. Schmidt, Schliemanns Sammlung Trojanischer Altertümer (1902). *Minoische Goldschmiedekunst:* Higgins 1980, 53ff.; Higgins 1967, 44ff. *Fund von Aigina:* Higgins 1979.

2. Kapitel

Allgemeine Werke: Vermeule 1975, 82ff.; Mylonas 1966, 89ff.; Hampe–Simon 1980, 196f. *Grabkreis A:* H. Schliemann, Mykenae (1878); G. Karo, Die Schachtgräber von Mykenai (1930). *Grabkreis B:* Mylonas 1973. *Pylos:* Blegen 1973, 95 Abb. 190ff. 134 Abb. 225. *Peristeria:* Prakt 1965, 113 Taf. 129. 114 Taf. 134ff. *Theben:* AAA 1, 1968, 10. *Korinth:* C. Blegen. Corinth XIII (1964), 7f. *Skopelos:* KrChr 3, 1949, 534. *Bernstein:* A. Harding–H. Hughes-Brock, BSA 69, 1974, 145ff. *Mesopotamien, Kettenglieder:* Maxwell-Hyslop 1971, Abb. 34. 39. 45. *Kette aus Grab Omikron:* Mylonas 1973, Taf.181. *Geschmiedete Spiralreifen:* Hood 1978, 201. *Ohrschmuck auf Wandfresken von Thera:* S. Marinatos, Excavations at Thera VII (1976) Taf.3,60.

3. Kapitel

Allgemeine Werke: Vermeule 1975, 112ff. 223ff.; Mylonas 1966, 192ff. *Kakovatos:* AM 34, 1909, 269ff.; Vermeule 1975, 131. *Myrsinochorion:* Prakt 1956, 202 Taf. 97ff. *Vaphio:* AEphem 1889, 130ff. Taf. 7. *Dendra:* A. Person, Royal Tombs at Dendra near Midea (1931); ders., New Tombs at Dendra near Midea (1943). *Asine:* Frödin–Persson 1938, 372ff. *Prosymna:* C.W. Blegen, Prosymna I–II (1937). *Pylos:* Blegen 1973, 73 Abb. 169. 95 Abb. 190ff. *Theben:* ADelt 3, 1917, 133ff.; Prakt 1927, 43ff. *Athen:* S.A. Immerwahr, The Neolothic and Bronze Ages, Athenian Agora XIII (1971) Taf. 33. 36. 41. 47. *Mykenai:* BSA 25, 1921/3, 338ff. 357ff. 376ff.; 52, 1957, 199ff.; AEphem 1887, 160ff.; 1888, 119ff.; JHS 24, 1904, 322ff.; A.J.B. Wace, Chamber tombs of Mycenae, Archeologia 82, 1932. *Sellopoulo/Knossos:* BSA 69, 1974, 199ff. *Gypsades/Knossos:* 51, 1956, 68ff. 79f. *Archanes:* ADelt 1966 B, 412; Ergon 1975, 163ff.; Prakt 1975, Pt II, 260ff. Taf. 230ff. *Phaistos:* MA 14, 1904, 50ff. *Pachyammos:* KrChr 8, 1954, 399f.; BCH 76, 1952, 242ff. *Zypern:* Pierides 1971, Taf. 8,2; SCE I, Taf. 145. 147. *Funde von den Inseln:* Prakt 1960, 329ff.; ADelt 16 B, 1960, 250ff. (Naxos); ASAtene 6/7, 1923/4, 86ff.; 12/14, 1930/1, 253ff.; Hoffmann–v. Claer 1968, Nr.1ff. (Ialysos/Rhodos). *Schatzfund von Tiryns:* AM 55, 1930, 119ff. *Bernstein:* s. die Angaben in Kap. 2 *Mykenisches Glas:* Th.E. Haevernick, JbZMusMainz 7, 1960, 36ff. *Stravokephalo/Olympia:* A. Yalouris, ADelt 18, 1963, 103 Taf. 138c. *Mykenische Goldschmiedewerkstätten:* AAA 7, 1974, 162ff. mit weiteren Angaben. *Fingerringe mit Zellenschmelz:* BSA 69, 1974, 195ff. Taf. 37 (Sellopoulo); AEphem 1906, 234f. Abb. 10f. (Volo); ASAtene 6/7, 1923/4, 166 Abb. 94; 12/14, 1930/1, 261f. Abb. 7 (Jalysos); MA 14, 1904, 591 Abb. 53 (Phaistos); Blegen 1973, Abb. 192 (Pylos, Tholosgrab IV); AEphem 1889 Taf. 7 (Vaphio); Benaki Museum Inv. Nr.2076. *Kretische Ohrringe:* Laffineur 1978, 248ff.; Iakobides 1969/70, Taf. 15, M 221.

4. Kapitel

Allgemeine Werke: Desborough 1964. *Perati:* Iakobides 1969/70. *Kreta:* Prakt 1960, 305ff.; BSA 53/54, 1958/9, 248ff.; 28, 1926/7, 243ff.; MA 14, 1904, 627ff; AEphem 1904, 50ff. *Rhodos:* ASAtene 12/15, 1930/31, 253ff. *Naxos:* ADelt 24, 1969, 139ff.; 16 , 1960, 250ff.; 15, 1959, 180ff.; Prakt 1960, 329ff. *Kephallenia:* AEphem 1932, 2ff. *Kouklia:* BCH 92, 1968, 162ff.

5. Kapitel

Allgemeine Werke: Desborough 1964; Desborough 1972; C. Styrenius, Submycenaean Studies (1967); Snodgrass 1967. *Athen:* W. Kraiker–K. Kübler u. a., Kerameikos. Ergebnisse der Ausgrabungen I (1939), IV (1943), V (1954); H. Müller-Karpe, JdI 77, 1962, 59ff.; H. Thompson u. a.,The Athenian Agora XIV (1972); Hesperia 23, 1954, 58ff.; 6, 1937, 364ff.; ADelt 23, 1968, 56 Taf. 31.

Lefkandi: R. Higgins u. a. in: Popham 1979, 217ff.; M. Popham u. a., Antiquity 56, 1982, 169ff. Taf. 22ff. (Heroon von Lefkandi). *Peloponnes:* Hesperia 39, 1970, 12ff.; AM 78, 1963, 1ff.; ADelt 16, 1960, 93 Taf. 71; Frödin–Persson 1938, 16. 18 Abb. 24. *Nordgriechenland:* M. Andronikos, Vergina I (1969); ADelt 17 B, 1961/2, 175 Taf. 195b. *Kreta:* Desborough 1972, 116. 232; ARepLondon 1978/9, 46; 1976/7, 12ff.; Brock 1957. *Salamis:* AM 35, 1910, 30ff. *Skyros:* AA 1936, 228ff.; BSA 61, 1937, 473ff.; 99, 1975, 365ff. *Naxos:* ADelt 18 B, 1963, 279 Taf. 325. *Kos:* Desborough 1972, 176ff. *Fibeln:* Sapouna-Sakellarakis 1978; Kilian 1975, 12ff.; Desborough 1964, 53ff.; Blinkenberg 1926. *Gewandnadeln:* Jacobsthal 1956, 1ff.; Desborough 1972, 294ff.; Desborough 1964, 53f. Snodgrass 1967, 225ff.; Goldnadeln von Fortetsa: Brock 1957, 195. *Rumänische Goldscheiben:* St. Burda, Tezaure de aur din Romania (1979) Abb. 38.

6. Kapitel

Allgemeine Werke: Hampe–Simon 1980; Coldstream 1977; B. Schweitzer, Die geometrische Kunst Griechenlands (1969); Higgins 1969, 145ff. *Fürstinnengrab von Amphikleia:* Kilian-Dirlmeier 1979, 17f. *Lefkandi:* Popham 1979, 217ff. *Korinth:* Davidson 1952, Nr. 1808. 2000. 2264/5. Grab F: Davidson 1952, Nr. 1803–1807. 1999, 2258–2261; AJA 41, 1937, 545; Coldstream 1977, 174. *Perachora:* Payne 1940; Dunbabin 1962. *Eretria:* Bérard 1970. *Gewandnadeln:* Jacobsthal 1956; Vergoldete Eisennadeln aus Grab 41, Kerameikos: K. Kübler, Kerameikos V (1954), Taf. 159; Coldstream 1977, 58f. *Kynosarges Gräber:* AAA 5, 1972, 170ff.; ADelt 27 B, 1972, 93 Taf. 63. *Fibeln:* Sapouna-Sakellarakis 1978; Kilian 1975; Kilian 1973; R. Hampe, Neuerwerbungen 1957–1970, Heidelberg (1971), 121ff.; ders., Frühe griechische Sagenbilder in Böotien (1936). *Anavyssos Gräber:* ADelt 21 B, 1966, 97ff. *Schmuck der Sammlung Elgin:* Higgins 1961, 101ff. *Grab d. reichen Athenerin:* Hesperia 37, 1968, 77ff.; Coldstream 1977, 57f.; Hampe–Simon 1980, 198ff. Abb. 320f. *Spiralohrringe:* Popham 1976, Taf. 139; 231a. b. d (Lefkandi); Philipp 1981, Taf. 42 Nr. 560/1 (Olympia); Jacobsthal 1956, Abb. 15 (Korinth); Greifenhagen 1970, Taf. 4,7 (Korinth); Payne 1940, Taf. 84 (Perachora); Davidson 1952, Nr. 1999 (Korinth, Grab F). Nr. 2000 (Korinth); Hesperia 18, 1949, 288 Taf. 72 (Athen); ADelt 22, 1967, Taf. 80a (Athen); BSA 35, 1934, 5 Abb. 6 (Chios); ADelt 27 B, 1972, 192 Taf. 134 (Argos); Coldstream 1977, 185; ADelt 17 B, 1962, 323 (Palaiomanina/Akarnanien); ADelt 18 B, 1963, 130 Taf. 164ff. (Amphissa/Phokis). Zur Trageweise: J.M. Hemelrijk, BABesch 38, 1963, 28ff. *hermata triglemoroenta:* AJA 54, 1961, 62. *Goldohrring u. Fingerring aus Athen:* ADelt 22, 1967, Taf. 80. *Cumae, Artiaco Grab:* Siviero 1954, Nr. 12. *Fingerringe:* Popham 1979. Taf. 230 (Lefkandi); ADelt 27 B, 1972, Taf. 34 (Argos); Davidson 1952, Nr. 1802–1809 (Korinth); Payne 1940, 73f. (Perachora); AEphem 1903, 8 (Eretria); AEphem 1898, 103ff. (Eleusis). *Armreifen:* Popham 1979, Taf. 231b. 234g (Lefkandi); Bérard 1970, 34ff. (Eretria); AEphem 1892, 106 Taf. 11,4f. (Eleusis); Philipp 1981, 195ff. (Olympia); MA 22, 1913, 249 Abb. 88 (Cumae); ADelt 6, 1920/21,

134ff. Abb. 10 (Spata). *Goldperlen:* BCH 91, 1967, 848 Abb. 33 (Argos); *Anhänger:* MA 22, 1913, Abb. 89 (Cumae); Popham 1979, Taf. 234d (Lefkandi). *Golddiademe:* D. Ohly, Griech. Goldbleche des 8. Jahrhunderts v. Chr. (1953); Reichel 1942; K. Schefold, AntK 11, 1968, 91ff.

7. Kapitel

Allgemeine Werke: Coldstream 1977; T.J. Dunbabin, The Greeks and their Eastern Neighbours (1957); Higgins, 1969, 143ff.; J. Boardman, The Cretan Collection in Oxford: The Dictaen Cave and Iron Age Crete (1961); Reichel 1942. *Khaniale Tekke:* J. Boardman, BSA 62, 1967, 57ff. *Goldblechanhänger aus der Höhle Ida:* D. Levi, AJA 49, 1945, 315ff.; Reichel 1942, 58ff. Taf. 14. *Fingerringe:* BSA 8, 1901/2, 127 (Praisos); BSA 70, 1975, 169ff. (Fortetsa). *Phönizischer Schmuck:* B. Quillard, Bijoux Carthaginois I, Les Colliers (1979); Maxwell-Hyslop 1971, 224ff. *Bernstein:* JbZMusMainz 17, 1970, 111ff.; BSA 52/4, 1958, 237ff. *Zypern:* Pierides 1971, Taf. 13f. *Rhodische Scheibenanhänger:* Laffineur 1975, 305ff.; F.-W. v. Hase, HambBeitrA 5,2, 1975, 124ff.; zu den orientalischen Vorbildern: R.M. Boehmer, Die Kleinfunde von Bogazköy (1972) 19ff.

8. Kapitel

Allgemeine Werke: Higgins 1969, 143ff.; Reichel 1942; Coldstream 1982, 261ff. *Eleusis:* AEphem 1898, 103ff. (Grab Alpha); 105ff. (Isis Grab). *Anavyssos:* ADelt 21 B, 1966, 97ff. (Gräber 2. 51). *Ohrring im Britischen Museum:* BMCJ 1240. *Orientalische halbmondförmige Ohrringe:* A. Moortgaat, Archiv f. Orientforschung 4, 1927, 188ff. *Ohrschmuck:* D.L. Carrol, AJA 74, 1970, (Los Angeles County Museum); Higgins 1969, 148ff. Taf. 40ff.; Higgins 1961, 103 Taf. 45b-c (Sammlung Elgin); K. Schefold, Meisterwerke griechischer Kunst (1960) Nr. 554 (Slg. Kofler); W. Deonna, Exploration archéologique de Délos XVIII (1938) 291 Abb. 342 Taf. 87,70 (Delos); Coche de la Ferté 1956, Taf. 10,3-4 (Theben). *Schmuckbleche:* B. Segall, BMusFA 68, 1943, 44ff.; AEphem 1885, 179 Taf. 9,3 (Eleusis); Ergon 1962, 30 (Brauron); Hampe-Simon 1980, Abb. 318; ADelt 6, 1920/1, 136 Abb. 10 (Spata Grab 3). *Halsschmuck Slg. Elgin:* Higgins 1961, Taf. 47.

9. Kapitel

Allgemeine Werke: T.J. Dunbabin, The Western Greeks (1948). *Schmuck aus Heiligtümern:* Dawkins 1929 (Artemis Orthia/Sparta); Payne 1940; Dunbabin 1962 (Hera Limenia/Perachora); Philipp 1981 (Olympia). *Grabfunde:*

H. Hencken, AJA 62, 1958, 259ff.; NSc 1895, 162 Abb. 50 (Syrakus); MA 1, 1889, 806 (Megara Hyblaea); MA 17, 1906, 34 Abb. 2 (Gela); Gabricci 1913, 214ff. (Cumae). *Nadeln:* Jacobsthal 1956; Payne 1940; Philipp 1981; Darstellungen in der Vasenmalerei: Jacobsthal 1956, Abb. 331f. *Fibeln:* Blinkenberg 1926; Kilian 1973, 1ff.; Brillenfibeln aus Bronze: Kilian 1975, 142ff.; J. Alexander, AJA 69, 1965, 7ff. Goldblechauflage für Brillenfibeln: Blinkenberg 1926, 168 Nr. 4c; Darstellung in der Vasenmalerei: B. Graef–E. Langlotz, Die antiken Vasen von der Akropolis I (1925), Taf. 35r. *Terrakottafiguren mit gemaltem Halsschmuck:* Blanck 1974, 55f.; Payne 1940 Taf. 90,34. Taf. 92,46. *Anhänger:* Dawkins 1929, Taf. 203; Kilian-Dirlmeier 1979. Philipp 1981, Nr. 1290ff. *Fundkomplex von Argos:* Amandry 1953, Nr. 42–45 Taf. 10. *Lunulae:* H. Wrede, Studien zur Antike und Neueren Kunst, Festschrift E. Homann-Wedekind (1975) 243ff.; Payne 1940, Taf. 90,32. *Bügelanhänger:* B. Deppert-Lippitz, Städeljahrbuch 9, 1983, 251ff.

10. Kapitel

Allgemeine Werke: Hogarth 1908; BMCJ 827ff.; A. Greifenhagen, AntK 8, 1965, 13ff.; zur Datierung s. P. Jacobsthal, JHS 71, 1951, 85ff.; L. Weidauer; Probleme der frühen Elektronprägung (1975). *Sardis, Schmuck:* Curtis 1925. *Spätassyrische Gewandornamente:* Maxwell-Hyslop 1971, 212. *Assur, Ohrschmuck:* Maxwell-Hyslop 1971, 238 Abb. 129ff. *Jalysos Grab 56–57, Spiralohrringe:* ClRh 3, 1929, 97f. *Slg. Berry, Halskette:* Rudolph 1973, Nr. 40, vgl. Curtis 1925, Taf. 3. 4,2. *Ephesische Nadeln:* Jacobsthal 1956, 33ff. *Kleinasiatische Fibeln:* Blinkenberg 1926, 220ff. *Goldene Eule von Samos:* Reichel 1942, Taf. 23,62; AM 1933, 167; AA 1933, 252. *Elfenbeinerne Adlerbroschen:* Dawkins 1929, Taf. 134.

11. Kapitel

Allgemeine Werke: Laffineur 1978; ders., Aurifex I, 1980, 13ff.; E. Poulsen, Der Orient und die frühgriechische Kunst (1912); Hampe–Simon 1980, 209ff., Reichel 1942, 46ff.; L. Byvanck–Quarles van Ufford, BAbesch 39, 1964, 71 Abb. 1. *Funde:* ClRh 3, 1929; ClRh 4, 1931; ClRh 6/7, 1932/3; ClRh 8, 1936; BMCJ 1103ff.; Greifenhagen 1970, Taf. 7,5–7; C. Blinkenberg, Lindos I. Les Petits Objets (1931); K. Friis Johannsen, Exochi, Ein frührhodisches Gräberfeld, ActaArch 28, 1957; Ch. Picard, RA 17, 1941, 92ff.; BSA 2, 1895/96, 75; AA 53, 1938, 125 (Melos); E. Pfuhl, AM 1903, 92f. Taf. V (Thera); Laffineur 1978, 222 Nr. 159 (Kos); Laffineur 1978, 192 Nr. 2 (Delos); Greifenhagen 1970 Taf. 10,5 (Delos); AA 1964, 226ff.; AM 28, 1903, 227 Taf. 5,4 (Naxos); Brock 1957 Taf. 76 (Fortetsa); D. Levi, ASAtene 10/11, 1927/29, Taf. 12 (Arkades); F.H. Marshall, BSA 12, 1905/6, 63ff. (Praisos); Pierides 1971 Taf. 14f. (Zypern). *Skarabäus des Psametich I.:* Marshall 1911 85 Abb. 18. *Zu den Schmuckblechen:* C. Waldstein, The Argive Heraeum II (1905) Taf. 42ff.; R. H. Jenkins, BSA 32, 1931/2, Taf. 15;

Jacobsthal 1956. Abb. 331f. *Potnia Theron:* Chr. Christou, Potnia Theron (1968); E. Spartz, Das Wappenbild des Herrn und der Herrin der Tiere in der minoisch-mykenischen und frühgriechischen Kunst (1962). *Dädalische Kunst:* C. Daveras, Die Statue aus Astritsi (1972); J. Carter, BSA 67, 1972, 25ff.; J. Boardman, Dädalische Kunst auf Kreta im 7. Jahrhundert v. Chr. (1970); R.H.J. Jenkins, Dedalica (1936); *Ostgriechische Keramik:* W. Schiering, Werkstätten orientalisierender Keramik auf Rhodos (1957). Kentaurendarstellung: A. Lebessi, AAA 6, 1973, 108 Abb. 7. *Elektronbleche in Paris:* Laffineur 1978, 120ff. Nr. 198f.; Coche de la Ferté 1956, Taf. 13. *Diademe:* BCH 71, 1947, 426 Abb. 3; Laffineur 1978, Taf. 19 (Fragment Museum Benaki); Maxwell-Hyslop 1971, 251ff.; Coche de la Ferté 1956, Taf. 3,1. 4,2; T. A. Madhloom, The Chronology of Neo-Assyrian Art (1970) Taf. 35. 37f. 45f.; A. Godard, Le trésor de Ziwiye (1950), 104 Abb. 90; R.D. Barnett, A Catalogue of the Nimrud Ivories in the British Museum (1957) Taf. 70f. 129; B. Freyer-Schauenburg, Elfenbeine aus dem Samischen Heraion (1966) 20 Taf. 2; Boardman 1981, Abb. 54; Materialy po Archeologi Rossi 31, 1911, 1ff. Taf. 1ff. (Melgunow Schatz). *Spiralohrringe:* ClRh 3, 1929, 135 Abb. 128. 139 Abb. 90; 129 Abb. 121 (Rhodos); Hogarth 1908, Taf. 7,49f. Taf. 18, 34-36. 38-41 (Ephesos); J. Boardman, Excavations in Chios 1952-1955; Greek Emporio (1967) Taf. 91,353. 92,373; D. Papastomos, Melische Amphoren (1970) Taf. 1. 3. 8. 14a. 20. *Fuchsschwanzketten:* Laffineur 1978, Nr. 218. 229; zu den Löwenmasken vgl. Nr. 83/4. *Rhodische Armreifen mit Löwenköpfen:* BMCJ 1204-1207. *Kartuschenringe:* Boardman 1970, 153ff.; ders. 1967, 3ff.; ClRh 3, 1929, 60 Abb. 51 (Jalysos); vgl. Payne 1940, 179.

12. Kapitel

Halsschmuck, bildliche Darstellungen: Blanck 1974, 55ff.; M. Maaß, Griechische und römische Bronzewerke der Antikensammlung München (1979) Nr. 4; R. Higgins, Cat. of the Terracottas in the Dept. of Geek and Roman Antiquities, British Museum I (1954), Nr. 542 Taf. 72 (Terrakottafigur aus Ephesos). *Anhänger:* Becatti 1955, Nr. 313 (Tarent); Hesperia 24, 1955, 138 Taf. 55a (Isthmia). *Toccra, Depotfund:* J. Boardman-H. Hayes, Excavations at Toccra 1963-1965, The Archaic Depots I (1966) Taf. 104,4. *Phrasikleia:* Boardmann 1981, Abb. 108a; E. Mastrokostas, AAA 5, 1972, 298ff. *Kette von Ruvo:* Becatti 1955, Nr. 272, gefunden mit Becatti 1955, Nr. 267. 270. *Gold-Elfenbeinstandbild von Delphi:* Boardman 1981, Abb. 127; P. Amandry, BCH 63, 1939, 96ff. *Gordion, Mädchengrab:* Archeology 3, 1950, 199 Abb. 5f. *Grabfunde von Eretria:* AM 38, 1913, 296ff. *Stierkopfanhänger:* R. Higgins, Cat. of the Terracottas in the Dept. of Greek and Roman Antiquities, British Museum II (1959) Nr. 1617 Taf. 9 (plastische Vase, London); Blanck 1974, Abb. 6 (Caeretaner Hydria). *Grabhügel von Duvanli:* B. Filow, Die Grabhügelnekropole bei Duvanli (1934); Muschowitza-Hügel: Gold der Thraker 1979, Nr. 156ff.; Arabadshijska-Hügel: Gold der Thraker 1979, Nr. 171ff. *Ohrschmuck in der Vasenmalerei:* Simon 1976, Abb. 23 (Amasis-Maler) Abb. 85. (Andokides-Maler). *Pyramidenförmige*

Ohranhänger: ADelt 24 B, 1969, 119 Taf. 108 (Isthmia); Philipp 1981, Nr. 415ff.; Dunbabin 1962, Taf. 188,306; Hesperia Suppl. VII, 1943, Abb. 46; Payne 1940 Taf. 79,1ff. *Lyoner Kore:* Boardman 1981, Abb. 110. 132; Chr. Kardara, AJA 65, 1961, 62ff. *Scheibenförmiger Ohrschmuck:* B. van den Driessche, RAArt Louvain 4, 1971, 73ff. *Akropolis Kore* 685: G. Richter, Korai (1968) Nr. 670. *Schlangenarmreifen:* Robinson 1941, 68ff. Nr.179ff. (Olynth); Philipp 1981, 222ff. Nr. 832ff., besonders Nr. 874 (Olympia); Buckley 1974, 32 (Sizilien). *Archaische Fingerringe:* Buckley 1974, 27ff.; Boardman 1970, 139ff.; Boardman 1967, 3ff. *Ring des Polykrates:* Herodot III 41. *Fingerringe:* Boardman 1970, Nr. 386 (Zypern); ClRh 8, 1936, 112 Abb. 99 (Jalyos Grab 10), ClRh 3, 1929, 269 Abb. 267 (Jalysos Grab 254). *Golddiademe:* ClRh 8, 1936, 112 Abb. 99–101. 143. 147 (Jalysos); SCE II, 69 Taf. 17 (Amathus/Zypern, Grab 10); AM 38, 1913, Taf. 14. 16 (Eretria). *Kränze:* Simon 1976, Abb. 82. 85. (Amphora des Andokides–Malers); Boardman 1981, Abb. 114 (Reiter Rampin).

13. Kapitel

Südrußland, Funde: ABC; Artamanov 1976; M.I. Rostovzeff, Iranians and Greeks in South Russia (1922); Minns 1913; Tolstoj–Kondakov 1889; ABC; CR 1876. *Skythische Tumuli:* Vickers 1979; CR 1877, 220 Taf. 3; Artamanov 1976, Abb. 90 (Nymphaeum); Gold der Skythen 1984, 82ff.; Artamanov 1976, Taf. 107ff. (Sieben Brüder, Kubangebiet). *Duvanli, Kukova-Hügel:* Gold der Thraker 1979, Nr. 163ff. *Funde:* Pierides Taf. 6ff. (Zypern); ClRh 3, 1929, 111ff. (Rhodos); Breglia 1939, 5f.; Siviero 1954, Nr. 20–22 (Italien); *Roccanova:* Becatti 1955 Nr. 423. *Schmuck auf attischer Keramik:* Blanck 1974, 82ff.; Greifenhagen 1979, 91f. Taf. 23. *Zyprischer Fundkomplex:* Sotheby's, Antiquities, 8. 12. 1980, Nr. 198–205; Münzen und Medaillen AG, Basel, Sonderliste T, 1981 Nr. 14. *Münze von Syrakus:* Bank Leu AG–Münzen und Medaillen AG 28.5.1974, Zürich, Nr. 110; zur Münzprägung von Syrakus s. E. Boehringer, Die Münzen von Syrakus (1929). *Zyprische Halsbänder mit Glasgliedern:* Pierides 1971, Taf. 16,2; BMCJ 1957. *Schmuckangaben in Tempelinventaren:* Blanck 1974, 15ff. *Gold–Elfenbeinstandbild der Athena Parthenos:* Blanck 1974, 35. 105ff. *Schale des Penthesileia–Malers:* Simon 1976 Abb. 183. *Bügelohrringe aus dem Nahen Osten:* Maxwell-Hyslop 1971, Abb. 213; Pierides 1971, Taf. 20,5f.; Laffineur 1980, Nr. 51; A. Mortgaat, Jahrbuch f. Kleinasiatische Forschungen 1, 1950/1, Taf. 8; C.M. Kraay–P.R.S. Moorey, Revue Numismatique 6, 1968, 195f. *Omega–Spiralen:* Hadaczek 1903, 14f.; P. Demargue: Fouilles de Xanthos I (1958) Taf. 4 Nr. 2102; auf lykischen Münzen: Marshall 1911, 176 Abb. 55. *Spiralohrringe:* Pierides 1971, Taf. 9; BMCJ 1644–1677; Greifenhagen 1975, Taf. 38,4 (Zypern); Siviero 1954, Taf. 52f.; RM 15, 1900, 246/7 Taf. 3; AA 21, 1956, 203 Abb. 4 (Unteritalien); auf syrakusaner Münzen: Bank Leu AG–Münzen und Medaillen AG, 28.5.74, Zürich, Nr. 123. *Scheibenohrringe von Eretria:* AM 38, 1913, Taf. 16. *Nadeln des 5. Jahrhunderts:* ADelt 15, 1934/5, 16ff. Abb. 22. *Tierkopfarmreifen:*

Achaemenidische: P. Amandry, AntK 1, 1958, 3ff. ; O. Dalton, The Treasure of the Oxus (1926); SCE IV, 2 391ff.; SCE III Tf. 90; Pierides 1971, Taf. 23,1–7. 24,1f.; BMCJ 1985 (Zypern); Robinson 1941, Taf. 12f. (Olynth); Vickers 1979, Taf. 18e (Nymphaeum, Grab IV); Hoffmann–Davidson 1965, Nr. 58 (Nordgriechenland); zum Rhyton des Sotades Malers s. H. Hoffmann in: Festschrift A. D. Trendall (1979) 93 Taf. 24,2–4; *Schlangenarmreif aus einem nordgriechischen Kindergrab:* AAA 6, 1973, 221 Abb. 11. *Fingerringe:* Boardman 1970, 189ff.; ClRh 3, 1929, 158, Abb. 151 (Schmuckring von Rhodos). *Myrtenzweig:* JHS 36, 1916, 258. 288. *Kränze:* Robinson 1941, Taf. 28 Nr. 505 (Olynth); Gli Ori di Taranto 1984, 71ff.

14. Kapitel

Allgemeine Werke: Segall 1966; Higgins 1982. *Südrussische Funde:* Artamanov 1976; Minns 1913; ABC; Tolstoj–Kondakov 1889; ABC 21; Artamanov 1976, 72 Taf. 268f. Abb. 141 (Kekuvatski Grab/Kertsch); Gold der Skythen 1984, 110ff ; Artamanov 1976, 67, Taf 199ff. (Kul Oba/Kertsch); CR 1859, Taf. 3; Artamanov 1976, Taf. 273ff. (Pawlowski Kurgan/Kertsch); ABC 137,2 (Temir Gora/Kertsch); CR 1865, Taf. 1ff.; Artamanov 1976, 73ff. Taf. 266f. (Große Blisnitza/Taman, Demeterpriesterin); CR 1869, 1ff. (Große Blisnitza, Dritte Dame); Sowietskaya Arkeolojija 1972, 168; R. Rolle, Antike Welt 4, 1973, 48ff.; BMetrMus 32, 1973/4, 126ff. (Tolstaja Mogila, Orzonikidze); Gold der Skythen 1984, 130ff.; Artamanov 1976, 79f. Abb. 316ff. (Karagodeuasch/Kubangebiet); ABC Taf. 12a; CR 1865, 18 Taf. 2 (Theodosia/Krim). *Thessalische Funde:* Miller 1979; TAM Nr. 4ff. (Homolion, Gräber A u. B); TAM 253ff. (Derveni, Grab Z). *Thrakische Funde:* Gold der Thraker 1979, Nr. 293ff (Mogilanska–Hügel/Wraza); Bulletin de la Societé Archéologique de Varna 8, 1951, 60ff. Abb. 103. 112f. (Galata, Tumulus 6); Bulletin de la Societé Archéologique de Varna 10, 1956, 100 Taf. 2,2. 3,1–4 (Galata, Tumulus II); Gold der Thraker 1979, Nr. 319ff. (Maltepe–Hügel). *Kleinasiatische Funde:* Segall 1966 (Sardis); BMetrMus 1, 1906, 118ff.; Segall 1966, Taf. 40 (Madytos/Troas); BMCJ 1611 mit weiteren Angaben (Kyme/Aeolis); J. Settgast u.a., Von Troja bis Amarna, The Norbert Schimmel Collection, New York (1978) Nr. 93a (Trapezunt). *Funde von Tarent:* Gli ori di Taranto 1984, Nr. 47. 73 (Crispiano); Nr. 64. 135. 159. 188 (Grab 442, Arsenal); Nr. 51. 103. 196 (via Cagliari No. 13); Nr. 66. 140. 181 (Grab 1, via Dante); Nr. 50. 104. 137. 206 (Grab 1, Nekropole); Nr. 101. 136 (Grab 307, Nekropole); Nr. 139; S. 413 (Torre Ovo, Monacizzo). *Korinth:* Davidson 1952, Nr. 2055; AJA 35, 1931, 420ff. *Eretria:* G. Richter, A Handbook of the Greek Collection, Metropolitan Museum of Art (1953) 457. *Jalysos, Marmaro Grab* 32: ClRh 8, 1936, 154 Abb. 140. *Syrakus, Damnusi:* NSc 1915, 187 Abb. 7 *Schmuck auf attischer Schwarzfirniskeramik:* G. Kopcke, AM 79, 1964, 22ff., besonders Beilage 9. 19. 34. *Ohranhänger von Eretria:* AA 1931, Sp.113, Abb. 4. *Grabfund von Abdera:* TAM Nr. 423. *Goldschmuckimitationen in Terrakotta:*

I. Kriseleit, Forschungen und Berichte 18, 1977, 13ff.; Blanck 1976, 19ff. *Blütenhalsbänder:* British Museum: BMCJ 1951; Sphinx–Rhyton von Borowo: Gold der Thraker 1979, Nr. 289; Temir Gora: Miller 1979, Taf. 5a; Pantikapaion: Miller, Taf. 5b; Ryzanowka: Minns 1913, 177ff.; Deev: Minns 1913, 170; s. Blanck 1976, 25f. Abb. 10f. *Tempelinventar von Brauron:* Blanck 1974, 17f. 37. *Halsketten:* Trapezunt: Search for Alexander, Nr. 62; Melos: BMCJ 1947; *Speerspitzenhalsketten:* hormoi logchotoi: Blanck 1974, 91. 127; Segall 1966, Taf. 44 (Pawlowski Kurgan); TAM Nr. 79 (Pella); Hoffmann–v. Claer 1968, Nr. 12 (Kleinasien); Segall 1966, Taf. 41 (Süditalien). *Kette in New York:* Segall 1966, Taf. 39 (Mytilene). *Fund von Halae:* Hesperia 11, 1942, 370. *Grabfunde von Tarrha/Kreta:* Hesperia 29, 1960, 95 Taf. 30a, vgl. Robinson 1941, Taf. 18. *Tarentiner Ohrschmuck:* Gli ori di Taranto 1984, 137ff. Nr. 103ff. (Spiralreifen); 131ff. Nr. 56ff. (Bügelohrringe). *Parallelen zu den Bügelohrringen von Homolion:* Miller 1979, Taf. 3. *Ohrgehänge:* P. R. Franke–M. Hirmer, Die griechische Münze (1972) Nr. 38 (Syrakus); Nr. 160 (Stymphalos); Blanck 1976, 19ff. *Grab von Amphipolis:* TAM Nr. 381. *Fingerringe:* Boardman 1970, 206ff.; Miller 1979, 18ff. Taf. 11 (mit farbigem Hintergrund u. Goldfolie); Greifenhagen 1975, Taf. 56,13ff.; Hoffmann–Davidson 1965, Nr. 99 (Elfenbein). *Diademe:* G. Zahlhaas–H. Fuchs, JdI 96, 1981, 577ff.; G. Neumann, AM 89, 1965, 143ff.; ClRh 6/7, 1932/3, 450. *Goldkranz von Armento:*: R. Lullies, JdI 97, 1982, 91ff. mit weiteren Hinweisen. *Fibeln:* Blinkenberg 1926, 227ff. (nordgriechisch); Siviero 1954, Nr. 48ff.; Hoffmann–Davidson 1965, Nr. 79–81 (Kampanisch).

15. Kapitel

Skythischer Torques: Artamanov 1976, Taf. 201f.; ABC Taf. 8. *Funde:* Gold der Skythen 1984, 130ff.; Artamanov 1976, 79f. Abb. 316ff. (Karagodeuasch); ABC Taf. 12a; CR 1865, 18 Taf. 2 (Theodosia); Gold der Thraker 1979, Nr. 319ff. (Maltepe). *Heraklesknotenketten:* Miller 1979, 14f. *Aphrodite mit Schenkelschmuck:* Hoffmann–Davidson 1965, 9 Abb. D; s. Amandry 1953, 118. *Kette in London, Victoria u. Albert Museum:* J. Boardman, AntK 13, 1970, 48ff. *Blüten:* Amandry 1963, 227 Abb. 131–133. *Zum Pektoral von Tolstaja Mogila:* M. Pfrommer, JdI 97, 1982, 156ff. Abb. 30. *Figürliche Ohranhänger:* Hoffmann–Davidson 1965, Abb. 12h; Segall 1966, Taf. 44 (Nikeohrring, Pawlowski Kurgan); Hesperia 42, 1973, Taf. 27h (geflügelter Erot, Agora, Athen).

16. Kapitel

Allgemeine Werke: Search for Alexander; Higgins 1982; Hoffmann–Davidson 1965 (nicht antik Nr. 8. 10. 11. 55. 62. 65. 73. 84–88. 97. 107. 138; zum Teil modern Nr. 124; fraglich Nr. 5f. 37f. 41. 51A. 82); vgl. H. Hoffmann, AJA 73, 1969, 448ff.; A. Greifenhagen, Gnomon 40, 1968, 697; R. Higgins, JHS 88,

1968, 243; P. Amandry, AJA 71, 1967, 202ff. *Sedes/Saloniki, Grab Gamma:* TAM Nr. 318ff.; Amandry 1963, Abb. 149; AEphem 1937 Pt 3, 866ff. *Amphipolis, Grabfunde:* TAM Nr. 389f.; BCH 83, 1959, 710 Abb. 1 (Grab 212); Ergon 1958, 73 Abb. 76 (Grab Alpha); TAM Nr. 385f. (makedonisches Grab Gamma); TAM Nr. 388; Prakt 1956, 142 (Grab 4); TAM Nr. 379ff.; Ergon 1958, 73 Abb. 76 (Grab 16). *Kozani, Grabfund:* TAM Nr. 38ff.; AEphem 1948/49, 11 Ab. 3. *Vergina:* M. Andronicos, Vergina. The Royal Tombs of the Ancient City (1984). *Odessos (Varna), Tumulus I:* Bulletin de la Societé Archéologique de Varna 10, 1956, 100ff. Taf. 1,1–3. 2,1. 3,1. *Theben, Grabfund:* AEphem 1914, 128 Abb. 9. *Athen, Agora, Brunnenfund:* Hesperia 42, 1973, 13f. Taf. 27 *Kertsch, Quarantäne Straße, Gräber:* ABC 19ff.; M. Achik, Annali del Istituto 12, 1840, 5ff. Taf. A–C; *New York, Fund von Saloniki:* BMetrMus 32, 1937, 290; Segall 1966, Taf. 45. *Slg. Stathatos, erstes thessalisches Lot:* Amandry 1953, Nr. 217–231 (Nr. 219–220 nicht antik); Amandry 1963, 244. *Ginosa/Tarent, Grabfunde:* Gli ori di Taranto 1984, Nr. 52. 91 (contrada Chiaradonna); Nr. 53. 90 (contrada Frisino). *Tarent, Gräber:* Nr. 113 (corredo 22); Nr. 110. 217 (corredo 33); Nr. 116 (corredo 34); Nr. 106. 143. 213. 272 (corredo 85); Nr. 128 (corredo 88); Nr. 115. 142. 214 (corredo 89); Nr. 144. 149 (corrredo 93); Nr. 109. 148. 169. 229 (corredo 95). *Cumae, Grab* 157: MA 21, 1913, 712ff. Taf. 113. *Teano dei Sidicini, Grab* 79: MA 20, 1910, 39. *Berlin, Fund vom Pangaion:* Greifenhagen 1970, Taf. 12f. *Izmit, Sarkophag:* N. Firatli, Istanbul Arkeoloji Müzeleri Yilligi 11/12, 1964, 212f. Taf. 43ff. *Tarent, Fund von Mottola:* Gli ori di Taranto 1984, Nr. 151. 167. 210 (corredo 91). *London, Fund von S. Eufemia:* B. van den Driessche, Antique Classique 42, 552ff.; BMCJ 2112–2129; BMCR 224. *Gela, Fund:* MA 17, 1906, 539f. Abb. 371. *Syrakus/Feudo, Grabfund:* NSc 1915, 234 Abb. 37. *Montefortino, Nekropole:* MA 9, 1899, Taf. 3ff. *Toukh-el-Karmous:* Vernier 1927, Nr. 52093–52098; Amandry 1953, 82. *Eretria, Erotengrab:* Search for Alexander, Nr. 91. 92. 99; Amandry 1963, 244 Anm. 5; Hoffmann–Davidson 1965, Nr. 3; AEphem 1899, 22ff.; AM 26, 1901, 333ff. Abb. 1–9 Taf. 13–17. *Elis, Grab der Euxene:* ADelt 24 B, 1969, 153 Taf. 153b. *Neapolis/Saloniki, Grab:* TAM Nr. 307-315; BCH 83, 1959, 706ff. Abb. 26; Archaeological Report 1958, 13 Abb. 15. *Canosa, tomba degli Ori:* Gli ori di Taranto 1984, Nr. 54. 122. 152. 227. 233. 293f. 275 (corredo 120). *Pasargadae/Iran:* D. Stronach, Iran III, 1965, 33f. Taf. 10. *Abdera, Kette:* TAM Nr. 421. *New York, Fund von Madytos:* BMetrMus 1, 1906, 118ff.; Segall 1966, Taf. 40. *Tzagezi, Kette:* Amandry 1963, Nr. 151 Abb. 148; Amandry 1953, Nr. 227; s. Laffineur 1980, Nr. 76 Abb. 81. *Speerspitzenhalsketten als Dekor von Silbergeschirr:* D. E. Strong, Greek and Roman Gold and Silver Plate (1966) Taf. 28A. 30B. *Tarentiner Halskette:* A. Greifenhagen, AA 1961, 103 Nr. 48 Abb. 39. *Spulenförmige Kettenglieder:* Greifenhagen 1970, Taf. 7,6 (Vulci); ABC Taf. 11,2; Rudolph 1973, Nr. 52a; Amandry 1953, Nr. 250; BMCJ 1974. *Kettenglieder mit Golddrahtgittern:* TAM Nr. 309; Search for Alexander 1980, Nr. 102. (Neapolis/Saloniki); CR 1880, Taf. 2,11 (Artjukhovscher Kurgan); G.A. Papabasileiou, Peri ton en Euboia archaion taphon (1910) Taf. 14, 4 (Eretria, Familiengräber). *Delische Schatzinventare:* Blanck 1974, 42ff. *Perideridia:* ABC Taf. 9,3. 11,1. 12,3 (Südrußland); G. Kopcke, AM 79, 1964, Beil. 9,2. *Knossos, Demeter Heiligtum:* N. J. Coldstream, Knossos. The Sanctuary of Demeter (1973) 135ff. *Etruskische Löwenkopfohrreifen:* J. u. L. Jehasse, La nécropole préromaine d'Aléria, Gallia, Suppl. 25 (1973) 514 Nr. 2132 Taf. 1; R. Bianchi-Bandinelli, StEtr 2, 1928, Taf. 36. *Maltepe-Hügel:* Gold der Thraker 1979 Nr. 320ff. *Ithaka, Löwenkopfohrreif:* Antike Denkmäler I, Taf. 12,6. *Mesembria Pontica, Ohrreifen mit Pegasosprotome:* Hoddinott 1975, 46f. Taf. 20f. *Beroia, Ohrreifen mit Aphrodite:* TAM Nr. 69; Search for Alexander, Nr. 68; s. Gli ori di Taranto 1984, Nr. 128f. *Berlin, sog. Tarentiner Fundkomplex:* W. D. Heilmeyer, JbStiftPreussKulBes 17, 1980, 199ff.; Hoffmann–Davidson 1965, 266ff. *Traubenohrringe:* Paris Nr. 238/9 (Vulci); Hamburg Nr. 67; Gli Ori di Taranto 1984, Nr. 122 (Canosa, tomba degli Ori). *Baltimore, Antilopenarmreifen:* Baltimore 1979, Nr. 267. *Gnathia, Diadem:* Gli Ori di Taranto 1984, 115; Siviero 1954, Nr. 91 Taf. 103ff.; s. BMCJ 1631. 1632; Coche de la Ferté 1956, Taf. 23,2. *Kränze in delischen Tempelinventaren:* Th. Homolle, BCH 6, 1982, 107ff.

17. Kapitel

Allgemeine Werke: Pfeiler-Lippitz 1972; Hoffmann–Davidson 1965; B. Segall, Zum Export alexandrinischer Toreutik in: Festschrift E. v. Mercklin (1964) 167ff. *New York, Fundkomplex aus dem Fayum:* BMetrMus 30, 1935, 162f. *Artjukhovscher Kurgan:* CR 1880, Taf. 1–4; Sovietskaja Arkheologija 3, 1960, 46ff.; Minns 1913, 433ff.; zur Datierung: H. Küthmann, JbZMusMainz 5, 1958, 94ff. *Tarent, Grabfunde:* Gli Ori di Taranto 1984, Nr. 22. 35. 154. 77 (corredo 130); Nr. 121. 150. 235 (corredo 131); Nr. 39. 126. 132. 153. 236 (corredo 132); Nr. 120. 146 (corredo 136). *Vulci, tomba François:* Cristofani 1983, 69 Anm. 33; A. de Ridder, Catalogue sommaire des bijoux du Museé du Louvre (1924) Nr. 228f. 238f. 298f. 423f. 486. 602. 1259f. 1322. 1403. 1605. 1609. 1615. *Patras, Grabfunde:* Papapostolou 1977, 281ff. 434ff. Taf. 95ff.; Papapostolou 1978, 354ff. 406f. Taf. 108ff. *Pelinna/Thessalien, Grabfund:* Miller 1979, 25ff. Taf. 15ff. *Amphipolis, Grabfunde:* TAM Nr. 379. 380, BCH 85, 1961, 814ff. (Grab 16); TAM Nr. 382. 384 (Grab 311); Nr. 393f., BCH 83, 1959, 710 Abb. 2 (Grab 289); Hoffmann–Davidson 1965, Nr. 118ff. *Athen, Sarkophag* 33: AA 1942, 239 Abb. 15. *Eretria, Familiengräber:* Papabasileiou 1910, Taf. 14. *Amphissia, Grabfund:* ADelt 24 B, 1969, 216 Taf. 220b. *Mesembria Pontica:* Gold der Thraker 1979, Nr. 374 ff.; Hoddinott 1975, 46, Taf. 20f.; J. Venedikov–T. Gerasimov, Thrakische Kunst (1973) Abb. 195. 201f. *Kallatis, Grabfund:* V. Canarache, The Archaeological Museum of Constanta (1967) 39. *Syrien, Fund:* C. H. Kraeling, Archaeology 8, 1955, 252ff. *Sardinien, Fund:* Zahn 1921, Nr. 26. *Italien, Funde:* NSc 1916, 15f. Abb. 16. 19 (Bettona); StEtr 27, 1959, 258f. Abb. 6f.; NSc 1975, 25 Nr. 66 (Volterra); Cristofani 1983, Nr. 250; NSc 1902, 460 Abb. 29; NSc 1910, 349 Abb. 319 (Ancona). *sog. Tarentiner Fundkomplex:* W. D. Heilmeyer, JbStiftPreussKulBes 17, 1980, 199ff.; Hoffmann–Davidson 1965, Nr. 124ff. *Abdera,*

Fundkomplex: Greifenhagen 1970, Taf. 13,7–15. *Zweites thessalisches Lot:* Amandry 1953, Nr. 232–266; Amandry 1963, 250ff.; Segall 1938, Nr. 28–37. *Estanyol/Gerona, Fund:* Becatti 1955, Nr. 435; Fasti Archaeologici 4, 1951, Nr. 4120 Abb. 99. *Negerkopfohrringe:* Gli Ori di Taranto 1984, Nr. 130f.; V. Bitrakova, Arheološki radovi i rasprave 4/5, 1967, 383ff. Taf. 1f.; TAM Nr.70. 329; Cristofani 1983, Nr. 256f. *Fingerringe:* Boardman 1970, 359ff.; Miller 1979, 40f. Anm. 255ff.; Segall 1964, 167ff.; J. Papapostolou, ADelt 32, 1977, 318ff. *Diademe:* Hoffmann–Davidson 1965, Nr. 1f. mit ausführlichen Zitaten; A. Oliver jr., BMetrMus 1966, 275 Abb. 12f.; Amandry 1963, Abb. 72; ABC Taf. 6. 10. *Nadeln:* Hoffmann v. Claer 1968, 157. *Medaillons:* Higgins 1980, 166f.; C. Reinsberg, Studien zur hellenistischen Toreutik, Hildesheimer Archäologische Beiträge 9 (1980) 79ff. 97ff.; M. Gramatopol, Homage à M. Renard III (1969) 264ff.; Hoffmann–Davidson 1965. Nr. 90ff.; Becatti 1955, Nr. 94; P. Amandry, AJA 59, 1955, 219ff.; Amandry 1953, 106; D. M. Robinson, AJA 57, 1953, 5ff.; ABC Taf. 19,3.

18. Kapitel

Allgemeine Werke: Pfeiler-Lippitz 1972, 107ff.; R. Zahn in: Festschrift Schumacher (1930), 102ff. *Tarent, Grabfunde:* Gli Ori di Taranto 1984, Nr. 44ff. 81f. 155f. 240. 292 (corredo 141); Nr. 86 (corredo 142); Nr. 42. 85 (corredo 143); Nr. 43. 84 (corredo 150). *Altamura, Grabfund:* Gli Ori di Taranto 1984, Nr. 88. 157. 163. 220. 241. 242 (corredo 140). *Herakleia, Fund:* Atti del Tredicesimo Convegno di Studi Sulla Magna Graecia, Tarent 1973, Taf. 97ff. *Delos, Funde:* Levy 1965, 503ff.; Levy 1968, 523ff. *Eretria, Familiengräber:* Papabasileiou 1910. *Samothrake, Grabfund:* E.B. Dusenberry, Archaeology 12, 1959, 170 Abb. 13. *Olbia, Fundgruppe:* Zahn 1921, 27ff. Nr. 92. *Piraeus, Fundkomplex:* Pfeiler 1970, 45ff.; Segall 1938, 81ff. Nr. 93–98. *Palaiokastro Gruppe:* Miller 1979, 175ff; Hoffmann–v. Claer 1968, Nr. 17–28; Hoffmann–Davidson 1965, Nr. 130-136. *Schmetterlingsketten:* Hoffmann–Davidson 1965, Nr. 51; Zahn 1921, Nr. 28 (Olbia); BMCJ 2746; Pfeiler 1970, Taf. 30. *Ohrreifen in frühkaiserzeitlichen Gräbern:* Pfeiler 1970, 55 Anm. 88. *Neapel, Schlangenarmbänder:* Siviero 1954, Taf. 156ff. *Frühkaiserzeitliche Fingerringe mit hochgezogener Platte:* F. Henkel, Die römischen Fingerringe der Rheinlande und der benachbarten Gebiete (1913) Taf. 55 Nr. 1431. Taf. 56 Nr. 1445; Schmuckmuseum Pforzheim, Inv. Nr. 1963/21. *Koçakizlar Tumulus, Eskişehir:* S. Atasoy, AJA 78, 1974, Taf. 52. *Ägypten, Spiralarmreifen:* G. Karo; AA 16, 1901, 210 Abb. 3. *Tarent, Chalzedonarmreifen:* Gli Ori di Taranto 1984, Nr. 170f. *Daktyliotheken:* Plinius, Naturalis historia 37,11.

ABBILDUNGSNACHWEIS

Antella (Firenze), SCALA Taf. XVII. XXVII; *Athen, American School of Classical Studies, Agora Excavations* 24; *Athen, American School of Classical Studies, Corinth Excavations* 25. 29; *Athen, Benaki Museum* 16. 18. 19. 65. 74. 76. Vor- und Nachsatz; *Athen, DAI* 3. 6. 32. 35. 36. 68. 214. 225; *Athen, TAP Service* 20. 45. 214 Taf. XIV–XVI. XXII a. XXV; *Baltimore, Walters Art Gallery* 215. 224 Taf. XIX; *Basel, Münzen u. Medaillen AG* 72. 73. 75. 99. 100. 103. 107. 114. 127. 132. 143. 182; *Berlin, Antikenmuseum* 22. 26. 31 a. 42. 50. 57f. 66. 69. 124f. 146. 153. 161. 190. 201 Taf. IV. V. XX (Luckert. J. Tietz – Glasgow); *Berlin, Staatl. Museen, Antikensammlung* 60; *Bloomington, Indiana University Art Museum* 48; *Boston, Museum of Fine Arts* 53. 56. 164. 178. 183. 194; *Bologna, Museo Civico* 54. 56; *Bulgarien, Komitee f. Kultur der Volksrepublik* 70. 77. 79f. 95. 98. 112. 209; *Chicago, Oriental Institute Museum* 204. 223; *Frankfurt/M, K. Deppert* 41; *Frankfurt/M, Museum f. Vor- u. Frühgeschichte* 38; *Fribourg, Office du Livre* Taf. II. VI; *Hamburg, H. Termer* 117. 198. Taf. XXIII. XXXII; *Hamburg, Museum f. Kunst u. Gewerbe* 59. 104. 156. 158. 159. 191. 219. 220–222 Taf. XXII b; *Houston, Museum of Fine Arts* 157. 166; *Istanbul, DAI* 152. 165. 173 (W. Schiele); *Kassel, Staatl. Kunstsammlungen* 142; *Kopenhagen, Nationalmuseum* 31 b. 52. 54; *Leningrad, Eremitage* 111. 207; *London, British Museum* 1. 23. 34. 37. 47. 49. 51. 54. 62. 110. 121. 128. 131. 134. 160. 170. 177. 187. 189. 192. 195. 196. 199. 208. 210f. 216 Taf. III. XI. XXXI; *London, Sotheby's* Taf. VIII. IX a; *London, Victoria and Albert Museum* Taf. X; *Los Angeles, County Museum* 33; *Mainz, Verlag Philipp von Zabern* 28. 90. 102. 130. 139. Taf. I. XII/XIII. XXVI. XXX; *München, Hirmer Archiv* 67. 71. 78. 94. 135. 144. 179; *München, Staatl. Antikensammlung* 145. 147. 150. 169. 175. 206. 212. 218; *München, Praun Kunstverlag* Taf. XXI u. Umschlag *München, Willsberger* Taf. XXVIII/XXIX; *New York, Metropolitan Museum* 138. 163. 180. 185. 202f.; *Nikosia, Cyprus Museum* 15. 21. 61. 84. 85. 133 Taf. VII; *Okayama, Kurashiki Ninagawa Museum (E. Simon)* 118f.; *Oxford, Ashmolean Museum* 92. 93. 97; *Paris, R. E. Hecht* 43. 87f. 91. 96. 101. 108f. 126; *Pforzheim, Schmuckmuseum* 113. 122. 171. 176. 217 Taf. XVIII. XXIV (G. Meyer); *Philadelphia, University Museum* 82; *Richmond, Virginia Museum of Fine Arts* 154; *Rom, DAI* 86. 116. 168; *Tarent, Museo Nazionale Archeologico* 64. 89; *Würzburg, Martin v. Wagner Museum* 81. Nach *AA* 1961 172; nach *Hoffmann-Davidson* 1965 105f. 162. 167. 181. 184. 200. 213.

Zeichnungen nach *H. Schliemann, Mykenae (1878)* 2. 4. 7. 8. 9. 10. 11. 12; *G. Karo, Die Schachtgräber von Mykenai (1930)* 5; *MA* 14, 1904 14. 17; *BABesch* 38, 1963 27; *MA* 22, 1913 30. 44; *Bull. de l'Institut bulgare d'archéologie* 22, 1959, 55; *MA* 17, 1906, 148; *Dawkins* 1929 39. 40. 46; *Tolstoj-Kondakov* 1889, 123. 129. 136f. 140f. 151; *NSc* 1915 115; *BMCR* 174; *NSc* 1916 193. 197. 205; ABC 120. 149. 155. 186. 188.

ABKÜRZUNGSVERZEICHNIS

In den Anmerkungen werden neben den in der Archäologischen Bibliographie und im Archäologischen Anzeiger 1982, 809–816 empfohlenen Abkürzungen folgende benützt:

ABC	S. Reinach, Antiquités du Bosphore Cimmérien (1892)
Amandry 1953	P. Amandry, Collection Hélène Stathatos I, Les Bijoux Antiques (1953)
Amandry 1963	P. Amandry, Collection Hélène Stathatos III, Objets antiques et byzantins (1963)
Artamanov 1976	M. I. Artamanov, Goldschatz der Skythen (1976)
Baltimore 1979	A. Garside (ed.), Jewelry, Ancient to Modern. The Walters Art Gallery, Baltimore (1979)
Becatti 1955	G. Becatti, Oreficerie Antiche dalle minoiche alle barbariche (1955)
Bérard 1970	C. Bérard, Eretria, Fouilles et recherches III (1970)
Bielefeld 1968	E. Bielefeld, Schmuck, Archaeologica Homerica I (1968)
Blanck 1974	I. Blanck, Studien zum Halsschmuck der archaischen und klassischen Zeit (1974)
Blanck 1976	I. Blanck, Griechische Goldschmuckimitationen des 4. Jh. v. Chr., AW 7,3, 1976, 19ff.
Blegen 1966	C. Blegen, The Palace of Nestor at Pylos in Western Messenia I (1966)
Blegen 1973	C. Blegen u. a., The Palace of Nestor at Pylos in Western Messenia III (1973)
Blinkenberg 1926	C. Blinkenberg, Fibules grecques et orientales, Lindiaka V (1926)
BMCJ	F. H. Marshall, Cat. of the Jewellery, Greek, Etruscan, and Roman, in the Depts. of Antiquities, British Museum (1911)
BMCR	F. H. Marshall, Cat. of the Finger Rings, Greek, Etruscan, and Roman, in the Depts. of Antiquities, British Museum (1907)
Boardman 1967	J. Boardman, Archaic Finger Rings, AntK 10,1, 1967, 3ff.
Boardman 1970	J. Boardman, Greek Gems and Finger Rings (1970)

Boardman 1981	Griechische Plastik. Die archaische Zeit. Kulturgeschichte d. Antiken Welt Bd. 5 (1981)
Breglia 1939	L. Breglia, Le oreficerie del Museo di Taranto, Japigia 10, 1939, 5ff.
Brock 1957	J. K. Brock, Fortetsa. Early Greek Tombs Near Knossos. BSA Supp. 2 (1957)
Buckley 1974	E. T. Buckley, A Set of Archaic Greek Jewelry, The J. Paul Getty Museum 1, 1974, 27ff.
ClRh	Clara Rhodos. Studi e Materiali pubblicati a cura dell' Istituto Storico-Archeologico di Rodi
Coche de la Ferté 1956	E. Coche de la Ferté, Les bijoux antiques (1956)
Coldstream 1977	J. N. Coldstream, Geometric Greece (1977)
CR	Compte-Rendu de la Commission Impériale Archéologique (St. Petersburg)
Cristofani 1983	M. Cristofani u. a., L'Oro degli Etruschi (1983)
Curtis 1925	C. D. Curtis, Sardis XIII. Jewelry and Goldwork, Part I, 1910-1914 (1925)
Davidson 1952	G. R. Davidson, The Minor Objects. Corinth XII (1952)
Dawkins 1929	R. M. Dawkins u. a., The Sanctuary of Artemis Orthia at Sparta (1929)
Desborough 1964	V. R. d'A. Desborough, The Last Mycenaeans and their Successors (1964)
Desborough 1972	V. R. d'A. Desborough, The Greek Dark Ages (1972)
Dunbabin 1962	T. J. Dunbabin (ed.), Perachora, The Sanctuaries of Hera Akraia and Limenia II (1962)
Frödin-Persson 1938	O. Frödin-A. W. Persson, Asine. The Results of the Swedish Excavations 1922-1930 (1938)
Gabricci 1913	E. Gabricci, Cumae, MA 22, 1913, 5ff.
Gli Ori di Taranto 1984	E. M. De Juliis (ed.), Gli Ori di Taranto in Età Ellenistica (Ausstellung Mailand, 1984)
Gold der Skythen 1984	Gold der Skythen aus der Leningrader Eremitage (Ausstellung München, 1984)
Gold der Thraker 1979	Gold der Thraker, Archäologische Schätze aus Bulgarien (Ausstellung Köln, München, Hildesheim 1979)
Greifenhagen 1970	A. Greifenhagen, Schmuckarbeiten in Edelmetall. Staatliche Museen Berlin. Stiftung Preußischer Kulturbesitz. Antikenabteilung. Bd. I: Fundgruppen (1970)
Greifenhagen 1975	A. Greifenhagen, Schmuckarbeiten in Edelmetall. Bd. II: Einzelstücke (1975)

Hadaczek 1903	K. Hadaczek, Der Ohrschmuck der Griechen und Etrusker (1903) Hampe–Simon
1980	R. Hampe–E. Simon, Tausend Jahre Frühgriechische Kunst (1980)
Higgins 1961	R. Higgins, The Elgin Jewellery, British Museum Quarterly 23, 1961, 101ff.
Higgins 1967	R. Higgins, Minoan and Mycenaean Art (1967)
Higgins 1969	R. Higgins, Early Greek Jewellery, BSA 64, 1969, 143ff.
Higgins 1979	R. Higgins, The Aegina Treasure (1979)
Higgins 1980	R. Higgins, Greek and Roman Jewellery (1961, 1980)
Higgins 1982	R. Higgins, Macedonian Royal Jewelry, Studies in the History of Art, National Gallery of Art, Washington, 10, 1982, 141ff.
Hoddinott 1975	R. S. Hoddinott, Bulgaria in Antiquity (1975)
Hoffmann–v. Claer 1968	H. Hoffmann–V. v. Claer, Antiker Gold- und Silberschmuck. Museum für Kunst und Gewerbe, Hamburg (1968)
Hoffmann–Davidson 1965	H. Hoffmann–P. Davidson, Greek Gold. Jewelry from the Time of Alexander (1965)
Hogarth 1908	D. G. Hogarth, Excavations at Ephesos (1908)
Hood 1978	S. Hood, The Arts in Prehistoric Greece (1978)
Jacobsthal 1956	P. Jacobsthal, Greek Pins (1956)
Jakobides 1969/70	S. Jakobides, Perati to nekrotapheion (1969/70)
Kilian 1973	K. Kilian, Zum italischen und griechischen Fibelhandwerk des 8. und 7. Jh. v. Chr., HambeitrA III,1, 1973, 1ff.
Kilian 1975	K. Kilian, Fibeln in Thessalien von der mykenischen bis zur archaischen Zeit, PHBF XIV,2 (1975)
Kilian-Dirlmeyer 1979	I. Kilian-Dirlmeyer, Anhänger in Griechenland von der mykenischen bis zur spätgeometrischen Zeit, PHBF XI,2 (1979)
Laffineur 1978	R. Laffineur, L'orfèvrerie rhodienne orientalisante (1978)
Laffineur 1980	R. Laffineur, Collection Paul Canellopoulos XV. Bijoux en or grecs et romains, BCH 104, 1980, 345ff.
Levy 1965	E. Levy, Trésor hellenistique trouvé à Delos. Seconde Partie: Les Bijoux, BCH 89, 1965, 535ff.
Levy 1968	E. Levy, Nouveaux Bijoux à Delos, BCH 92, 1968, 523ff.

MA	Monumenti Antichi pubblicati per cura della Reale Accademia de Lincei
Marshall 1911	s. BMCJ
Maxwell-Hyslop 1971	K. R. Maxwell-Hyslop, Western Asiatic Jewellery, c. 300–612 B. C. (1971)
Miller 1979	St. G. Miller, Two Groups of Thessalian Gold (1979)
Museum Benaki	s. Segall 1938
Minns 1913	E. H. Minns, Scythians and Greeks (1913)
Mylonas 1966	G. E. Mylonas, Mycenae and the Mycenaean Age (1966)
Mylonas 1973	G. E. Mylonas, Ho taphikos kyklos B ton Mykenon (1973)
Papabasileiou 1910	G. A. Papabasileiou, Peri ton en Euboia archaion taphon (1910)
Papapostolou 1977	J. Papapostolou, Hellenistische Gräber aus Patras I, ADelt 32, 1977, 281ff. 434ff.
Papapostolou 1978	J. Papapostolou, Hellenistic Graves at Patras II, ADelt 33, 1978, 354ff. 406f.
Payne 1940	H. Payne u. a., Perachora, The Sanctuaries of Hera Akraia and Hera Limenia I (1940)
Pfeiler 1970	B. Pfeiler (Deppert-Lippitz), Römischer Goldschmuck des ersten und zweiten Jh. n. Chr. nach datierten Funden (1970)
Pfeiler-Lippitz 1972	B. Pfeiler-Lippitz (Deppert-Lippitz), Späthellenistische Goldschmiedearbeiten, AntK 15,2, 1972, 107ff.
Philipp 1981	H. Philipp, Bronzeschmuck aus Olympia, Olympische Forschungen XIII (1981)
Pierides 1971	A. Pierides, Jewellery in the Cyprus Museum (1971)
Reichel 1949	W. Reichel, Griechisches Goldrelief (1949)
Robinson 1941	D. M. Robinson, Excavations at Olynthus X (1941)
Rudolph 1973	W. u. E. Rudolph, Ancient Jewelry from the Coll. of Burton Y. Berry (1973)
Sapouna-Sakellarakis 1978	E. Sapouna-Sakellarakis, Die Fibeln der griechischen Inseln, PHBF XIV,4 (1978)
SCE	E. Gjerstad u. a., The Swedish Cyprus Expedition I (1934). II (1935). III (1937). IV (1948).

Search for Alexander	N. Yalouris u. a., The Search for Alexander. An Exhibition (Washington, Chicago, Boston, San Francisco 1980/82)
Segall 1938	B. Segall, Museum Benaki, Katalog der Goldschmiedearbeiten (1938)
Segall 1966	B. Segall, Zur griechischen Goldschmiedekunst des 4. Jh. v. Chr. (1966)
Simon 1976	E. Simon–M. u. A. Hirmer, Die Griechischen Vasen (1976)
Siviero 1954	R. Siviero, Gli ori e le ambre del Museo Nazionale di Napoli (1954)
Slg. Burton Y. Berry	s. Rudolph 1973
Slg. Canellopoulos	s. Laffineur 1980
Slg. Stathatos	s. Amandry 1953; Amandry 1963; O. Picard–J.P. Sodini u. a., Collection H. Stathatos IV. Bijoux et petits obects (1971)
Snodgrass 1967	A. M. Snodgrass, The Dark Age of Greece (1967)
TAM	K. Rhomiopoulou u. a., Treasures of Ancient Macedonia (Saloniki 1978)
Tolstoj–Kondakov 1889	I. I. Tolstoj–N. P. Kondakov, Russkie drevnosti v pamjatnikach iskusstva II (1889)
Vermeule 1975	E. Vermeule, The Art of the Shaft Graves of Mycenae (1975)
Vernier 1927	E. Vernier, Cat. générale des Antiquités Egyptiennes du Musée de Caire. Bijoux et orfèvreries I u. II (1927)
Vickers 1979	M. Vickers, Scythian Treasures in Oxford (1979)
Zahn 1921	R. Zahn, Slg. F. v. Gans, Galerie Bachstitz II (1921)

VERZEICHNIS DER FUNDORTE

Abdera 164, 206, 210, 216, 247, 266, 276
Aigina 12 ff., 21, 33, 44
Akanthos 150, 152, 180
Alexandria 274
Altamura 280, 282, 286 f.
Amathus 134
Amphikleia 54, 60
Amphipolis 185, 206, 210, 228, 240 f., 247, 263, 274, 286
Amphissa 62, 247, 253
Anavyssos 58, 71
Ancona 272, 281
Archanes 33, 40
Argolis 33
Argos 65, 87, 90, 124
Armento 196 f.
Arsos 110 f., 122
Artjukhovscher Kurgan 247, 252, 254 f., 263, 272 f., 275 f., 284
Asine 33, 40, 43
Assur 93
Athen 33, 50, 52, 54, 56, 59 f., 63, 71, 206, 210, 230, 247
– Agora 50, 58, 101, 203, 206, 230
– Kerameikos 50, 55, 58
– Kynosarges 56, 58, 60, 75
Attika 45, 48, 50, 54 ff., 58, 71, 74, 77, 79

Beirut 274
Beroia 226
Bettona 247, 258 f., 263, 265, 271 f.
Böotien 54
Brauron 77

Canosa 206, 216, 232, 243 f.
Capua 225
Crispiano 188, 194 f., 202
Cumae 63 ff., 88 f., 132, 155, 158, 206, 240
– Artiaco 63

Damaskus 253
Deev 167
Delos 74, 280, 286 f., 294
Dendra 33, 40, 42 f.
Derveni 161, 166, 172, 183, 193 f.
Duvanli 122, 126, 131, 145, 149, 164
– Arabadshijska Hügel 122, 128, 149
– Kukova Hügel 131, 145, 147, 164
– Muschowitza Hügel 122 f., 126 ff.

Eleusis 64 f., 71 f., 75 ff., 101
– Grab Alpha 71
– Isis Grab 71, 77
Elis 206, 241, 246
Enkomi 39, 46
Ephesos 81, 85, 92 ff., 96 f., 143, 148, 153
Eretria 64, 118, 120 ff., 134, 139, 149, 152, 162 f., 180, 189, 206, 216, 236, 242 f., 247, 253, 255, 268, 272 f., 282 f., 286 f.
Eskişehir 294
Euböa 50, 55
Exochi 69 f.

Fayum 247 f., 270 f.
Fortetsa 51, 68

Galata 162, 164, 186
Gela 90, 206, 210 f., 218, 231
Gerona 253
Ginosa 206, 213, 242

Gnathia 244
Gordion 120, 131 f., 154, 158
Große Blisnitza 161, 170, 172, 175 f., 183, 185, 189 f., 193, 202 f., 232

Hadschi Muschkai 212, 254
Halae 179
Herakleia 280, 282, 287, 290
Homolion 161, 163, 166, 180 f., 193, 201, 210

Ialysos 33, 40, 44, 69 f., 94, 98, 113, 134, 186
Ida 67
Isthmia 116, 125
Ithaka 224
Izmit 206, 215 f., 228 f., 235 ff., 271

Kakovatos 33 f., 37
Kallatis 247
Kamiros 69 f., 98, 103, 105, 112 f.
Karagodeuasch 161, 166, 201, 210
Kekuvatski 161
Kephallenia 49, 160
Kertsch 156, 158, 161, 189, 218, 223, 240, 252 ff., 275
Khaniale Tekke 66 ff., 69, 71, 79
Knossos 33, 40, 66, 222
Korinth 16, 27, 55, 60 f., 64, 74, 162, 172
Kos 51 f., 105
Kouklia 49
Kozani 206, 235
Kreta 33, 39 f., 45, 49, 51 f., 55, 67, 71, 106, 183, 217
Kubangebiet 140, 158, 161, 172, 188 f.
Kul-Oba 161, 163, 181 ff., 189 f., 209
Kurgan d. Sieben Brüder 140, 158
Kyme 162, 172 f., 175, 185 ff., 202

Lefkandi 50 ff., 58, 60, 62 f., 64 f., 74, 126
Lindos 69

Madytos 162, 170, 202, 210
Maltepe-Hügel 162, 164, 201
Marion 187
Megara Hyblea 90
Melos 105 f., 109, 170, 234
Mesembria Pontica 226, 247, 251, 273, 276
Mogilanska-Hügel 161, 163, 175, 181 f.
Montefortino 206, 226, 232, 235, 268
Morgantina 247, 260, 268
Mottola 218, 232 f., 238
Mykenai 14 f., 18 ff., 25 ff., 33, 37, 42
Myrsinochorion 33, 43
Mytilene 174 f.

Naxos 44, 49, 51 f.
Neapolis s. Saloniki
Nessebar 226, 274
Nikomedia 206, 216
Nola 247, 249
Nymphaeum 143 ff., 149, 156

Odessos 206, 223, 238
Olbia/Sardinien 255
Olbia/Südrußland 280, 283 f., 286, 292, 294 f.
Olympia 88, 90, 131
Olynth 160
Ordzonikidze 161, 176

Pachyamnos 33
Palaiokastro 280, 282 f., 286 ff., 292, 295
Pangaion 206, 228, 232, 235, 237, 240, 242, 244, 271
Pantikapaion 156, 161
Pasargadae 207
Patras 247, 250, 253, 260, 271
Pawlowski 161, 163, 168, 172, 193, 222, 226 f.

Pelinna 247, 252, 263, 272, 276
Pella 172
Perachora 55, 60, 74, 80, 85, 88, 90, 130
Perati 45, 49, 53
Peristeria 16, 27
Phaistos 33, 36 ff., 42, 44
Phokis 62
Piraeus 280, 294
Praisos 68, 106
Prosymna 33
Pylos 16, 19, 27, 33, 45

Rhodos 33, 40, 44, 49, 52, 55, 70, 81, 98 ff., 103, 105, 110, 114, 130, 132, 134, 137, 155, 162
Roccanova 140 f.
Rom 284 f.
Ruvo 119
Ryzanowka 167

Salamis 51, 69, 78
Saloniki 206, 216, 226 f., 232, 258, 276
– Neapolis 218, 234, 247, 255
– Sedes 206, 210, 233, 242
Samos 87, 97
Samothrake 280
S. Agata dei Goti 222
S. Eufemia 206, 241
Sardis 92, 94, 162, 174, 185, 193, 202
Sardinien 130, 247, 258, 264
Sedes s. Saloniki
Sellopoulo 40, 42, 44
Sizilien 81, 84, 131, 139, 162, 206
Skopelos 16, 27
Skyros 51 ff.
Sparta 80, 84 f., 87, 90 f., 135
Spata 77, 101
Stravokephalo 40
Syrakus 90 f., 164 f., 185, 193, 206, 223, 260

Tarent 87, 111, 117, 162, 164, 166, 179, 183, 193 f., 196, 206, 210, 216 f., 219, 223 f., 226, 232, 234, 238 ff., 247, 251, 255, 257 f., 260 f., 263, 269, 271 f., 280, 282, 286 f., 294
Tarrha 179, 194
Teano dei Sedicini 206, 218
Temir Gora 161, 166, 189
Theben 8, 16, 33, 44, 74, 206, 230
Theodosia 161, 170 f., 183, 189, 201 f., 210
Thera 105
Thyreatis 11
Tiryns 33, 40, 42, 45
Toccra 118
Tolstaja Mogila 161, 176, 194, 203
Toukh-el-Karmous 206, 235, 271
Trapezunt 162, 170, 183
Troja 12
Tzagezi 210

Vaphio 33, 42 f., 44
Varna 206
Vergina 196, 206, 242
Volos 44
Vulci 217, 232, 247, 263 f.

Wraza 161

Zypern 27, 33, 39, 45, 47, 49, 69, 78, 87, 110, 134, 137 ff., 142, 148, 151 f., 156 ff., 186, 189

NAMEN- UND SACHINDEX

Achat 7, 43, 110 f., 254, 284
Achill 182, 193
Adler 97, 226
Akanthosblatt 181, 201, 242, 244
– staude 195
Aktium 279
Alexander d. Gr. 205, 207, 209, 224
– Drachmen 223, 234
– Tetradrachmen 162, 201
Alexandria 205
Altar 29 f.
Amasis Maler 124, 126
Amethyst 7, 18, 35, 43, 87, 245, 274, 295
Amphora 261 f., 287
– melische 110
Amulett 87, 130, 169 f., 201, 213, 219, 252 f., 268, 272, 276, 286
Andokides Maler 126, 135
Antilope 11, 157, 207, 209, 224 f., 232, 250, 252, 267, 282
Antiocheia 205, 209
Aphrodite 201, 226, 276
Apoll 196
Aquamarin 254
Arethusa 126, 139, 150
Argonaut 37 f., 40, 47
Artemis 92
Aryballoi 116
Assur 93
Assyrer 101
Astarte 102
Athen 162, 181
Athena Parthenos 144
Attis 273

Babylon 12
Baltikum 35, 69
Baltimore 181, 232
Bein 55, 80, 84 f., 88, 90, 98, 110, 116, 125, 130
Benaki Museum 105, 125 f., 218, 258
Bergkristall 7, 14, 18, 30, 43, 55, 59, 65, 73 ff., 79, 94, 96, 193, 232, 271 f., 283 f.
Berlin 12, 56, 87, 193
Berliner Göttin 116, 124, 131
Bernstein 19, 35, 43, 55, 65 ff., 71 f., 79 f., 84 f., 88, 92, 94, 96, 98, 110, 258 f.
Beryl 244
Biene 102, 104, 106, 110, 152 f.
Blei 60
Borowo 166, 179
Boston 153, 163, 181, 226, 260, 262 f., 286
Brauron 168
Bronzeschmuck 24, 49 ff., 55, 59 f., 82, 84, 87, 90 ff., 96 f., 108, 116, 125, 130 f., 152, 160, 193, 195

Caeretaner Hydria 120
Chalzedon 294
Chiton 115

Daktyliothek 294
Delos 170, 219
Delphi 119, 134
Delphin 133, 141 f., 251 f., 262 f., 281, 283, 290 f.
Demareteion 126, 141, 143
Demeter 196
Demetrios Poliorketes 219
Dionysos 196, 235, 237

Efeu 38, 40, 196, 241, 255, 262, 270
Eiche 197, 241
Eichel 120, 144 f., 166, 196

Eisen 51 f., 55, 58 f.
Elektron 64, 66, 69, 92, 94 f., 98, 101, 105, 108, 143
Elfenbein 59, 66, 68, 72, 80, 85, 88, 94, 96, 105, 110, 116, 130, 193
Email 31, 38 f., 42, 44, 175, 182, 188 f., 202, 209, 218, 241, 243 ff.
Ente 167
Ephesos 92, 108, 116
Eros 216, 230, 242, 257, 276 f.
Erot 193, 203, 226, 230, 252, 281, 287 ff., 292
Etrurien 133
– Gräber 69
Eule 34, 97

Falke 20, 97
Farbstein 17, 19, 38, 42 f., 49, 209, 241, 247, 267, 281, 290
Fayence 18 f., 40, 42 f., 48, 52 f., 55, 59, 65, 72, 90, 94 f., 100, 110, 118
Fliege 106

Ganymed 226 f., 242
Gazelle 224, 249
Genius 226, 229
Glas 38 ff., 47 f., 52, 55, 59, 65, 72, 90, 94, 202, 251, 282
Glaspaste 18, 40, 44, 49, 71 ff., 76, 79, 193, 243, 245, 248, 250 f., 253, 261, 263 ff., 270 f., 273, 280, 283 f., 286 f., 292, 294 f.
Goldelfenbeinstandbild
– Delphi 119, 134
– Athena Parthenos 144
Goldminen 7
Goldschmiede, achaemenidische 224
– ägyptische 262
– etruskische 133, 224
– orientalische 79
Gorgoneion 253
Granat 7, 194, 216, 222, 231, 235, 238, 243 ff., 251, 253 ff., 262 ff., 270 ff., 275 f., 280 f., 284, 286 f., 290, 295
Granatapfel 19, 58, 87, 101, 290
Greif 104, 106, 152
Greifenlöwe 209, 224, 234

Habicht 97
Hahn 149, 263
Halbedelstein s. Farbstein
Halbmond 67 f., 71 f., 79, 222
Hamburg 156, 232
Heiligtum 130
– Artemis, Ephesos 81, 92 ff., 148
– Demeter, Knossos 222
– Hera Akraia 55, 60
– Hera Limenia 55, 80, 85
– Poseidon, Isthmia 116
Herakleskoten 201, 210, 212 ff., 235, 241 f., 246, 255, 257 f., 268, 271 f., 275
hormoi logchotoi 170
Hund 209, 224

Inventarlisten s. Tempelinventare
Isiskrone 262 f., 287

Kalb 209, 224, 266
Kalathos 294
Kantharos 287
Karneia Maler 145 f., 159
Karneol 7, 18, 43, 94, 202, 222, 232, 243, 245 ff., 252, 257 f.
Kartuschenring 113, 132
Kentaur 102, 263
Keramik, attische 137, 161 f., 168 f., 183, 222
– korinthische 67
– minoische 36
– mykenische 36, 50
– ostgriechische 67, 102
Ketos 235 f., 273
Knospe 19, 104
Kore 9, 63, 115, 126, 130
Krösus 92
Kröte 34 f., 36 f.

Lapislazuli 13 f., 23, 25, 34 f., 43 f.
Leningrad 181
Lilienblüte 38, 40
Löwe 102, 104, 134, 156
– kopf 120, 131 f., 151 f., 155 f., 158, 180, 189, 191, 200 ff., 210, 213, 216, 218 ff., 223 f., 233 f., 248, (gehörnt) 209, 251 f.
– maske 103, 112, 168, 189, 194
– protome 133
Löwin 189 f.
London 202
– British Museum 58, 112, 149, 162, 244, 284
Lorbeer 91, 196, 241, 255
Los Angeles 73
Luchs 209, 224, 250, 252, 254, 266, 281, 283 f., 290
Lunula 87, 96, 222, 252 f., 258, 286
Lysimacheia 205

Mänade 145, 148, 159, 223 f., 281
Matrize 65, 99, 101 ff., 112
Melgunow 105
Melissa 102
Mesopotamien 19, 69
Mithridates VI. 296
München 213, 257
Münzen 9, 115, 125, 130, 137, 152, 164, 183, 210
– Stymphalos 183
– Syrakus 137, 139, 141, 150, 183
– Tarent 217
Myrte 159, 241
Muschel 37 f., 40, 149, 152, 219
Myrina 292

Neapel 222, 292
Negerkopf 221, 223 f., 258 f.
Nereide 163, 182
New York 162, 206, 216
Nihawand 257
Nike 163, 183, 186, 196, 203, 226 ff., 252, 263

Oktopus 38
Oltos 125
Onyx 219
Orientperle 280 f., 283 f., 287, 290 f., 294 f.

Pansmaske 166
Papyrus 38
Paris 74, 103
– Louvre 244
Pegasos 170, 226
Pektoral 12, 53, 137, 175
Peleus 163
Penthesileia Maler 148
Peplos 30, 51, 115
Pergamon Altar 246
Perideridia 219, 253
Pfau 263
Pforzheim 162
Philipp III. 223
Phönizien 59, 66
Phönizier 55, 59, 68 f., 113
Phrasikleia 118, 126
Plokion 168
Polykrates 134
potnia theron 102
Psametrich 100
Ptolemaios III. 247

Reiter Rampin 135
Richmond 255
Rom 279, 296

Sammlung Berry 94
– Elgin 58, 79
– Loeb 213, 235, 275
– Stathatos 87, 125, 206, 218, 258
Sandalensohle 272
Saphir 284
Sardonyx 194
Schatzinventare s. Tempelinventare
Schild 39, 132
Schlange 90 f., 106, 116, 131, 154, 158 ff., 180, 189, 193, 232, 234 f., 240, 246, 268 f., 273 f., 292 ff.

Schliemann 7, 15
Schmetterling 16, 29, 283 ff.
Schwan 263
Seedrache 235 f., 270
Seepferd 163, 180, 189, 193
Siegel 17, 55, 59
Silber 19, 21, 24 f., 64, 66, 82, 84 f., 88 f., 98, 101, 108, 113, 125, 134, 148, 159, 193, 196, 287
Sirene 150, 163, 180
Skarabäus 72, 88, 91, 100, 134, 159, 193
Skythen 137, 175 f., 185, 232
– Fürsten 201
– Grabfunde 105
– Halsreifen 200
– Tumuli 161
Smaragd 134, 245, 254, 272, 280, 283, 294
Sotades Maler 156
Sphinx 104 f., 138 f., 154, 166, 179, 181, 189 f., 234, 263
Steatit 39
Steinbock 209, 224
Stier 45 f., 49, 106, 120, 166, 168, 209, 224
Stratonike 219

Taube 246, 260, 263, 271
Tempelinventare 9, 144 f., 163, 168, 170, 219, 241
Terrakotten 87, 90, 101, 110, 115 f.
Thetis 163, 193
Tintenfisch 16, 29
Torques 137, 201, 267
Tremolieren 52
Triton 246, 268 f., 275
Türkis 254

Uräusschlange 110

Vasenmalerei 9, 17, 63, 75, 79, 85, 101, 115, 124, 126, 130 f., 137, 145, 153, 164, 185, 195
Vögel 20, 29, 136, 176

Weinblatt 262
– ranke 237, 295
– traube 232
Widder 120 ff., 140, 152, 156, 158, 189, 191, 224, 234
Wildziege 156 f., 233, 282
Würzburg 125

Zellenschmelz 42, 45, 49, 284
Ziegenbock 286
Zikade 96 f.

KULTURGESCHICHTE DER ANTIKEN WELT

Band 1:
John Boardman
Schwarzfgurige Vasen aus Athen
278 Seiten; 321 Abbildungen

Band 2:
Maria Alföldi
Antike Numismatik
Teil I: Theorie und Praxis
XLVI, 218 Seiten Text und umfangreiche Register; 23 Abbildungen; 25 Tafeln mit 410 Abbildungen; 7 Karten

Band 3:
Maria Alföldi
Antike Numismatik
Teil II: Bibliographie
XXX, 152 Seiten Bibliographie und ausführliches Register; 20 Tafeln

Band 4:
John Boardman
Rotfigurige Vasen aus Athen
Die archaische Zeit
285 Seiten; 528 Abbildungen

Band 5:
John Boardman
Griechische Plastik
Die archaische Zeit
297 Seiten; 481 Abbildungen

Band 6:
Karl-Theodor Zauzich
Hieroglyphen ohne Geheimnis
Ein Handbuch zur Erlernung der altägyptischen Schrift
125 Seiten; 6 Schwarzweiß- und 8 Farbabbildungen

Band 7:
Friedrich Karl Dörner
Vom Bosporus zum Ararat
Reise- und Fundberichte aus Kleinasien
XII, 392 Seiten mit 27 Textillustrationen; 64 Abbildungen; 5 doppelseitige Farbtafeln mit 8 Abbildungen; 2. Auflage — erweitert um 8 doppelseitige Farbtafeln

Band 8:
Friedrich Richter / Wilhelm Hornbostel
Unser tägliches Griechisch
Deutsche Wörter griechischer Herkunft
Mit einem archäologischen Beitrag von Wilhelm Hornbostel
246 Seiten; 36 Abbildungen

Band 9:
Sybille Haynes
Die Tochter des Augurs
Aus dem Leben der Etrusker
308 Seiten; 13 Farbtafeln; 42 Schwarzweißabbildungen

Band 10:
Volkert Haas
Hethitische Berggötter und hurritische Steindämonen
Riten, Kulte und Mythen
257 Seiten; 6 Farb- und 37 Schwarzweißabbildungen

Band 11:
Labib Habachi
Die unsterblichen Obelisken Ägyptens
256 Seiten; 5 Farb- und 83 Schwarzweißabbildungen

VERLAG PHILIPP VON ZABERN · MAINZ

KULTURGESCHICHTE DER ANTIKEN WELT

Band 12:
Gerd Hagenow
Aus dem Weingarten der Antike
Die Bedeutung des Weines in den antiken Kulturen, in der Poesie, sowie die Technik des Weinbaues im Altertum
248 Seiten; 16 Farb- und 64 Schwarzweißabbildungen

Band 13:
Denys Haynes
Griechische Kunst und die Entdeckung der Freiheit
148 Seiten; 90 Schwarzweißabbildungen

Band 14:
W. K. Lacey
Die Familie im Antiken Griechenland
330 Seiten; 32 Tafeln mit 49 Abbildungen

Band 15:
Jost Perfahl
Wiedersehen mit Argos und andere Nachrichten über Hunde in der Antike
116 Seiten; 8 Farb- und 50 Schwarzweißabbildungen

Band 16:
Karl Schefold
Die Bedeutung der griechischen Kunst für das Verständnis des Evangeliums
113 Seiten mit 48 Abbildungen

Band 17:
J. M. C. Toynbee
Tierwelt der Antike
XV, 486 Seiten mit 1 Textabb.; 4 doppelseitige Farbtafeln; 48 Tafeln mit 144 Abbildungen

Band 18:
Hilde Rühfel
Das Kind in der griechischen Kunst
Von der minoisch-mykenischen Zeit bis zum Hellenismus
378 Seiten; 133 Abbildungen; 8 Farbtafeln

Band 19:
Hilde Rühfel
Kinderleben im klassischen Athen
Bilder auf klassischen Vasen
232 Seiten; 101 Abbildungen; 5 Farbtafeln

Band 20:
A. M. Snodgrass
Wehr und Waffen im antiken Griechenland
314 Seiten; 140 Abbildungen

Band 21:
Patricia und Don R. Brothwell
Manna und Hirse
Eine Kulturgeschichte der Ernährung
316 Seiten; 45 Abbildungen; 19 Farb- und 50 Schwarzweißtafeln

Band 22:
Roland Hampe
Antikes und modernes Griechenland
343 Seiten; 82 Abbildungen; 6 Farbtafeln

Band 23:
Donna C. Kurtz und John Boardman
Thanatos
Tod und Jenseits bei den Griechen
481 Seiten; 247 Abbildungen; 8 Farbtafeln

VERLAG PHILIPP VON ZABERN · MAINZ

KULTURGESCHICHTE DER ANTIKEN WELT

Sonderband:
Ausgrabungen — Funde — Forschungen des Deutschen Archäologischen Instituts
258 Seiten; 127 Schwarzweißabbildungen; 14 farbige Abbildungen und Karten

Sonderband:
Edmund Buchner
Die Sonnenuhr des Augustus
112 Seiten; 25 Schwarzweißabbildungen; 32 Tafeln mit 53 Abbildungen

Sonderband:
Gianfilippo Carettoni
Das Haus des Augustus auf dem Palatin
95 Seiten mit 19 Abbildungen; 2 Plänen; 26 Farbtafeln mit 40 Abbildungen; 22 Tafeln mit 24 Abbildungen

Sonderband:
Wiktor A. Daszewski
Dionysos der Erlöser
Griechische Mythen im spätantiken Zypern
52 Seiten mit 3 Abbildungen; 19 Farbtafeln

Sonderband:
Werner Ekschmitt
Die Sieben Weltwunder
Ihre Erbauung, Zerstörung und Wiederentdeckung
277 Seiten; 94 Abbildungen; 28 Farb- und 50 Schwarzweißtafeln

Sonderband:
Roland Hampe / Erika Simon
Griechisches Leben im Spiegel der Kunst
96 Seiten mit 59 Photos

Sonderband:
Homer
Die Odyssee
In gekürzter Form nacherzählt von Eva Jantzen und biolophil illustriert von Brinna Otto
200 Seiten; 66 Zeichnungen nach griechischen Originalbildern